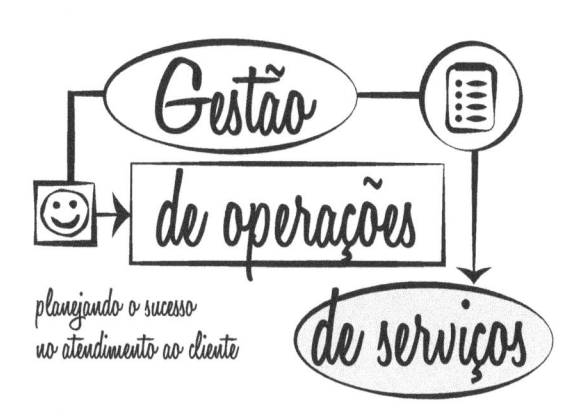

Gestão de operações de serviços

*planejando o sucesso
no atendimento ao cliente*

DIALÓGICA

O selo DIALÓGICA da Editora InterSaberes faz referência às publicações que privilegiam uma linguagem na qual o autor dialoga com o leitor por meio de recursos textuais e visuais, o que torna o conteúdo muito mais dinâmico. São livros que criam um ambiente de interação com o leitor – seu universo cultural, social e de elaboração de conhecimentos –, possibilitando um real processo de interlocução para que a comunicação se efetive.

EDITORA
intersaberes

Robson Seleme

Gestão de operações de serviços:
planejando o sucesso no atendimento ao cliente

EDITORA intersaberes

Rua Clara Vendramin, 58 . Mossunguê
CEP 81200-170 . Curitiba . PR . Brasil
Fone: (41) 2106-4170
www.intersaberes.com
editora@editoraintersaberes.com.br

Conselho editorial	Dr. Ivo José Both (presidente)
	Dr.ª Elena Godoy
	Dr. Nelson Luís Dias
	Dr. Neri dos Santos
	Dr. Ulf Gregor Baranow
Editora-chefe	Lindsay Azambuja
Supervisora editorial	Ariadne Nunes Wenger
Analista editorial	Ariel Martins
Capa	Igor Bleggi (*design*)
	Pressmaster/Shutterstock (imagem)
Projeto gráfico	Raphael Bernadelli
Diagramação	Conduta Design
Iconografia	Vanessa Plugiti Pereira

Dados Internacionais de Catalogação na Publicação (CIP)
(Câmara Brasileira do Livro, SP, Brasil)

Seleme, Robson
  Gestão de operações de serviços: planejando o sucesso no atendimento ao cliente/Robson Seleme. Curitiba: InterSaberes, 2016.

  Bibliografia.
  ISBN 978-85-443-0352-8

  1. Serviços ao cliente – Administração I. Título.

15-10416   CDD-658

Índices para catálogo sistemático:
1. Operações de serviço: Administração 658
2. Serviços: Operações: Administração 658

1ª edição, 2016.
Foi feito o depósito legal.

Informamos que é de inteira responsabilidade do autor a emissão de conceitos.

Nenhuma parte desta publicação poderá ser reproduzida por qualquer meio ou forma sem a prévia autorização da Editora InterSaberes.

A violação dos direitos autorais é crime estabelecido na Lei n. 9.610/1998 e punido pelo art. 184 do Código Penal.

Sumário

Dedicatória • 9
Apresentação • 11
Como aproveitar ao máximo este livro • 15
Introdução • 19

I

Caracterização de serviços e sua importância • 25

1.1 Composição do Produto Interno Bruto (PIB) e da força de trabalho do Brasil • 27
1.2 Classificação de serviços SIC – ONU • 30
1.3 Conceitos e definições de serviços • 31
1.4 Definições de qualidade em serviços • 36
1.5 Ser atrativo é dever da qualidade: modelo de Kano • 45
1.6 Tipologia dos serviços • 48
1.7 Serviços compartilhados • 49
1.8 Nomenclatura Brasileira de Serviços (NBS) • 51
1.9 Outras considerações sobre serviços • 52
EC 1 Estudo de caso: prestando serviços de excelência com a Zaztraz Car • 56

2

Fornecimento em serviços e suas falhas • 63

2.1 Triângulo de serviços de Albrecht • 65
2.2 Momentos da verdade e ciclo do serviço • 67
2.3 Cuidados com a qualidade para o cliente • 75
2.4 Pacote de serviços • 76
2.5 Modelos para analisar falhas de qualidade • 78
2.6 Aplicação dos conceitos de produto e serviços ampliados • 83
EC 2 Estudo de caso: momentos da verdade dos clientes da Zaztraz Car • 89

3

Formulação estratégica em serviços • 105

3.1 Processo geral de formulação estratégica • 107
3.2 Componentes e processo de planejamento • 110
3.3 Processo de implementação da estratégia • 113
3.4 Definição de objetivos e metas • 126
3.5 Definição de estratégias • 127
3.6 Postura estratégica • 133
3.7 Trabalhando com as expectativas do cliente • 134
3.8 Ambiente da prestação de serviços • 140
EC 3 Estudo de caso: conhecendo e analisando o ambiente da Zaztraz Car • 148

4

Processos e controles em serviços • 163

4.1 Projeto de desenvolvimento em serviços • 165
4.2 *Quality Function Deployment* (QFD) • 170
4.3 Gerenciamento de filas • 178
4.4 FMEA em serviços • 185
4.5 Representação: *Blueprint* • 195
EC 4 Estudo de caso: *blueprint* do serviço e análise de *gaps* da Zaztraz Car • 202

5

Identificando indicadores em serviços • 213

5.1 Planejamento do controle de serviços • 215

5.2 Dimensões de interface com o cliente • 221

5.3 Medindo com indicadores • 223

5.4 Indicadores para utilização em serviços • 227

5.5 O modelo de expectativas do cliente de serviços • 233

EC 5 Estudo de caso: determinação das expectativas dos clientes da Zaztraz Car • 242

6

Gerenciando funcionários de alto contato e de apoio • 249

6.1 Trabalhando com o funcionário na interface • 251

6.2 Atuação do funcionário de alto contato • 254

6.3 Selecionando o funcionário certo • 261

6.4 A mudança organizacional passa pelo funcionário • 264

6.5 *Overall Labor Effectiveness* (OLE) • 270

EC 6 Estudo de caso: estratégias de comunicação, recursos humanos e participação de clientes da Zaztraz Car • 275

Estudo de caso: análises complementares sobre a Zaztraz Car • 289

Para concluir... • 301

Referências • 305

Apêndice • 315

Respostas • 319

Sobre o autor • 325

Dedicatória

Às pessoas que amamos e, em especial, aos meus pais, Otilia Bohlen Seleme e Jorge Seleme.

Apresentação

De um modo geral, além das riquezas encontradas no solo dos países e que são caracterizadas pelo fator de produção **terra**, o fator **capital** é também outro indicador não somente dos recursos financeiros, mas também daquilo que, por meio deles, pode ser obtido para gerar riquezas, como máquinas e instalações, bem como o fator **trabalho**, que caracteriza a realização do homem e completa hegemonicamente o pensamento sobre os fatores de produção. Entretanto, além desses fatores, podemos incluir um quarto fator ainda não tão consolidado na literatura, por vezes conhecido como ***tecnologia***, outras vezes indicado pelo termo ***organização*** (Martinez, 1998), outras vezes ainda designado como ***funções empresariais***, indicando aquelas funções em torno das quais os outros três fatores se agrupam para a geração de riqueza na produção de bens e serviços.

É evidente a necessidade de gerenciarmos as organizações considerando o fundamento da criação de riquezas por meio do fator de produção **trabalho**, mas não sem considerarmos também as estratégias de planejamento e de desenvolvimento, bem como suas ferramentas de controle de produção, caracterizadas pelo fator de produção **tecnologia**.

Ao considerarmos os fatores de produção de serviços, destacam-se também o fator **terra**, como o projeto adequado do local da prestação dos serviços, e o fator **capital**, para a realização dos investimentos necessários em equipamentos, treinamentos e aquisição de tecnologias. O fator **trabalho**, por sua vez, representa a qualidade e a qualificação da mão de obra necessárias à atividade prestada, e atua juntamente com o quarto fator, a **tecnologia**, que viabiliza a maneira de realizá-la.

Este livro está dividido em seis capítulos e cada um deles é destinado a fornecer a você, leitor, o maior grau de compreensão sobre a sequência lógica no tratamento de **serviços**. Dessa forma, o primeiro capítulo tem o objetivo de introduzir você nos conceitos básicos de serviços, sua força e importância relativa entre os setores na geração de riquezas nacionais. Como forma de introduzir esses conceitos, são apresentadas as características da qualidade em serviços, sua tipologia e classificação no Brasil.

O segundo capítulo proporciona uma visão mais detalhada dos estudos relativos ao fornecimento de serviços e ao processo de fornecimento em si. São apresentados também estudos que identificam falhas em serviços, permitindo que se estabeleçam estratégias para a redução desses problemas e a melhoria da qualidade.

A compreensão estratégica do tratamento de serviços dentro da organização é discutida no terceiro capítulo. São consideradas as situações que envolvem tanto as novas organizações quanto aquelas já existentes. Esse capítulo lhe permitirá estudar os parâmetros de qualidade usualmente utilizados em serviços e compreender as características que os distinguem.

O quarto capítulo centra-se no fornecimento de métodos e ferramentas que vão auxiliá-lo a estruturar os serviços e aperfeiçoá-los, trazendo as necessidades dos clientes para dentro da organização e realizando a análise de falhas que possam ter surgido durante a elaboração do projeto inicial e que não foram corrigidas. São também apresentados critérios para o gerenciamento de filas, bem como ferramentas de representação gráfica.

O quinto capítulo é destinado à identificação dos mais relevantes indicadores em serviços, evidenciando as dimensões de interface. Também apresenta o modelo de expectativas do cliente que integra o modelo ServQual, que permite identificar onde ocorrem as falhas entre as expectativas do cliente e a percepção da organização.

O sexto capítulo é dedicado ao funcionário de alto contato e ao funcionário de apoio. Nele são apresentadas as características para o fornecimento de serviços, as estratégias de retenção dos funcionários, o processo de seleção e a identificação da iniciativa do funcionário em promover mudanças organizacionais. Finalmente, é apresentado um modelo de indicador para medir o desempenho do trabalho realizado.

Ao término de cada capítulo, disponibilizamos algumas questões para a revisão dos conteúdos, com o objetivo de auxiliá-lo no entendimento dos conteúdos apresentados. Após o último capítulo, também disponibilizamos questões para a reflexão sobre os assuntos tratados.

Ao final do livro, apresentamos um apêndice com um modelo para realização de pesquisas em serviço. Com isso, esperamos que você possa ter melhor compreensão dos processos de planejamento, concepção, desenvolvimento e prestação de serviços.

Como aproveitar ao máximo este livro

Este livro traz alguns recursos que visam enriquecer o seu aprendizado, facilitar a compreensão dos conteúdos e tornar a leitura mais dinâmica. São ferramentas projetadas de acordo com a natureza dos temas que vamos examinar. Veja a seguir como esses recursos se encontram distribuídos no decorrer desta obra.

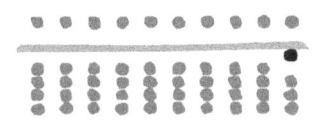

Conteúdos do capítulo:

- Composição do Produto Interno Bruto (PIB) e força de trabalho em serviços.
- Conceitos e definições em serviços.
- Qualidade em serviços e tipologia.
- Serviços compartilhados.
- Nomenclatura Brasileira de Serviços (NBS).

Após o estudo deste capítulo, você será capaz de:

1. identificar a importância de serviços no Brasil;
2. entender os conceitos e as características de serviços;
3. analisar a tipologia de serviços e os parâmetros de qualidade;
4. reconhecer a NBS e o conceito de serviços compartilhados.

Conteúdos do capítulo:

Logo na abertura do capítulo, você fica conhecendo os conteúdos que serão abordados.

Após o estudo deste capítulo, você será capaz de:

Você também é informado a respeito das competências que irá desenvolver e dos conhecimentos que irá adquirir com o estudo do capítulo.

Síntese

Constatamos, no decorrer deste capítulo, que diversos conceitos devem ser assimilados para entendermos o processo de criação de desenvolvimento de novos serviços. Vimos que a importância dos serviços na economia brasileira é muito grande, correspondendo à maior parcela de geração de riqueza nacional. Verificamos que as pesquisas sobre serviços também são significativas, induzindo-nos a estudá-los com maiores cuidados. O estudo econômico dos serviços está diretamente vinculado às definições de qualidade em serviços, que se traduzem principalmente no fornecimento do serviço e na aceitação pelo cliente. Sua tipologia e seus critérios de avaliação nos permitem ter uma visão abrangente de como essas questões impactam no cliente. No Brasil, a nova classificação de serviços é apresentada no intuito de uniformizar nacionalmente,

---

Síntese

Você dispõe, ao final do capítulo, de uma síntese que traz os principais conceitos nele abordados.

Questões para revisão

1. Identifique e descreva as quatro etapas do modelo de projeto e desenvolvimento de serviços propostos por Mello (2005).

2. Qual é a finalidade do QFD idealizado por Shigeru Mizuno e Yoji Akao? Quais são as dimensões básicas de análise?

3. No que consiste o estudo da teoria das filas e por que ele é importante para a prestação de serviços?

4. O FMEA é um método muito bem estruturado e confiável para a avaliação de produtos e processos. Sobre esse tema, indique se as afirmativas são verdadeiras (V) ou falsas (F):

   ( ) O conceito e a aplicação são de fácil assimilação, mesmo por principiantes.
   ( ) A abordagem torna fácil a avaliação de sistemas complexos.
   ( ) O processo do FMEA pode ser cansativo e consumir muito tempo (tornando-se caro).
   ( ) A abordagem não é adequada para quantidades muito pequenas de falhas.
   ( ) Prioriza os erros humanos na realização da análise.

5. O *blueprint* é utilizado para a representação diferenciada de serviços. Sobre esse tema, identifique as afirmativas como verdadeiras (V) ou falsas (F):

   ( ) Apresenta o serviço de forma visual.
   ( ) Descreve alternadamente o processo de fornecimento do serviço.
   ( ) Representa os pontos de contato do cliente.
   ( ) Indica os papéis de clientes e funcionários.
   ( ) Mostra os elementos visíveis do serviço.

Questões para revisão

Com estas atividades, você tem a possibilidade de rever os principais conceitos analisados. Ao final do livro, o autor disponibiliza as respostas às questões, a fim de que você possa verificar como está sua aprendizagem.

Questões para reflexão

1. Em muitos locais de prestação de serviços, quando o cliente não percebe o valor pelo serviço prestado e reclama ao funcionário, este, na maioria das vezes, concorda com o cliente. Por que isso acontece? Será que o valor do serviço é mesmo alto? Ou será que o funcionário que faz a entrega não percebe realmente seu valor? Pense a respeito.

2. Você é capaz de pagar um preço superior por um serviço que considera superior? Em que situações isso pode ocorrer? E se esse serviço fosse exclusivo e você não percebesse o valor pretendido, mas, ainda assim, ele fosse necessário? Pense a respeito.

Questões para reflexão

Nesta seção, a proposta é levá-lo a refletir criticamente sobre alguns assuntos e trocar ideias e experiências com seus pares.

Saiba mais

A respeito das estatísticas sobre a economia brasileira, especialmente em serviços, consulte os seguintes *sites*:

SIDRA – Sistema IBGE de Recuperação Automática. Disponível em: <http://www.sidra.ibge.gov.br/>. Acesso em: 11 ago. 2015.

IPEA – Instituto de Pesquisa Econômica Aplicada. Disponível em: <http://www.ipea.gov.br/portal/>. Acesso em: 11 ago. 2015.

Saiba mais

Você pode consultar as obras indicadas nesta seção para aprofundar sua aprendizagem.

EC 1
Estudo de caso: prestando serviços de excelência com a Zaztraz Car

Estudo de caso

Este recurso traz ao seu conhecimento situações que vão aproximar os conteúdos estudados de sua prática profissional.

O crescimento da frota de automóveis na cidade de Curitiba e do mercado de serviços automotivos nos indica que o empreendimento de lava-rápido pode ser uma boa alternativa de investimento nesse setor em expansão. Outro fator favorável a esse tipo de empreendimento é a falta de qualidade no atendimento ao cliente, observável na maioria dos estabelecimentos. Porém, devemos levar em consideração o grande número de concorrentes, o que faz com que um novo lava-rápido deva, necessariamente, oferecer serviços diferenciados aos consumidores e aliar qualidade a preço justo.

Assim, neste livro, desenvolveremos um estudo de caso sobre as estratégias de prestação de serviços da Zaztraz Car, um lava-rápido fictício estabelecido na cidade de Curitiba-PR no ano de 2011, que tem como foco a necessidade de atender às expectativas dos clientes, proporcionando sua satisfação.

A cada capítulo, apresentaremos uma parte do estudo de caso, vinculando-a às questões específicas trabalhadas naquele

Introdução

Inicialmente, as empresas consideravam os serviços como algo acessório em relação a seus produtos básicos, sem considerar o potencial que poderia ser obtido com o fornecimento conjunto de bens e serviços. Foi somente a partir da Segunda Guerra Mundial que os serviços passaram a ter um papel significativo nas empresas, uma vez que estas passaram a necessitar de novos e melhorados produtos (bens e serviços) em função da crescente concorrência. Antes de avaliarmos a seguir mais detalhadamente as vantagens do fornecimento de serviços, podemos destacar preliminarmente a possibilidade de o serviço ser pago pelo consumidor sem sua respectiva contraprestação[1] e sem que isso cause qualquer transtorno ou exigência para a organização. Um exemplo prático é a garantia estendida aos clientes, oferecida e fornecida por uma grande quantidade de lojas de departamentos, notadamente em aparelhos eletrodomésticos e dispositivos móveis.

---

1 Contraprestação é o cumprimento de prestação em que o cliente paga antecipadamente, sem receber o serviço de imediato.

As empresas necessitam de um arcabouço, uma visão geral para compreender o alcance e a influência de suas decisões no projeto e na gestão de serviços. É preciso considerar que as ações realizadas em determinado ponto da estrutura do projeto têm efeito sistêmico sobre todos os demais elementos. Para que você possa compreender essa estrutura, escolhemos um modelo de projeto de produto, também simplificado e de fácil compreensão.

De acordo com Seleme e Paula (2013), o projeto deve ser pensado desde a concepção do produto, bem ou serviço até seu fornecimento final, que é o mercado ou o recebedor do bem ou serviço, ou, mais especificamente, o consumidor. É importante lembrar que a organização necessita de uma estrutura adequada para a obtenção do sucesso. O modelo que utilizamos é representado pelo diagrama mostrado na Figura 1 a seguir, que caracteriza a estrutura necessária à organização para o desenvolvimento de produtos e marcas, considerando-se os elementos internos (gestão, concepção, planejamento, desenvolvimento e manutenção) e os externos (mercado/cliente).

Figura 1 – Modelo proposto para um projeto de produto

Fonte: Adaptado de Seleme; Paula, 2013, p. 20.

No Quadro 1, cada elemento do projeto é explicado.

Quadro 1 – Elementos constitutivos do processo de projeto do produto

Elemento constitutivo	Descrição
GESTÃO	Maneira pela qual o administrador, por meio do planejamento, utiliza os recursos para criar produtos e atingir os objetivos da organização, que são a colocação e a manutenção do produto no mercado.
PLANEJAMENTO	Trabalho de preparação para qualquer empreendimento. Compreende a elaboração de planos e programas, com base nas técnicas necessárias em vista de objetivos definidos.
CONCEPÇÃO	Maneira de formular uma ideia original, um projeto ou um plano para posterior realização.
DESENVOLVIMENTO	Compreende o ato, efeito, modo ou arte de fabricar, dar estrutura. Envolve as técnicas e os métodos de desenvolvimento de produtos.
MERCADO	Lugar destinado à comercialização de produtos e mercadorias.
MANUTENÇÃO	Diz respeito às medidas necessárias para a conservação ou a permanência de um produto no mercado.
MARCA	Representa a identidade da organização e é o elemento ao qual os consumidores se fidelizam.

Fonte: Seleme; Paula, 2013, p. 20-21.

Muitas vezes, para a obtenção do sucesso, as empresas ancoram seus produtos, bens e serviços em marcas fortes, que, se não forem adequadamente projetadas, podem levar a empresa a ter grandes problemas de credibilidade, uma vez que a marca é um dos elementos mais importantes nesse processo. Além disso, no caso dos serviços, o fornecimento inadequado também compromete a qualidade e a percepção de valor da marca – e, consequentemente, da organização –, afetando toda a família de produtos.

No modelo apresentado, para ofertar serviços é necessário o conhecimento de atividades de gestão e de técnicas específicas que compreendem muitas fases, além de exigirem muitas competências, que serão vistas neste livro. A organização, nesse ponto, deve prover de forma inequívoca as condições ideais para o treinamento dos funcionários e o fornecimento adequado dos serviços.

O fornecimento de serviços permite às organizações se capitalizarem, pois assim elas podem adicionar novos serviços aos bens que comercializam, tornando mais atrativa essa composição. Dessa forma, os serviços agregados aos bens, ou apenas o próprio fornecimento de serviços, passam a integrar cada vez mais as estratégias das organizações.

O Brasil é um país de dimensões continentais, com culturas e etnias diferenciadas, em função dos distintos povos que aqui se estabeleceram. Características tais como relevo, clima, temperatura indicam também outra grande diversidade. Entender toda essa disparidade é essencial para o estabelecimento dos critérios empregados no projeto de serviços e para o sucesso organizacional, pois, apesar de estarmos em um único país, as necessidades não são as mesmas para todas as pessoas.

O Brasil, politicamente dividido em cinco regiões, totalizava, segundo o Instituto Brasileiro de Geografia e Estatística – IBGE (2015), cerca de 146 milhões de habitantes em 1991, passando para cerca de 203 milhões em 2014. Observe, na Tabela 1, o crescimento populacional no Brasil, de 1991 a 2014, distribuído nas cinco regiões.

Tabela 1 – População brasileira recenseada e estimada de 1991 a 2014

Evolução – Variável = População recenseada e estimada em municípios 2014					
Brasil e Região Geográfica	1991	2000	2010	2014 – estimada	Municípios
Brasil	146.825.475	169.799.170	190.755.799	202.768.562	5.570
Norte	10.030.556	12.900.704	15.864.454	17.231.027	450
Centro-Oeste	9.427.601	11.636.728	14.058.094	15.219.608	467
Sudeste	62.740.401	72.412.411	80.364.410	85.115.623	1.668

(continua)

(Tabela 1 – conclusão)

Evolução – Variável = População recenseada e estimada em municípios 2014					
Brasil e Região Geográfica	1991	2000	2010	2014 – estimada	Municípios
Nordeste	42.497.540	47.741.711	53.081.950	56.186.190	1.794
Sul	22.129.377	25.107.616	27.386.891	29.016.114	1.191

Fonte: Adaptado de IBGE, 2015.

Percebemos que a população brasileira cresce de forma desordenada pelas regiões brasileiras, e isso se deve a diversos fatores. Entretanto, uma análise simples permite-nos inferir que a região que mais cresce em população é a Região Norte, seguida da Região Centro-Oeste. A região que tem o menor crescimento, por sua vez, é a Região Sul. Outro parâmetro que podemos analisar é o volume da população: a Região Sudeste se destaca das demais, e, apesar de as regiões Norte e Centro-Oeste terem tido o maior crescimento, apresentaram também o menor volume total em relação às demais.

Essa simples observação permite-nos concluir que as variabilidades apresentadas pelo crescimento desordenado das populações no Brasil exige um estudo mais aprofundado e integrado, a fim de que tenhamos sucesso na oferta. Assim, para projetar serviços, devemos considerar diversos elementos de forma integrada, o que torna o processo de decisão mais complexo, tendo em vista o sucesso da prestação dos serviços. Não podemos cometer erros tanto no planejamento e na concepção quanto no desenvolvimento e na manutenção dos serviços.

Caracterização de serviços e sua importância

I

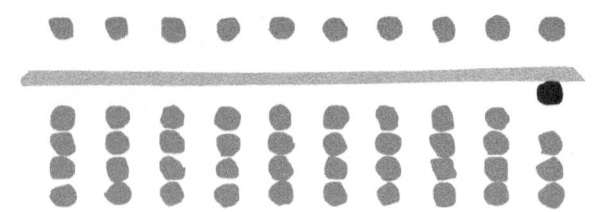

Conteúdos do capítulo:

- Composição do Produto Interno Bruto (PIB) e força de trabalho em serviços.
- Conceitos e definições em serviços.
- Qualidade em serviços e tipologia.
- Serviços compartilhados.
- Nomenclatura Brasileira de Serviços (NBS).

Após o estudo deste capítulo, você será capaz de:

1. identificar a importância de serviços no Brasil;
2. entender os conceitos e as características de serviços;
3. analisar a tipologia de serviços e os parâmetros de qualidade;
4. reconhecer a NBS e o conceito de serviços compartilhados.

$\mathcal{O}$ objetivo deste capítulo é fornecer a você, leitor, o conhecimento básico necessário para a compreensão do desenvolvimento de serviços, destacando sua importância para a economia nacional, assim como suas características e seus critérios de qualidade. Apresentamos aqui um modelo para a tipologia de serviços, para que você possa compreender as dificuldades e as variabilidades existentes em um projeto de serviço. Neste capítulo, destacamos também a importância de a organização compreender a visão do cliente, de modo a manter a melhoria na qualidade de atendimento e fornecimento.

1.1 Composição do Produto Interno Bruto (PIB) e da força de trabalho do Brasil

No Brasil, o valor agregado do Produto Interno Bruto[1] (PIB) é composto por três grandes setores da economia: agropecuária,

[1] PIB – Produto Interno Bruto: é a soma de todos os valores monetários dos bens e serviços produzidos no Brasil.

indústria e serviços, sendo este último o que representa a maior parcela no componente PIB, de acordo com a distribuição da participação de setores na economia nacional. O setor de serviços foi o que mais evoluiu, seguido do setor da indústria e, por último, do setor da agropecuária.

O setor de serviços correspondeu em 2012 a 58,2% do PIB, a preços básicos (preços antes da incidência dos impostos), permanecendo praticamente estável de acordo com os dados fornecidos até o terceiro trimestre de 2014, correspondendo a, aproximadamente, 59% do PIB. A análise histórica permite-nos deduzir que o setor manterá, com pequenas variações, a mesma proporção diante do PIB, o que se traduz num fator importante para a análise das organizações no desenvolvimento e no fornecimento dos serviços. A Tabela 1.1 apresenta os componentes do PIB do Brasil.

Tabela 1.1 – Composição do PIB de 2012 a 2014 (terceiro trimestre)

	Especificação	PIB – BRASIL (milhões R$)						Variação anual %
		2012		2013		2014-3TRI AC		
PRODUÇÃO	Agropecuária	196.119	4,5%	234.594	4,8%	201.642	5,4%	−2,3%
	Indústria	983.395	22,3%	1.026.624	21,2%	779.281	20,7%	−0,8%
	Serviços	2.561.241	58,2%	2.849.160	58,8%	2.229.978	59,2%	1,7%
	Valor adicionado	3.740.755	85,0%	4.110.378	84,8%	3.210.901	85,2%	
	Impostos sobre produtos	661.782	15,0%	734.437	15,2%	556.414	14,8%	
	PIB	4.402.537	100,0%	4.844.815	100,0%	3.767.315	100,0%	0,9%
DEMANDA	Despesas de consumo das famílias	2.744.452		3.033.694		2.403.090		3,1%
	Despesas de consumo do governo	944.543		1.064.529		790.233		3,2%
	Formação bruta de capital fixo	798.695		880.935		647.163		−4,0%
	Exportações de bens e serviços	552.843		608.210		467.604		0,5%
	Importações de bens e serviços (−)	615.765		728.528		573.402		0,2%
	Variação de estoque	−22.230		−14.024		29.627		
Taxa de investimento			18,1%		19,0%		17,4%	
Taxa de poupança			14,8%		15,1%		14,0%	

Fonte: Adaptado de IBGE, 2014.

A Tabela 1.1 apresenta duas estruturas para análise: a primeira delas diz respeito aos valores monetários representados pela **produção** e que agrupam a agropecuária, a indústria, os serviços e os impostos sobre produtos (bens e serviços). O segundo grupo é destinado à **demanda**, em que são considerados os investimentos e as despesas realizadas. As taxas de investimento e a taxa de poupança também são apresentadas, demonstrando a capacidade do país de investir e poupar. Em nosso caso, os valores apresentados estão aquém das necessidades de um país em desenvolvimento, que é o caso do Brasil.

Pelo grande volume de pessoas que trabalham em serviços no Brasil, é uma "obrigação" que saibamos como produzir serviços, conhecendo e aplicando parâmetros de qualidade. O surgimento de novos serviços causa impacto nas organizações. Em decorrência desse fator, dificilmente há equilíbrio entre a oferta e a demanda de serviços, pois o público-alvo nem sempre é dimensionado adequadamente. A força dos serviços também se encontra na proporção do pessoal ocupado num determinado setor quando comparado aos outros ramos.

As informações fornecidas pelo Instituto de Pesquisa Econômica Aplicada – Ipea (2015) revelam que, em 2012, o Brasil tinha 40.646.593 pessoas ocupadas e, destas, 33.915.323 eram assalariadas. Os maiores segmentos em nível de pessoal ocupado por campo de atividade são, respectivamente, o setor de serviços, com 42,8%; o setor de indústria e transformação, com 15,9% (menos da metade do de serviços); e, em terceiro lugar, o setor de comércio, com 15,1%. Observamos que o segmento da Administração Pública, que fornece basicamente serviços, corresponde a 10,5% do pessoal ocupado. A análise abrange também os seguintes ramos: extração mineral, construção civil, agropecuária e outros.

De acordo com o IBGE (2014), há uma divisão em subsetores de atividades em serviços, totalizando o percentual de aproximadamente 59% de participação (conforme vemos na Tabela 1.1), de acordo com a seguinte relação:

- comércio;
- transporte, armazenagem e correios;
- serviços de informação;
- intermediação financeira, seguros, previdência complementar e planos de saúde;
- outros serviços;
- atividades imobiliárias e aluguéis;
- administração, saúde e educação pública.

Consideramos, ainda, que os serviços relacionados não fazem distinção quanto à natureza do consumidor, se este é pessoa física ou jurídica.

1.2 Classificação de serviços SIC – ONU

O termo *serviços* é entendido de muitas formas e varia de acordo com o contexto de análise (Kon, 2004). Atualmente, a ONU adota uma classificação mais detalhada daquela apresentada a seguir, entretanto a classificação a seguir, realizada pela *Standard Industrial Classification of Economic Activities* (1968), nos permite identificar um agrupamento de serviços classificados em quatro categorias:

- **Serviços distributivos** – Incluem a distribuição física de bens (comércio varejista e atacadista), a classificação de pessoas e cargas (transporte) e a distribuição de informações (comunicações).
- **Serviços sem fins lucrativos** – Constituem serviços da Administração Pública e outras organizações, como sindicatos, templos religiosos, instituições assistenciais e clubes.
- **Serviços às empresas** – São constituídos por serviços intermediários para os demais setores, nos quais se incluem as

atividades financeiras, contábeis, de assessoria legal, de informática, entre outras, além da corretagem de imóveis.

- **Serviços ao consumidor** – São diversos serviços sociais e pessoais oferecidos ao indivíduo, na maior parte para melhorar a qualidade de vida, como os serviços nas áreas de saúde, educação, alimentação, lazer, entre outros.

Uma análise preliminar nos permite deduzir que alguns serviços podem ser enquadrados em mais de uma categoria. Isso nos permite dar maior ênfase a eles.

Para projetar serviços que atendam às necessidades do cliente, intencionando minimizar os custos para a organização e potencializar os resultados, a empresa deve conhecer o modo como o cliente reage durante o fornecimento da prestação de serviço.

1.3 Conceitos e definições de serviços

É complexa a elaboração de uma definição de *serviço*, uma vez que há muitas variáveis associadas ao termo. Outro fator considerável é que os serviços podem ser fornecidos sozinhos ou combinados com bens físicos, em diversas proporções. A seguir, apresentamos algumas definições de *serviços*.

Grönroos (1995, p. 36) nos traz uma definição de serviços imprecisa e que se traduz da seguinte maneira: "O serviço é uma atividade ou uma série de atividades de natureza mais ou menos intangível", o que nos permite entender que os serviços podem ter componentes físicos também. O mesmo autor adiciona: "normalmente, mas não necessariamente, acontece durante as interações entre cliente e empregados de serviço e/ou recursos físicos ou bens e/ou sistemas do fornecedor de serviços – que é fornecida como solução ao(s) problema(s) do(s) cliente(s)" (Grönroos, 1995, p. 36). É importante entender que esse não é necessariamente um serviço prestado diretamente ao cliente. Grönroos (1995, p. 249) considera que a prestação de serviços é "o atendimento das expectativas do cliente durante uma venda e na atividade pós-venda, através da realização de uma série de funções que se equiparam ou que superam a concorrência, de forma a prover um lucro incremental para o fornecedor".

A definição de que "serviços são ações, processos e atuações" é proposta por Zeithaml e Bitner (2003, p. 28). Kotler (1998, p. 412), por sua vez, define *serviço* como "ato ou desempenho que uma parte possa oferecer a outra e que seja essencialmente intangível e não resulte na propriedade de nada. Sua produção pode ou não estar vinculada a um produto físico". Já Lovelock e Wirtz (2006, p. 8) nos trazem a seguinte definição: "Serviço é um ato ou desempenho que cria benefícios para clientes por meio de uma mudança desejada no – ou em nome do – destinatário do serviço".

Finalmente, Fitzsimmons e Fitzsimmons (2005, p. 30) nos dizem que "um serviço é uma experiência perecível, intangível, desenvolvida para um consumidor que desempenha o papel de coprodutor" ou mesmo cocriador.

Pelas definições apresentadas, podemos observar compreensões distintas do conceito de *serviços*, mas algumas características comuns são verificadas na maioria das definições. A intangibilidade, a perecibilidade, a participação do consumidor como coprodutor ou cocriador, o fato de o serviço não poder ser estocado ou transportado (características associadas à intangibilidade) e a sua qualidade dependem dos critérios de julgamento do consumidor. Todavia, é fundamental que os serviços, de natureza principal ou acessória (conceitos que estudaremos mais à frente), apresentem à organização fornecedora um retorno financeiro, podendo este ser **direto** (por meio da venda do próprio serviço) ou **indireto** (associado aos bens ou outros serviços).

1.3.1 Características das atividades de serviços

Segundo Kon (2004), as características distintivas de serviços determinam a natureza diferenciada de sua distribuição, seu consumo e sua produção. Apresentamos, a seguir, destacadamente essas diferenças segundo Kon (2004). Alguns serviços alteram o perfil da intensidade de serviços, uma vez que as empresas substituem a mão de obra intensiva por equipamentos automatizados ou autogeridos pelos clientes.

Características das atividades de serviços (Kon, 2004):

- **Materialidade** – Os serviços são intangíveis, porém são considerados criadores de produtos.
- **Efemeridade** – Existência passageira, fugaz. Os serviços têm um tempo certo para ser oferecidos; passado esse tempo, eles perdem o significado.
- **Interação consumidor-produtor** – Existe um alto contato entre o consumidor e o produtor e, em geral, o consumidor participa do processo de produção do serviço.
- **Intensidade do trabalho** – A qualificação ou habilidade do produtor é vendida diretamente ao consumidor. Os serviços nem sempre podem ser produzidos em massa.
- **Localização** – Localizado em região descentralizada, para ficar mais perto do consumidor.
- **Eficiência** – As medidas de eficiência do serviço são subjetivas, o controle de qualidade envolve o consumidor e está embutido no processo de produção.
- **Estocagem** – Incapacidade de serem estocados, mantidos ou trocados.

Alguns prestadores de serviços centralizam suas operações de retaguarda[2] e realizam o atendimento ao cliente por meio de serviços fornecidos próximos ao consumidor. Desse modo, reduzem os investimentos em instalações de

[2] Operações de retaguarda são aquelas realizadas sem a presença do cliente.

atendimento trabalhando por meio do exercício da atividade em módulos padrão (isto é, que servem a todos) e módulos específicos (que servem a determinada classe de clientes) para o consumidor.

Um dos aspectos mais importantes dos serviços é a **qualidade**, que é percebida de forma distinta pelos consumidores, sendo associada ou não aos bens físicos.

Para Kwasnicka (2004), a maioria das atividades de serviços pode ser identificada por meio das características listadas a seguir:

- Serviços são mais ou menos intangíveis;
- Serviços são atividades ou séries de atividades, e não objetos;
- Serviços são produzidos e consumidos simultaneamente;
- O consumidor participa do processo produtivo do serviço.

O mesmo autor considera ainda que o sucesso nas empresas de serviço está fundamentado na qualidade, que é percebida por meio de seis critérios (Kwasmicka, 2004):

1. Profissionalismo e habilidade da organização em fornecer o melhor;
2. Atitude e comportamento dos funcionários;
3. Acessibilidade e flexibilidade de fornecimento;
4. Confiança no cumprimento do prometido;
5. Recuperação no sentido de reparar qualquer dificuldade momentânea ocorrida;
6. Reputação e credibilidade, oferecida pela organização dando uma percepção de garantia dos serviços.

As características propostas por Kwasnicka (2004) representam o sentimento comum dos diversos autores que tratam de serviços, delineando e definindo características que servirão de base para a elaboração do planejamento estratégico e para o estabelecimento das ações na produção dos serviços.

1.3.2 Propriedades econômicas dos serviços

Kon (2004) destaca a importância das propriedades econômicas dos serviços, as quais permitem identificar as características da produção, do próprio produto fornecido, das condições de consumo e das relações de mercado.

Quadro 1.1 – Propriedades econômicas dos serviços

Categoria	Condição
Produção	*Footloose* (sem localização definida)
	Estrutura de capital
	Produção artesanal
	Intensividade em trabalho
	Intermitência
	Relacionamento intensivo e coespacial com o usuário
	Economias de escala limitadas
	Insumos e materiais intermediários pouco presentes
	Incorporação em outra produção
	Fracos incentivos para mudanças
Produto	Imaterial/intangível
	Estado social/informacional dos produtos, pessoas envolvidas e informação cambiantes
	Valoração = insumos de trabalho
	Não estocável
	Não excluível
	Não rivais
	Personalizado
	Qualidade do produto depende da qualidade do consumidor
	Intenso em formação
Consumo	Confiança na relação usuário-produtor
	Produzido para consumo em espaço de tempo definido
	Produzido para consumo em lugar definido
	Utilidade específica para o consumidor
	Satisfaz as necessidades psicológicas
	Integrado ao produtor

(continua)

(Quadro 1.1 – conclusão)

Categoria	Condição
Mercado	Serviços com valor de uso, porém sem valor de troca
	Integração produtor-usuário torna as fases de produção e consumo indistinguíveis
	Distribuição em redes fechadas
	Não transportável
	Não exportável
	Difícil apropriação
	Não revendáveis
	Fácil duplicação; custo marginal de produção negligível, sem preço usual de mercado
	Preços com compensação direta dos insumos de trabalho
	Não transferência de direitos de propriedade
	Problemas para demonstração e *marketing*
	Regulação pública e profissional

Fonte: Kon, 2004, p. 52.

A análise das condições relativas a cada categoria pode estabelecer a determinação estratégica para a organização com relação à análise de seus ambientes externo e interno em produção.

1.4 Definições de qualidade em serviços

Diversos autores propuseram a definição para o termo *qualidade*, podendo este ser avaliado em relação a diversos princípios. Essa acepção voltada para serviços pode envolver aspectos objetivos – a qualidade percebida fisicamente – e subjetivos – a qualidade percebida psicologicamente. Siqueira (2006) faz uma revisão dos conceitos relativos à qualidade que se aplicam a serviços, listados a seguir:

- **Jenkins e Grzywacz** (2000, p. 753) – "Qualidade é o grau de ajuste de um produto à demanda que pretende satisfazer".
- **Garvin** (1984) – Identifica cinco abordagens para a definição da qualidade:

- a transcendente: nesta visão, a qualidade é exemplo de "excelência inata";
- a baseada no produto: qualidade é uma variável precisa e mensurável, podendo ser avaliada objetivamente;
- a baseada no usuário: a qualidade é subjetiva, calcada na preferência do consumidor;
- a baseada na produção: a qualidade está em conformidade com as especificações;
- a baseada no valor: a qualidade é definida em termos de custos e preços, relacionando esses dois aspectos ao consumidor.
- **Ishikawa** (1985) – Considera que a qualidade pode ser interpretada de duas maneiras. Na primeira, muito restrita, significa qualidade de produto; na segunda, mais abrangente, refere-se à qualidade de trabalho, de serviço, de informação, de processos, de pessoas, de sistema, de objetivos etc.
- **Deming** (citado por Siqueira, 2006, p. 67) – Relata que "qualidade não é um luxo, mas sim aquilo que o cliente sempre deseja, necessita e quer". Como seus desejos estão em contínua mudança, a solução para definir qualidade é redefinir constantemente as especificações.
- **Juran e Gryna** (citados por Siqueira, 2006, p. 67) – Para esses autores, qualidade é a adequação ao uso. "Um dos seus significados é o desempenho do produto, cujas características proporcionam a satisfação dos clientes que o comprarão". Seria, por outro lado, a ausência de deficiências, pois estas geram insatisfação e reclamações dos clientes.
- **Crosby** (citado por Siqueira, 2006, p. 67) – Segundo esse autor,

Qualidade é a conformidade com as especificações. Quando se tenciona fazer certo da primeira vez, todos devem saber o que isso significa. A qualidade encontra-se na prevenção, que, por sua vez, se origina do treinamento, disciplina, exemplo, liderança e persistência. O padrão de seu desempenho é o zero defeito, ou seja, os erros não são tolerados e sua medida é o preço da não conformidade.

- **Dale e Cooper** (citados por Siqueira, 2006, p. 67) – Oferecem diferentes possibilidades para a definição de qualidade, tais como: "uniformidade das características do produto ou entrega de um serviço em torno de um valor nominal ou alvo"; conformidade com as especificações acordadas; adequação ao propósito/uso; satisfação às expectativas dos clientes e entendimento de suas necessidades e desejos futuros, nunca tendo de lhes "pedir desculpas".

- **Paladini** (citado por Siqueira, 2006, p. 67) – Para esse autor, "A qualidade é conceituada de acordo com a opinião dos clientes e, na busca por competitividade e melhoria contínua, as organizações devem ter este conceito suficientemente claro na tomada de decisões".

Qualidade não custa dinheiro. Embora não seja um dom, é gratuita. O que demanda dinheiro são itens desprovidos de qualidade (Crosby, 1994). O mesmo autor menciona que há três fases distintas no relacionamento com o consumidor: a **fase de prevenção**, em que se fornece ao cliente as informações necessárias ao entendimento e entrega do produto; a **fase de conscientização**, na qual devem ser disponibilizados ao cliente os canais de informação e o contato necessários; por fim, a **fase de correção**, que implica satisfazer o consumidor queixoso (Crosby, 1994).

Paladini (2004) propõe que o conceito de *qualidade* deve envolver obrigatoriamente dois elementos:

1. **Multiplicidade de itens** – Que, no caso dos serviços, pode-se traduzir para multiplicidade de serviços.
2. **Processo evolutivo** – Entende que a percepção e a qualidade evoluem com o tempo.

Tais considerações possibilitam o fornecimento, ao cliente, de um "pacote de serviços" atual e ajustado às suas percepções de qualidade. Nesse contexto, estabelecem-se os parâmetros de qualidade relacionados à sua gestão, envolvendo os serviços, os consumidores e os clientes.

Ainda sob essa mesma ótica, Paladini (2004) indica dois métodos que auxiliam na definição do que o cliente deseja e considera importante: o desdobramento da função qualidade (QFD – *Quality Function Deployment*) e a análise de valor. A QFD identifica características que os clientes anseiam, enquanto a análise de valor as classifica por importância.

1.4.1 Princípios da ABNT NBR ISO 9000 para qualidade aplicados a bens e serviços

As normas ABNT NBR ISO 9000 estabelecem princípios ou fundamentos da qualidade, os quais, se seguidos, podem tornar uma organização vencedora, ou, se ignorados, criam barreiras para a empresa (Maranhão, 2005). O Quadro 1.2 apresenta os princípios da qualidade adotados pela ISO.

Quadro 1.2 – Princípios da norma ABNT NBR ISO 9000

	Princípios
Princípio 1	Foco no cliente
Princípio 2	Liderança
Princípio 3	Engajamento de pessoas
Princípio 4	Abordagem de processos
Princípio 5	Abordagem sistêmica para a gestão
Princípio 6	Melhoria contínua
Princípio 7	Abordagem factual para tomada de decisão
Princípio 8	Benefícios mútuos nas relações com fornecedores

Fonte: Elaborado com base em ABNT, 2005, p. v-vi.

O direcionamento da norma remete-se ao fornecimento de um bem ou serviço adequado ao cliente e os processos mais importantes da qualidade envolvem a participação efetiva dos indivíduos no tratamento com as pessoas.

O'Hanlon (2005) destaca que as normas ISO 9000 traduzem parcialmente as necessidades do cliente quando o consideram em primeiro lugar (Princípio 1) e quando tomam decisões embasadas em dados e medições (Princípio 7). Especificamente no item 8 da norma (medição, análise e melhoria), o critério de medição e monitoramento inclui a satisfação do cliente por três medidas:

1. percepção do cliente;
2. atendimento dos requisitos dos clientes;
3. metodologia determinada.

Maranhão (2005) considera que a visão sistêmica dos negócios integra três elementos principais: **planejamento estratégico, sistema** e **pessoas**. A gestão somente pode ser realizada por meio de medições que têm como base um padrão de comparação.

Sobre a organização da qualidade, Feigenbaum (1994) classifica quatro fatores importantes. O primeiro diz respeito à forma como a qualidade deve ser percebida nas organizações, numa série de disciplinas coordenadas sobre as funções da organização. O segundo refere-se às bases coordenadas por todas as funções da organização, sobre as quais as disciplinas são aplicadas. O terceiro estabelece que o programa da qualidade deve estar continuamente associado ao comprador e ao cliente, antes e após o negócio. Assim, o programa da qualidade deve ser organizado para transcender os limites organizacionais. Finalmente, o quarto fator propõe que o controle integrado e de alto nível deve ser utilizado, uma vez que as operações referentes à qualidade na organização se tornaram extensas e complexas.

1.4.2 Dimensões da qualidade em serviços para Whiteley (1999)

Para Whiteley (1999), há duas dimensões da qualidade a serem consideradas em qualquer estudo sobre produto e serviços. A primeira está voltada ao **produto** (eixo vertical), que considera o que o cliente obtém como resultado de sua compra na organização. Representa uma ação ou resultado por meio da entrega de um bem físico ao cliente. A segunda é direcionada ao **serviço** (eixo horizontal) ou a como o cliente obtém o resultado, representando uma ação ou um resultado por meio de uma satisfação mental. A qualidade do produto representa o fornecimento de algo tangível, enquanto a qualidade do serviço representa o fornecimento de algo intangível. A Figura 1.1, a seguir, representa a base da qualidade.

Figura 1.1 – Matriz da qualidade com enfoque no cliente

Fonte: Adpatado de Whiteley, 1999, p. 15.

Um estudo apresentado por Whiteley (1999) no *Forum Corporation* demonstra o porquê se investir na qualidade dos serviços, de modo a impedir que o cliente mude para um fornecedor concorrente.

Nesse estudo, foram apresentados quatro motivos para os clientes mudarem de fornecedor: com 45% das respostas, *o atendimento rude, desatencioso* foi o campeão; em segundo lugar, com 20%, *a falta de atenção pessoal*; em terceiro e quarto lugares, os itens *achou um produto melhor de outra companhia* e *achou produto mais barato*. Verificamos que os dois primeiros itens totalizam 65% das respostas, os quais avaliaram o atendimento ao cliente e itens integrantes da percepção de qualidade e do fornecimento de serviços.

Com o intuito de retificar parte desses problemas, as companhias que querem ser vencedoras devem tratar a qualidade do serviço tão agressivamente quanto tratam a qualidade do produto. Para tanto, precisam desenvolver algumas técnicas para esse fim, como a utilização da filosofia dos seis sigmas – filosofia que pretende melhorar a qualidade dos serviços por meio de estratégias e controle estatístico da qualidade – para o produto aplicado em serviços.

Estudos realizados por pesquisadores da Universidade do Texas A&M determinam que uma experiência do cliente na qualidade do atendimento tem cinco dimensões:

1. **Confiabilidade** – A capacidade de proporcionar o que foi prometido com segurança e precisão.
2. **Convicção** – Os conhecimentos, a cortesia dos empregados e sua capacidade de transmitir confiança e segurança.
3. **Aspectos tangíveis** – As instalações físicas, os equipamentos e a aparência do pessoal.
4. **Empatia** – O grau de cuidado e atenção individual proporcionado aos clientes.
5. **Receptividade** – A disposição para ajudar os clientes e fornecer um atendimento imediato.

Verificamos que as dimensões apontadas diferem em pequenos aspectos das já apresentadas. Portanto, devem ser consideradas juntamente com o modelo proposto para o fornecimento e a prestação dos serviços.

1.4.3 Dimensões da qualidade de Garvin (1984)

Os estudos de Garvin (1984) apresentam contribuições importantes para a gestão estratégica da qualidade. A primeira delas concebe a qualidade como um conjunto de oito dimensões; já a segunda considera o nível de qualidade que deve ser fornecido ao consumidor, seja em função da importância que o cliente atribui às oito dimensões, seja pela comparação com os serviços oferecidos pela concorrência.

Quadro 1.3 – Dimensões da qualidade de Garvin

Dimensão	Especificação da característica
Desempenho	Características operacionais principais de um produto. Exemplo: a fidelidade do som de um aparelho *walkman*.
Características	Aspectos extras que suplementem desempenho.
Confiabilidade	Indica quanto frequentemente o produto fica fora da operação. Exemplo: disponibilidade de conexão na internet.
Conformidade	Indica quanto um produto segue suas especificações.
Durabilidade	A resistência ao uso do produto, seu tempo de vida.
Manutenção	Indica quanto um produto necessita de intervenções para mantê-lo funcionando dentro de suas características com confiabilidade.
Estética	São aquelas características referentes à visão e à aparência.
Qualidade percebida	Traduz o sentimento do cliente em relação ao produto.

Fonte: Corrêa; Corrêa, 2004, p. 200.

De acordo com Corrêa e Corrêa (2004), a organização deve estar atenta à qualidade ao desenvolver o projeto e o produto, conforme os seguintes passos:

- **Definição de qualidade** – Compreensão das dimensões de qualidade que, do ponto de vista do cliente, são importantes. Depois disso, deve-se proceder à avaliação relativa a cada uma delas.

- **Comparação com a concorrência** – É necessário que a organização compare seu produto com o da concorrência, uma vez que o cliente, sempre que possível, efetuará essa comparação, estabelecendo parâmetros que nortearão sua escolha.

1.4.4 Critérios de avaliação da qualidade em serviços

Dos estudos realizados, Gianesi e Corrêa (1994) compilaram os seguintes critérios de avaliação da qualidade dos serviços:

Quadro 1.4 – Critérios de avaliação da qualidade dos serviços

Critérios	Características
Flexibilidade	Capacidade de a organização se adaptar e mudar rapidamente para o pleno atendimento das necessidades do cliente.
Consistência	Manter um fornecimento igual ao anterior, desde que satisfatório para o cliente.
Velocidade de atendimento	É fundamental avaliar o tempo gasto pelo cliente na espera e no atendimento.
Atendimento/ atmosfera	Oferecer um ambiente agradável durante a prestação de serviços.
Acesso	Atentar para a facilidade que o cliente tem de entrar em contato com o fornecedor do serviço.
Custo	O valor que o consumidor vai pagar poderá incluir o tempo gasto e o esforço físico despendido para o fornecimento do serviço.
Tangíveis	Referem-se a bens acessórios ou facilitadores, como equipamentos e instalações necessários à prestação de serviços.
Credibilidade/ segurança	Diz respeito à capacidade e ao conhecimento para fornecer o serviço.
Competência	Habilidade e conhecimento para fornecer o serviço.

Fonte: Gianesi; Corrêa, 1994.

A ênfase dada ao critério "velocidade de atendimento" tem duas dimensões: a dimensão real e a dimensão percebida, aquela em que o cliente pressupõe que o serviço será executado ou fornecido. A flexibilidade se subdivide em sete tipos:

flexibilidade de projeto de serviço, flexibilidade do pacote de serviço, flexibilidade de data de fornecimento do serviço, flexibilidade de local de fornecimento de serviço, flexibilidade de volume de serviço, flexibilidade de robustez de sistema de operações e flexibilidade de recuperação de falhas.

Deming (1990) comenta que a ineficiência de uma organização de serviços eleva os preços ao consumidor e reduz o padrão de vida deste. Alerta também que os princípios e métodos de melhora são iguais para a prestação de serviços e a fabricação de bens. Segundo esse autor, o consumidor é a parte mais importante da linha de produção, razão por que é preciso identificá-lo, estudá-lo e, se necessário, aprender com ele. Alerta ainda que, antes da Segunda Guerra Mundial, os prestadores de serviços conheciam seus clientes pelo nome, o que resultava em fidelidade. O operário de serviços deve conhecer o produto a ser fornecido, ao passo que o operário de bens deve conhecer o processo.

1.5 Ser atrativo é dever da qualidade: modelo de Kano

Uma das grandes características da qualidade é o **atendimento das expectativas** do cliente/consumidor. A prestação de serviços tem em sua interface um dos grandes diferenciais propostos pela qualidade, razão pela qual o serviço não deve ser apresentado de qualquer forma. O serviço deve ser atraente. As organizações devem entender as expectativas do consumidor, e isso é dever da qualidade. O modelo de Kano (1984) para a qualidade fornece um caminho para compreendermos como o cliente percebe a prestação de serviço, a fim de que o foco esteja voltado para os aspectos que envolvem essa prestação. Concentra-se na qualidade percebida (e/ou desejada) pelo cliente, para que, a partir dessa compreensão, sejam incorporadas à prestação de serviço as características desejadas pelo consumidor, visando satisfazer suas necessidades (Kano et al., 1984). Esse modelo identifica quatro fatores essenciais para atingir, em diversas intensidades, a qualidade exigida pelo cliente, os quais estão destacados na Figura 1.2 a seguir.

Figura 1.2 – Modelo de qualidade adaptado de Kano

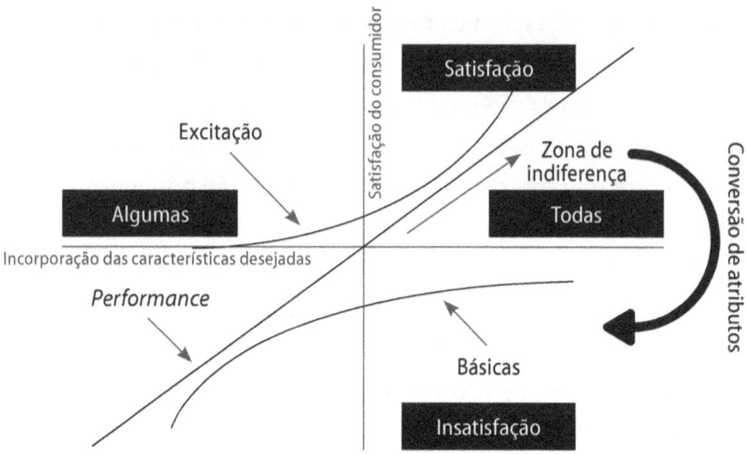

FONTE: Adaptado de Seleme; Paula, 2013, p. 126.

Na Figura 1.2, os quadrantes pontuam a relação entre o cliente e seus desejos, indicando o nível de satisfação atingido pelo desempenho do produto, com base na incorporação das características desejadas pelo cliente. Ao considerar os desejos dos consumidores, as organizações podem incorporar em seus produtos características que sejam atrativas ao cliente. Tais desejos podem ser de duas ordens: os evidentes (ou explícitos), que constituem a categoria **básica**; e os não declarados, que constituem a categoria da **excitação**, mais difíceis de ser identificados.

O atendimento dos **fatores básicos**, representado na figura pelo quadrante inferior direito, representa um requisito fundamental para o sucesso do produto, uma vez que o cliente o adquire esperando que, no mínimo, suas necessidades básicas sejam atendidas – para tanto, o produto deve ter as características necessárias para cumprir essa função. Quando o atendimento dos fatores básicos é mal executado, gera insatisfação no cliente; já quando é bem executado, não faz qualquer diferença, sendo considerado apenas uma obrigação. Como exemplo temos a boa qualidade de um aparelho de som ou o atendimento cordial de uma enfermeira.

Para o atendimento dos **fatores de excitação**, as estratégias da empresa devem oferecer ao cliente fatores que não lhe deixem outra opção a não ser adquirir o produto. Exemplificando, um fator de excitação pode ser o preço muito reduzido de um produto em comparação com o preço declarado pelos concorrentes. No entanto, esses fatores não se limitam ao preço dos serviços, devendo abranger a qualidade proposta em diversas dimensões, capazes de surpreender o cliente positivamente.

O atendimento dos **fatores de *performance*** corresponde às estratégias desencadeadas pela empresa para dotar o produto de um desempenho tal que contribua para o aumento da satisfação do cliente em relação aos requisitos básicos que ele espera do produto. Tais fatores são os mais destacados dos requisitos de Kano e, provavelmente, os mais fáceis de adquirir, pois os clientes falam abertamente sobre o que esperam em termos de desempenho. Requisitos de desempenho são normalmente obtidos por meio de métodos clássicos de pesquisa, como entrevistas, pesquisas e grupos focais.

Deve haver um cuidado muito especial com a incorporação de características, principalmente no que diz respeito à temporalidade destas. Tomando como exemplo a compra de uma televisão, até alguns anos atrás o controle remoto era um item de excitação para o consumidor, mas atualmente não se concebe a venda de uma televisão sem esse item, que passou a ser básico.

1.6 Tipologia dos serviços

São diversas as formas de prover serviços aos consumidores. Elas são analisadas de maneira diferenciada, em função da intensidade de contato com o cliente, da ênfase dada ao atendimento de *front office* ou *back office* e do grau de customização. Esses elementos de análise estão representados ao lado da Figura 1.3 e integram a representação gráfica que registra a escala de pessoas atendidas em função da tipologia de serviços.

Por *front office* entende-se a prestação de serviços diretamente ao consumidor, como o *check-in* no atendimento da empresa de aviação. Já *back office* compreende a prestação de serviços ao consumidor não necessariamente na sua presença, como no caso do despacho e do transporte da mala de viagem pela empresa de aviação. A Figura 1.3 apresenta os elementos para análise.

Figura 1.3 – Tipologia de serviços

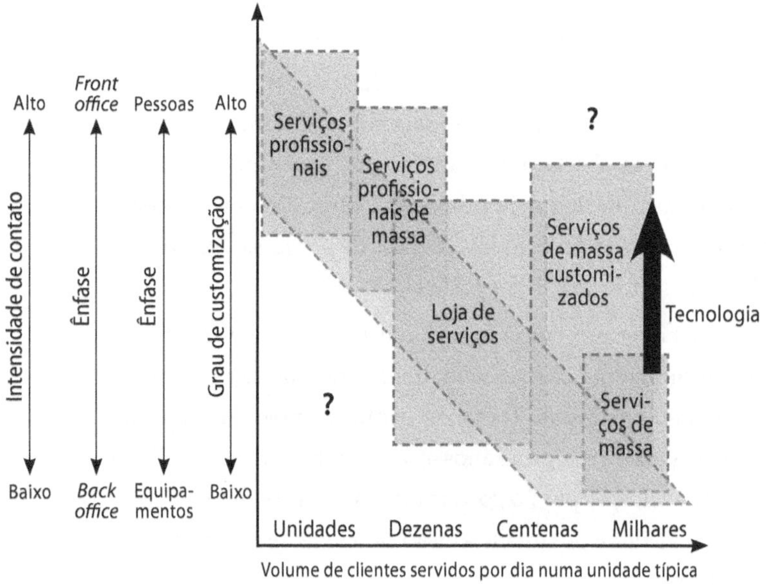

Fonte: Adaptado de Corrêa; Caon, 2002, p. 75.

Como podemos observar na Figura 1.3, os **serviços profissionais** têm alta intensidade de contato e são representados pela proximidade com o consumidor de serviços. Se existe muito contato, isso implica que o serviço deve ser prestado especificamente para o consumidor (*front office*). Assim, o volume de produção é reduzido – por exemplo, o atendimento de um médico em uma consulta, que é individual e personalizada. Já os **serviços profissionais de massa** são os fornecidos para um grupo específico de pessoas com determinadas características.

A **loja de serviços**, como podemos observar, diminui a intensidade de contato com o consumidor e realiza uma abordagem intermediária entre o *front office* e o *back office*. Nos **serviços de massa**, um grande número de clientes é atendido por dia, de forma padronizada, visando a ganhos de escala. Nesse caso, o grau de customização é praticamente nulo, mas a tendência é que esse tipo de serviço seja fornecido de forma customizada. Um exemplo dessa condição é a disponibilização de portais na internet para todas as pessoas indistintamente, como os serviços bancários.

A última classificação é o **serviço de massa customizado**, que fornece para milhares de clientes serviços que, aparentemente, deveriam ser customizados, mas que, na verdade, são realizados automaticamente por meio da tecnologia da informação. O exemplo anterior, dos serviços bancários, pode se enquadrar aqui se considerarmos que os clientes *VIP* de um determinado banco têm atendimento diferenciado, apesar de este ocorrer por meio da tecnologia de informação.

1.7 Serviços compartilhados

A pressão pela redução de custos nas organizações e pela necessidade de prestação de bons serviços ao cliente e a limitação de sua própria estrutura interna fez com que muitas organizações buscassem compartilhar serviços entre si por meio dos escritórios de serviços compartilhados e/ou centros de serviços compartilhados.

De acordo com Carvalho et al. (2013), muitas empresas já adotaram o modelo de serviços compartilhados. Os benefícios desse modelo estão relacionados no Quadro 1.5, divididos em benefícios tangíveis e intangíveis.

Quadro 1.5 – Benefícios na implantação de um centro de serviços compartilhados

Benefícios tangíveis	Benefícios intangíveis
Proporciona melhores negociações com fornecedores.	Promove a abordagem de uma companhia única.
Promove o aumento do capital com a centralização, a padronização e as atividades de tesouraria interligadas.	Impulsiona o esforço para uma transação mais rápida do negócio, focando em agregar valor.
Cria um centro especializado em contas a receber, contas a pagar e gestão do inventário.	Permite manutenção efetiva do padrão de "bloco de código" em toda a organização.
Reduz a complexidade dos negócios, da auditoria e dos relatórios oficiais.	Potencializa e acelera a adoção das melhores práticas.
	Melhora a precisão e a consistência das informações.
Permite que operações sejam formalizadas em relação a clientes comuns e vendedores.	Promove o uso dos controles de negócios mais sofisticados para alavancar volumes e investimentos em tecnologia.
	Quando ligado a um novo sistema de migração, aproveita melhor a curva de aprendizado.

Fonte: Adaptado de Carvalho et al., 2013, p. 13.

Não são apenas os serviços internos que podem ser compartilhados; existem locais que oferecem toda a estrutura para o atendimento de clientes e que estão à disposição da organização por um período contratado. O modelo de serviços compartilhados é particularmente interessante quando a organização não necessita manter um escritório permanente na localidade. Em geral, os locais oferecem escritórios mobiliados, estacionamento, recepcionistas bilíngues, suporte administrativo e secretariado, salas de reunião e videoconferências, escritórios virtuais e outros benefícios.

Podemos perceber as vantagens que esse modelo de compartilhamento traz para as organizações, entre as quais se destacam as seguintes: a não imobilização de capital em um local específico, a manutenção de serviços que serão utilizados pontualmente, a possibilidade de melhoria de imagem da empresa, entre outras.

1.8 Nomenclatura Brasileira de Serviços (NBS)

A Nomenclatura Brasileira de Serviços (NBS) e de outras operações que produzam variações no patrimônio foi instituída pelo Decreto n. 7.708, de 2 de abril de 2012 (Brasil, 2012).

> A NBS é o classificador nacional para a identificação dos serviços e intangíveis como produtos e viabiliza a adequada elaboração, fiscalização e avaliação de políticas públicas de forma integrada, visando à melhoria da competitividade do setor, propiciando a harmonização de ações voltadas ao fomento empreendedor, à tributação, às compras públicas, ao comércio exterior, entre outras. (Brasil, 2015)

De acordo com as notas explicativas (Nebs), existem aplicações imediatas da NBS que já ocorrem na administração pública, permitindo a efetivação de novas medidas previstas no Plano Brasil Maior[3].

> A nomenclatura é o classificador utilizado pelo Sistema Integrado de Comércio Exterior de Serviços, Intangíveis e Outras Operações que Produzam Variações no Patrimônio (Siscoserv), desenvolvido pela Secretaria de Comércio e Serviços do Ministério do Desenvolvimento, Indústria e Comércio Exterior e pela Secretaria da Receita Federal do Brasil do Ministério da Fazenda.

[3] O Plano Brasil Maior é a política industrial, tecnológica e de comércio exterior do governo federal. Informações sobre o plano podem ser encontradas no site: <http://www.brasilmaior.mdic.gov.br/conteudo/128>. Acesso em: 25 ago. 2015.

A NBS também é utilizada na definição dos serviços elegíveis ao financiamento no âmbito do Programa de Financiamento às Exportações (Proex) e na ampliação dos serviços elegíveis aos Adiantamentos de Contrato de Câmbio (ACC) e Adiantamento de Cambiais Entregues (ACE). (Brasil, 2015)

Na NBS os serviços são divididos em 6 seções, nas quais estão distribuídos 27 capítulos, cada qual apresentando uma nova subdivisão. O Quadro 1.6 apresenta a nomenclatura das seis grandes seções.

Quadro 1.6 – Grupos da NBS – Nomenclatura Brasileira de Serviços

Seção	Nomenclatura
Seção I	Serviços de construção
Seção II	Serviços de distribuição de mercadorias; serviços de despachante aduaneiro; hospedagem, fornecimento de alimentação e bebidas; serviços de transporte e serviços de distribuição de serviços públicos
Seção III	Serviços financeiros e relacionados; securitização de recebíveis e fomento comercial; serviços imobiliários; arrendamento mercantil operacional e propriedade intelectual
Seção IV	Serviços empresariais e de produção
Seção V	Serviços comunitários, ambientais, sociais e pessoais
Seção VI	Outros serviços, intangíveis e operações que produzam variações no patrimônio que não estão incluídos em nenhuma das seções anteriores

Fonte: Elaborado com base em Brasil, 2015.

Para a estruturação e a composição da NBS, foram consultados, além dos órgãos governamentais, os órgãos representativos da iniciativa privada, como associações, federações, conselhos regionais e outros.

1.9 Outras considerações sobre serviços

Além dos fatores apresentados, cabe à organização adotar a estratégia apropriada de atuação no mercado escolhido.

A utilização de mão de obra intensiva, uma característica na prestação de serviços, é outro fator importante e que deve receber treinamento adequado para ser estimulada a permanecer motivada na organização prestadora. Contudo também deve ser considerado o efeito econômico da prestação de serviços. A rentabilidade necessária e adequada a esse tipo de prestação está relacionada à sua qualidade e produtividade. Dessa forma, quando uma decresce, a outra a acompanha.

Sob essa mesma ótica, Lima (2006) relata que o plano de trabalho e o *design* da prestação de serviços devem considerar as áreas em que o serviço será efetuado, quais tarefas serão executadas em cada área e quais métodos serão aplicados durante a realização. Outros itens importantes são: a frequência com que cada tarefa deve ser executada, a alocação de pessoal e de maquinário em cada uma das áreas e a determinação do material a ser utilizado.

Síntese

Constatamos, no decorrer deste capítulo, que diversos conceitos devem ser assimilados para entendermos o processo de criação de desenvolvimento de novos serviços. Vimos que a importância dos serviços na economia brasileira é muito grande, correspondendo à maior parcela de geração de riqueza nacional. Verificamos que as pesquisas sobre serviços também são significativas, induzindo-nos a estudá-los com maiores cuidados. O estudo econômico dos serviços está diretamente vinculado às definições de qualidade em serviços, que se traduzem principalmente no fornecimento do serviço e na aceitação pelo cliente. Sua tipologia e seus critérios de avaliação nos permitem ter uma visão abrangente de como essas questões impactam no cliente. No Brasil, a nova classificação de serviços é apresentada no intuito de uniformizar nacionalmente, no âmbito público, o enquadramento e o entendimento dos serviços.

Saiba mais

A respeito das estatísticas sobre a economia brasileira, especialmente em serviços, consulte os seguintes *sites*:

SIDRA – Sistema IBGE de Recuperação Automática. Disponível em: <http://www.sidra.ibge.gov.br>. Acesso em: 11 ago. 2015.

IPEA – Instituto de Pesquisa Econômica Aplicada. Disponível em: <http://www.ipea.gov.br/portal>. Acesso em: 11 ago. 2015.

Questões para revisão

1. Quais são os três grandes setores da economia brasileira que compõem o PIB (Produto Interno Bruto)? Qual era a proporção de cada um deles no ano de 2013?

2. Indique como os serviços são classificados de acordo com a SIC-ONU e como são compostos.

3. Paladini (2004) destaca que o conceito de qualidade, além das dimensões estudadas, deve envolver, obrigatoriamente, dois elementos. Quais são e o que representam?

4. Relacione as duas colunas para classificar as dimensões da qualidade de Gianesi e Corrêa (1994):

    I. Flexibilidade   ( ) É fundamental avaliar o tempo gasto pelo cliente na espera e no atendimento.

    II. Consistência   ( ) Atentar para a facilidade que o cliente tem de entrar em contato com o fornecedor do serviço.

III. Velocidade de atendimento	( ) Manter um fornecimento igual ao anterior, desde que satisfatório para o cliente.
IV. Atendimento/ atmosfera	( ) Capacidade de a organização se adaptar e mudar rapidamente para o pleno atendimento das necessidades do cliente.
V. Acesso	( ) Oferecer um ambiente agradável durante a prestação de serviços.

5. Relacione as duas colunas para classificar a tipologia de serviços e suas características:

I. Serviços profissionais	( ) Oferece a milhares de clientes serviços que são fornecidos por meio da tecnologia da informação.
II. Serviços profissionais de massa	( ) Atende a um grande número de clientes por dia de forma padronizada, visando a ganhos de escala.
III. Loja de serviços	( ) Fornece serviços para um grupo específico de pessoas com determinadas características.
IV. Serviços de massa	( ) Realiza uma abordagem intermediária entre o *front office* e o *back office*.
V. Serviços de massa customizados	( ) Apresenta alto contato, atende a poucas unidades, tem alta customização.

Questão para reflexão

1. Verificamos pelo texto a grande importância dos serviços na economia. O setor de varejo trabalha diretamente na interface com o cliente. Por que, então, constatamos que a maioria dos funcionários desse setor não é bem treinada e o salário destinado a eles é um dos menores? Pense a respeito.

EC 1
Estudo de caso: prestando serviços de excelência com a Zaztraz Car

O crescimento da frota de automóveis na cidade de Curitiba e do mercado de serviços automotivos nos indica que o empreendimento de lava-rápido pode ser uma boa alternativa de investimento nesse setor em expansão. Outro fator favorável a esse tipo de empreendimento é a falta de qualidade no atendimento ao cliente, observável na maioria dos estabelecimentos. Porém, devemos levar em consideração o grande número de concorrentes, o que faz com que um novo lava-rápido deva, necessariamente, oferecer serviços diferenciados aos consumidores e aliar qualidade a preço justo.

Assim, neste livro, desenvolveremos um estudo de caso sobre as estratégias de prestação de serviços da Zaztraz Car, um lava-rápido fictício estabelecido na cidade de Curitiba-PR no ano de 2011, que tem como foco a necessidade de atender às expectativas dos clientes, proporcionando sua satisfação.

A cada capítulo, apresentaremos uma parte do estudo de caso, vinculando-a às questões específicas trabalhadas naquele capítulo. Assim, em cada parte, você examinará um aspecto diferente do gerenciamento dessa empresa e as ferramentas que a levarão à excelência na prestação de seus serviços.

Após o último capítulo, finalizaremos o estudo de caso abordando elementos complementares que podem enriquecer o gerenciamento da organização, aplicando conhecimentos específicos da engenharia de produção. Ao final do livro, você terá verificado por si mesmo como se dá a prática do planejamento e do desenvolvimento de serviços.

EC 1.1
Detalhamento do serviço

Para o desenvolvimento do estudo de caso, consideraremos os dados a seguir:

- **Razão social**: Zaztraz Car Ltda.
- **Nome fantasia**: Zaztraz Car Ltda.
- **Bairro**: Jardim das Américas
- **Cidade/UF**: Curitiba/PR

A Zaztraz Car é um empreendimento do setor privado, no segmento de serviços. A empresa atua no ramo de lavagem de veículos automotores de pequeno e médio porte e atende a um público que procura serviços diferenciados e de qualidade.

A empresa fornece todo tipo de assistência no que se refere à lavagem de veículos automotivos, ressarcindo clientes em caso de perdas ou refazendo serviços fora dos padrões de qualidade ou que não proporcionem satisfação ao cliente. Esses procedimentos podem ser garantidos por meio da capacitação dos funcionários e do comprometimento destes com o desempenho da empresa.

As ações da Zaztraz Car são estruturadas por meio de uma base estratégica corporativa que inclui missão, visão, valores, entre outros. Estudaremos cada um desses aspectos ao longo de nosso estudo de caso.

EC 1.2
Proposta de valor

> Para entendermos como um serviço pode ser usado a fim de se criar uma vantagem competitiva, é essencial conhecermos os critérios considerados importantes pelos clientes, ou seja, o valor que os clientes percebem do serviço e por meio do qual avaliarão o serviço e a organização (Johnston; Clark, 2002).
>
> Segundo Téboul (citado por Seleme, 2011), a **proposta de valor** se baseia na concretização de cinco critérios:
>
> 1. **Resultado** – É o que o cliente espera do serviço. Nesse sentido, podemos considerar não apenas o resultado principal do serviço, mas também os serviços secundários oferecidos pela empresa (o pacote de serviços).
> 2. **Interação com o processo** – Corresponde às facilidades do serviço a fim de se obter o resultado.
> 3. **Interação com os funcionários** – Refere-se à maneira como o cliente é tratado pelos funcionários.
> 4. **Credibilidade e confiabilidade** – Consistem no cumprimento da expectativa do cliente.
> 5. **Preço** – Corresponde ao que o cliente está disposto a pagar pela percepção do resultado obtido.
>
> Esses critérios podem ser detalhados de forma a estabelecermos indicadores da qualidade do serviço prestado.

Seguindo os critérios de valor propostos por Téboul (1999), os quais explicaremos melhor no Capítulo 2, podemos desenvolver uma proposta de valor para os serviços oferecidos pela Zaztraz Car. Depois disso, ou seja, já estabelecido o que o cliente percebe como valor, criamos estratégias para cada critério da análise, a fim de garantir que esses valores sejam atendidos, conforme vemos no quadro a seguir.

Quadro EC 1.1 – Análise de valor e estratégias para os serviços da Zaztraz Car

Critérios	Valores para o cliente	Estratégias
Resultado	• Resultado de acordo com as expectativas • Resultado de qualidade • Pacote de serviços adequado • Facilidade de pagamento	• Padronização das operações desenvolvidas pelos funcionários • Treinamento dos funcionários para execução das tarefas corretamente • Opções, além do pagamento em dinheiro, de pagamento com cartões de débito e crédito
Interação com o processo	• Cumprimento do prazo prometido • Facilidade de acesso ao serviço • Instalações adequadas	• Localização próxima à demanda, portanto, próxima à Universidade Federal do Paraná
Interação com os funcionários	• Bom atendimento (educação, cortesia, bom humor) • Compreensão daquilo que se necessita • Informações a respeito do serviço	• Treinamento no atendimento ao cliente • Treinamento sobre o funcionamento do serviço e informações relevantes sobre este
Credibilidade e confiabilidade	• Profissionalismo e competência da empresa • Imagem e reputação da empresa • Serviço prestado de maneira adequada • Promessas de serviço cumpridas • Recuperação de falhas de maneira adequada, eficaz e ágil • Segurança dos bens materiais garantida pela empresa	• Treinamento de funcionários para casos de recuperação de clientes e de falhas • Segurança garantida pelo contrato de seguro
Preço	• Valor é o que se consegue por meio da troca • Valor baseado no resultado	• Treinamento de funcionários para explicação do serviço a fim de mostrar para o cliente o valor percebido

Assim, os objetivos da Zaztraz Car estão representados nesse quadro. Todos eles têm como foco promover a aceitação do cliente e ressaltar o diferencial dos serviços prestados pela empresa.

EC 1.2
Matriz de decisão

> Para a implantação da proposta de valor, Téboul (1999) propõe a criação de uma **matriz de decisão** a fim de auxiliar o tomador de decisão a aplicar adequadamente os critérios fundamentais para o fornecimento do serviço. Assim, além dos critérios da proposta de valor para os clientes, também analisamos, nesta matriz, os resultados esperados pela empresa na prestação do serviço no que diz respeito a custos, produtividade, utilização da capacidade produtiva, vantagem competitiva e barreiras de entrada.
>
> Portanto, a empresa não avalia somente aquilo que o cliente considera como valor, mas também os fatores que serão influenciados pela decisão, no ambiente da empresa.
>
> Com base nessa matriz, é possível compreendermos de que forma os critérios propostos influenciam na tomada de decisão da organização no momento do planejamento do serviço, visando a uma ordenação lógica para que futuras tomadas de decisões possam ocorrer de maneira prática e rápida.

Para o desenvolvimento do projeto da Zaztraz Car, realizamos diversas tomadas de decisão ao longo do projeto. Porém, para a formulação da matriz de decisão, escolhemos as cinco decisões consideradas as mais importantes no projeto:

- **Decisão 1** – pacote de serviços, tanto essenciais quanto acessórios.
- **Decisão 2** – processo de prestação do serviço.
- **Decisão 3** – estratégias de inovação.
- **Decisão 4** – treinamento dos funcionários.
- **Decisão 5** – recuperação dos clientes e do serviço.

Analisamos quais fatores influenciaram o processo de decisão, como podemos ser visualizar na matriz a seguir:

Figura EC 1.2 – Matriz de decisão para a Zaztraz Car

	Decisão 1	Decisão 2	Decisão 3	Decisão 4	Decisão 5
Resultado básico e ampliado	←	←		←	←
Interação com o processo		←		←	←
Interação com as pessoas		←	←	←	←
Credibilidade e confiança				←	←
Preço	←		←		
Custo/ produtividade	←			←	
Utilização da capacidade					
Vantagem competitiva			←		←
Barreira de entrada					

A **decisão 1**, que consiste em definir o pacote de serviços, implica ações tomadas em relação aos resultados do serviço, no que se refere ao preço repassado ao cliente e aos custos totais para a realização de serviço.

A **decisão 2** é definida como a decisão de como o processo de prestação do serviço implica ações tomadas em relação aos resultados do serviço, às interações com o processo e às interações com as pessoas.

A **decisão 3**, que é a decisão de quais estratégias de inovação implantar, implica ações tomadas em relação à interação com as pessoas, ao preço repassado ao cliente e às vantagens competitivas frente aos concorrentes.

A **decisão 4**, referente a quais treinamentos dos funcionários devem ser feitos e como devem ser feitos, implica ações tomadas em relação aos resultados do serviço no que concerne às interações com o processo e com as pessoas, à credibilidade e à confiabilidade que o cliente terá pelo serviço e à produtividade dos próprios funcionários.

Por fim, a **decisão 5**, que define como será feita a recuperação dos clientes e do serviço, implica ações tomadas em relação aos resultados do serviço, no que se refere às interações com o processo e com as pessoas, à credibilidade e à confiabilidade do serviço e à vantagem competitiva.

Fornecimento em serviços e suas falhas

2

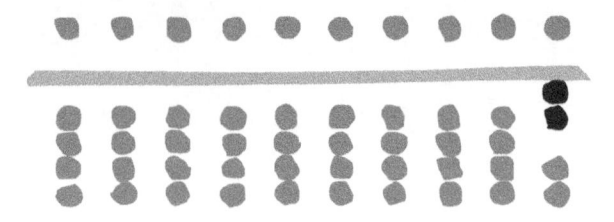

Conteúdos do capítulo:

- O triângulo de serviços.
- Momentos da verdade e ciclo de serviços.
- Pacote de serviços.
- Modelos para analisar falhas de qualidade.
- Serviços ampliados.

Após o estudo deste capítulo, você será capaz de:

1. compreender os elementos que impactam nos serviços;
2. identificar os pontos de contato entre cliente e organização;
3. compreender os componentes do pacote de serviços;
4. identificar os modelos e as falhas da qualidade em serviços;
5. identificar as condições da definição de serviço compartilhado.

Neste capítulo, nosso objetivo é ajudá-lo a identificar o processo de fornecimento de serviços. Para isso, apresentamos uma análise geral sobre o comportamento do cliente e identificamos os elementos que devem ser analisados para que o fornecimento dos serviços seja realizado com sucesso. Iniciamos com o estudo do triangulo de Albrecht, que nos indica os componentes gerais da prestação dos serviços, e concluímos analisando as falhas no ambiente da prestação de serviços.

2.1 Triângulo de serviços de Albrecht

O triângulo de serviços de Albrecht e Bradford (1992, p. 25) considera os seguintes elementos: **estratégia**, **cliente**, **pessoas** e **sistemas** para representar as operações. O **cliente** é a peça central do triângulo e constitui-se em objeto fundamental, pois é nele que as interfaces devem acontecer, bem como é a partir dele que se estabelecem as necessidades de se adquirir um serviço. A **estratégia** passa pela consideração de todos os elementos e se divide duas partes: o compromisso formal da empresa em prestar serviços (foco interno) e a promessa de prestar serviços aos seus clientes (foco externo). As **pessoas** representam os funcionários, gerentes e diretores da organização. Por último, os **sistemas** são as representações dos processos da organização que devem ser seguidos pelos seus integrantes.

A Figura 2.1 representa as relações entre os elementos.

Figura 2.1 – O triângulo de serviços de Albrecht

Fonte: Albrecht; Bradford, 1992, p. 25.

Os sistemas a serem avaliados são considerados no planejamento estratégico das organizações, integrando as análises interna e externa que se fazem delas. A interatividade dos elementos do triângulo estabelece as características de fornecimento de serviços e a consequente qualidade que deve ser oferecida ao consumidor. Considerando ainda que o contato realizado pelo pessoal do *front office* com o cliente é fundamental, os "momentos da verdade" devem ser estudados, como veremos a seguir.

2.2 Momentos da verdade e ciclo do serviço

Albrecht e Bradford (1992) apresentam um conceito formal dos chamados *momentos da verdade* com base em uma frase criada por Jan Carlzon e transcrita em seu livro *Moments of truth*: "um momento da verdade é precisamente aquele instante em que o cliente entra em contato com qualquer setor do seu negócio e, com base nesse contato, forma uma opinião sobre a qualidade do serviço e, possivelmente a qualidade do produto" (Carlzon, 2005, p. 67).

O ciclo de serviço corresponde a todos os serviços que serão prestados ao cliente. Trata-se de uma sequência de momentos da verdade que mapeia os serviços ao cliente. A Figura 2.2 esquematiza esse ciclo, deixando claro que existem diversos momentos da verdade proporcionados pela organização para interação com o consumidor.

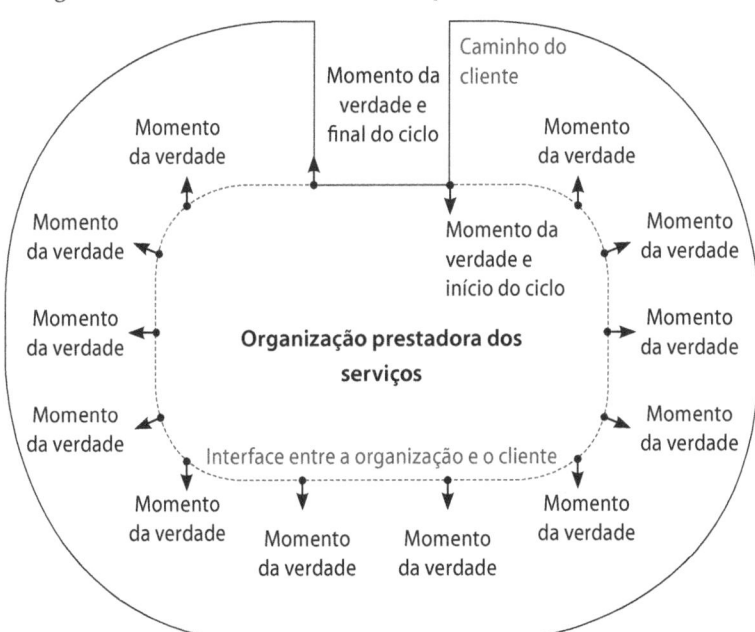

Figura 2.2 – Modelo de ciclo de serviço

Os momentos essenciais da verdade se fundamentam no serviço prestado ao cliente. Variam dependendo do tipo de serviço prestado, mas, invariavelmente, comprometem o fornecimento, resultando na não aquisição do serviço principal da organização pelo cliente. O modelo do momento da verdade é utilizado para a organização identificar seus elementos fundamentais e direcionar seus esforços no atendimento das necessidades do cliente (Albrecht; Bradford, 1992).

Esses momentos são elementares, pois representam as ocasiões em que o cliente tem uma interface com a organização e seus funcionários e são representados pelo modelo do momento da verdade apresentado na Figura 2.3.

Figura 2.3 – O modelo do momento da verdade

Entradas
Atitudes
Valores
Crenças
Desejo
Sentimento
Expectativas

Contexto de serviço
Esquema de referências do cliente
Esquema de referências do funcionário
Momento da verdade

Entradas
Atitudes
Valores
Crenças
Desejo
Sentimento
Expectativas

Fonte: Adaptado de Albrecht; Bradford, 1992, p. 34.

O contexto de serviço esquematizado por Albrecht e Bradford (1992) indica os elementos que devem ser analisados no momento da verdade, que é caracterizado pelo ambiente formado para as condições do negócio, como instalações e condições de fornecimento que afetam a predisposição do cliente em receber os serviços. Os esquemas de referências do cliente e do funcionário traduzem atitudes, valores, crenças, desejos, sentimentos e expectativas.

O funcionário deve ser preparado para identificar as expectativas do cliente, a fim de representar e transmitir as metas relativas à organização. Para que cliente e organização tenham um proveitoso momento da verdade, o contexto de serviços deve estar equilibrado entre os esquemas de referências de cliente e funcionário. Tal situação não é natural e deve ser projetada e gerida pela organização.

Os momentos especiais da verdade são aqueles que obrigam o cliente a tomar uma decisão e, portanto, devem ser cuidados especialmente. Albrecht e Bradford (1992, p. 38) apresentam os seguintes itens como momentos especiais, que consideramos básicos:

- Momento da verdade: comprar ou não comprar;
- Momento da verdade do valor do dinheiro;
- Momento da verdade da decisão de recompra;
- Momento da verdade da referência;
- Momento da verdade das más notícias; e
- Momento perpétuo da verdade.

A forma como a organização procura reproduzir as ações para o fornecimento dos serviços pode representar dois tipos de momentos da verdade: os prazerosos e exitosos e aqueles desagradáveis, em que alguma situação aborrece os clientes, fazendo com que não adquiram ou recebam os serviços. Albrecht e Bradford (1992, p. 72) ainda identificam **sete pecados comuns** relacionados aos serviços:

1. Tratar os clientes com apatia, não dar a devida atenção;
2. Despachar o cliente, querer que o cliente vá embora recebendo ou não o serviço por motivos particulares;
3. Ser frio com clientes, ser excessivamente formal, não demonstrando sentimentos;
4. Tratar os clientes com condescendência, evidenciar por algum motivo ser superior ao cliente em função da forma de tratar;
5. Obrigar os clientes a ficar dando voltas, indo de um lugar a outro na organização;

6. Trabalhar como um robô, somente esboçar uma ação se o cliente o fizer; e
7. Fazendo somente o que está contido no manual, não permitirá que a organização aperfeiçoe os serviços fornecidos, impedindo a adequada prestação ao cliente.

Para que a organização obtenha o melhor de seus funcionários, deve adotar uma cultura e um clima organizacional que fomentem a qualidade de vida no trabalho. Os funcionários precisam ter interesse no trabalho e condições de realizá-lo de forma segura, com remuneração e benefícios adequados. Eles devem ser comandados por gerentes competentes, que forneçam o *feedback* necessário e possibilitem a promoção e a oportunidade de aprender. Em outras palavras, precisam de condições que impactem positivamente na interface da prestação de serviços ao cliente.

2.2.1 Valor fornecido ao cliente

Kotler (2000a, p. 56) destaca que o valor é definido como "a diferença entre o valor total para o cliente e o custo total para o cliente". Nesse contexto, o valor total para o cliente é o conjunto de benefícios que este espera de um produto ou serviço e "o custo total é representado pelos conjuntos dos custos que os consumidores esperam que incidam para se avaliar, obter, utilizar e descartar um produto ou serviço" (Kotler, 2000a, p. 56).

Cita ainda que a **satisfação** "consiste na sensação de prazer ou desapontamento resultante da comparação do desempenho (ou resultado) percebido de um produto em relação às expectativas do comprador" (Kotler, 2000a, p. 58). Zeithaml e Bitner (2003) trazem outra definição, proposta por Richard L. Olivier (2010, p. 8): "Satisfação é a resposta ao atendimento do consumidor. Trata-se da avaliação de uma característica, de um produto ou de um serviço, ou o próprio produto ou serviço, indicando que com eles se atinge um determinado nível de prazer proporcionado pelo seu consumo".

Kotler (2000a) apresenta quatro itens que devemos considerar ao analisar o cliente:

1. sistema de reclamações e sugestões;
2. pesquisa de satisfação de clientes;
3. compras simuladas;
4. análise de clientes perdidos.

Ao adaptar a ideia de Kotler, os autores Gianesi e Corrêa (1994) ajustaram o modelo para a representação do valor fornecido, considerando os componentes do valor percebido pelo cliente e os componentes do preço e estabelecendo as características secundárias do valor percebido, conforme apresentado na Figura 2.4.

Figura 2.4 – Modelo de análise do valor fornecido ao consumidor

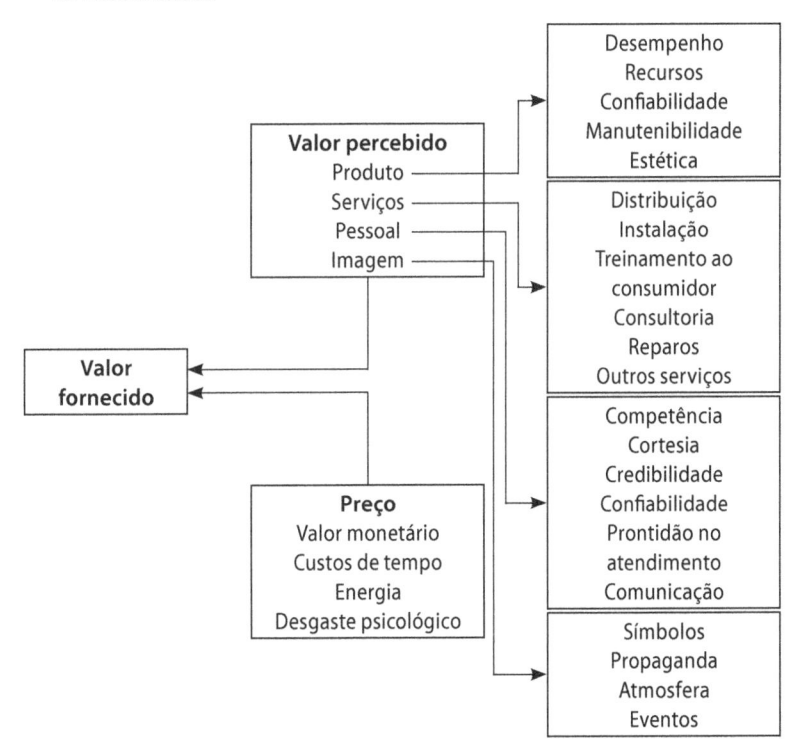

Valor percebido	
Produto	Desempenho, Recursos, Confiabilidade, Manutenibilidade, Estética
Serviços, Pessoal, Imagem	Distribuição, Instalação, Treinamento ao consumidor, Consultoria, Reparos, Outros serviços
	Competência, Cortesia, Credibilidade, Confiabilidade, Prontidão no atendimento, Comunicação
Preço: Valor monetário, Custos de tempo, Energia, Desgaste psicológico	Símbolos, Propaganda, Atmosfera, Eventos

Valor fornecido ← Valor percebido / Preço

FONTE: Adaptado de Gianesi; Corrêa, 1994, p. 22.

Podemos perceber que o **valor** é um composto da análise dos bens e serviços adquiridos e da forma como o atendimento é realizado e em que condições. Deve-se também avaliar o **preço**, que corresponde não somente ao valor monetário, mas também aos custos de tempo, energia e desgaste psicológico na obtenção do serviço.

Sob a perspectiva de Téboul (1999), caracteriza-se como **proposta de valor** o projeto que cria os serviços ao cliente, baseando-se na concretização de cinco critérios. O primeiro representa o **resultado**, aquilo que o cliente espera pela prestação do serviço, seja o serviço, seja a solução de um problema. Além do resultado principal, podem ser fornecidos serviços acessórios, que compõem o pacote de serviços. O segundo critério é a **interação com o processo**, traduzida pelas facilidades oriundas da utilização do sistema em busca da obtenção do resultado – como o tempo de atendimento, da formação ou espera em filas e do cumprimento dos ciclos de serviço. O terceiro critério é a **interação com os funcionários** – como o cliente é recebido e tratado pelos funcionários. O quarto é representado pela **credibilidade e confiabilidade** do atendimento, alcançadas por meio da satisfação do cliente. Finalmente, o quinto critério é o **preço** que o cliente está disposto a pagar pela percepção do resultado fornecido.

Os critérios apresentados por Téboul (1999) detalham-se em elementos passíveis de medição e podem se tornar princípios para o estabelecimento de indicadores de qualidade. O resultado é medido pela entrega exata do que foi pedido pelo cliente, podendo-se ou não incluir os serviços acessórios. A medição pode se dar pelo processo produtivo do serviço e pela satisfação do cliente.

O Quadro 2.1 apresenta os critérios para a proposta de valor e suas ramificações, nesse caso, genérico para qualquer serviço.

No campo "Observações" há exemplos de algumas ações a serem tomadas em função do parâmetro anterior.

Quadro 2.1 – Critérios para a proposta de valor de Téboul

Critérios	Utilidades	Observações
1. Resultado	Indicar expectativas dos clientes	Melhorar com produtos acessórios/pacote de serviços
	Tempo de resposta	Velocidade de atendimento
	Facilidade de acesso	Localização/horário de abertura/ser convidativo
2. Interação com o processo	Quadro material: a) fatores do meio ambiente	Grau de conforto, barulho, poluição
	b) concepção de conjunto	Decoração, tecnologia, apresentação
	c) elementos materiais	Produtos, amostras, documentação
3. Interação com os funcionários	Empatia, atenção e consideração	Ajudar, tratar com cortesia, respeito, boa-fé
	Responsividade e disponibilidade	Ser flexível nos procedimentos para atender o cliente
	Continuidade do relacionamento	Um atendente único para cliente único
	Experiência enriquecedora	Ambiente agradável, bom convívio e bom humor com o cliente
4. Credibilidade e confiabilidade do atendimento	Credibilidade e segurança	Profissionalismo, competência, experiência, imagem, reputação
	Confiança	Cumprir com as promessas, entregas e serviços
	Recuperação	Ligados à confiança, reparação rápida no caso de um incidente
5. Preço	Valor percebido	Elemento-chave: o que o cliente está disposto a pagar

Fonte: Elaborado com base em Téboul, 1999.

O quarto critério, credibilidade e confiança no atendimento, contém o item *recuperação*, o qual aparentemente não deveria figurar nesse momento, tendo em vista que é obtido após o fornecimento do serviço. Entretanto, tal ocorrência pode surgir em um fornecimento parcial, no ciclo de atividade do cliente, ou seja, a representação gráfica de todos os serviços (essenciais e acessórios) desde sua entrada no processo até sua saída.

Téboul (1999), em sua análise, vai além das interações com o cliente e acrescenta aos critérios apresentados a implantação da tomada de decisão pela empresa e o acompanhamento do pedido, visando a uma ordenação do processo. Assim, as decisões devem ser adotadas em fases, sendo cada fase avaliada para que somente depois seja tomada nova decisão de implementação de serviços e operações direcionadas ao cliente.

Téboul (1999) ressalta a qualidade na concepção e no sistema de entrega do serviço por quatro pontos de vista essenciais:

1. os locais, os equipamentos e o ambiente;
2. o processo de entrega (tarefas e procedimentos);
3. os produtos e as informações fornecidas, assim como os processos-chave de suporte;
4. a postura e o comportamento de funcionários e clientes.

Verificamos que os quatro pontos de vista essenciais estão contidos no Quadro 2.1. Por meio daqueles elementos, é possível medir a qualidade dos serviços e do processo de interação, além de analisar o resultado da confrontação das expectativas do cliente com sua percepção.

A recomendação preliminar é que, para influenciar o cliente na direção de uma percepção favorável do processo, podemos "prometer menos e entregar mais". Isso se torna aceitável quando o produto não é inteiramente do conhecimento do cliente ou ele não tem parâmetros de comparação.

Quanto à interação, Téboul (1999, p. 167) reconhece a complexidade de sua realização, afirmando que "é mais difícil obter qualidade na interface (interação) do que na produção" do serviço.

2.3 Cuidados com a qualidade para o cliente

O trabalho de Whiteley (1999) fundamenta-se nas duas dimensões da qualidade para bens e serviços, apresentadas no item 1.4.2, e considera que a estratégia organizacional deve conter sete imperativos fundamentais, que são os ingredientes que faltam às empresas deficitárias. Uma vez implementados organizacionalmente, devem ser revisados constantemente e reaplicados como em um treinamento para um desportista. Os sete imperativos são os seguintes:

1. **Crie uma visão que preserve o cliente** – A organização deve desenvolver a visão do relacionamento com o cliente e sensibilizar os integrantes da empresa nesse sentido. Deve atender às necessidades dos clientes mesmo que em determinadas situações não seja esse o procedimento-padrão.

2. **Sature sua companhia com a voz do cliente** – O cliente fala com a organização de diversas formas. Os funcionários devem ser preparados para ouvi-lo sempre, buscando atendê-lo da melhor forma possível.

3. **Aprenda com os vitoriosos** – A organização deve se basear nas pesquisas de mercado sobre as organizações similares que são líderes e que têm as melhores e comprovadas práticas.

4. **Libere os defensores de seus clientes** – Os funcionários devem acreditar que o serviço que fornecem ao cliente é bom. Dessa forma, poderão atribuir metas de satisfação do cliente acima de qualquer outra.

5. **Derrube barreiras na habilidade de conquistar clientes** – As organizações não devem transferir para o cliente problemas internos, como a demora no processamento das informações financeiras, problemas de telefonia ou de sistemas. Deve-se estimular o funcionário a fornecer sugestões para a identificação e a melhoria dos processos.

6. **Esteja sempre medindo** – Medir é o objetivo desse trabalho. É preciso estabelecer indicadores de qualidade para serviços e compará-los, a fim de confrontar os resultados.

7. **Faça o que você diz** – Organizações que se dizem voltadas para a qualidade devem considerar a qualidade em todos os níveis hierárquicos, e não somente em relação ao cliente.

Um dos maiores entraves percebidos no relacionamento entre o cliente e o fornecedor é que muitos clientes não reclamam. Quando compreendem os motivos das reclamações, as organizações buscam formas de saná-las. Contudo, as empresas não percebem essa situação, pois acreditam que estão prestando um excelente serviço, já que os clientes não se queixam. Essa falta de reclamação pelos clientes deve-se a alguns fatores, entre os quais destacamos:

- eles pensam que reclamar não vai resolver nada;
- reclamar é difícil;
- as pessoas não se sentem bem reclamando;
- é mais fácil trocar de empresa ou produto do que reclamar.

Algumas ações para facilitar que o cliente reclame podem ser adotadas, quais sejam: facilitar o acesso do cliente a sistemas de registro de queixas a fim de não comprometê-lo, divulgar as ações tomadas em reclamações de clientes, fazê-los entender que a reclamação permite melhorar o relacionamento e o fornecimento do produto ou serviço ao cliente.

2.4 Pacote de serviços

De acordo com Fitzsimmons e Fitzsimmons (2005, p. 44), os gerentes têm dificuldade em estabelecer quais componentes dos serviços devem integrar o serviço final fornecido ao cliente. Os autores entendem o pacote de serviços como sendo "um conjunto de mercadorias e serviços que são fornecidos em um ambiente". Esse conjunto deve ser constituído dos seguintes componentes:

a. **Instalações de apoio** – representam os recursos físicos que devem estar disponíveis antes de oferecer um serviço. Exemplo: campo de golfe;

b. **Bens facilitadores** – representados pelo material adquirido ou consumido pelo comprador ou os itens fornecidos pelo cliente. Exemplo: tacos de golfe;

c. **Informações** – representadas pelos dados de operações ou fornecidas pelo consumidor para dar condições a um serviço eficiente e customizado. Exemplo: registro médico de pacientes;

d. **Serviços explícitos** – benefícios que são prontamente percebidos pelos clientes e que consistem nas características essenciais ou intrínsecas dos serviços. Exemplo: tempo de resposta do bombeiro ao chamado;

e. **Serviços implícitos** – benefícios psicológicos que o cliente pode sentir vagamente ou características extrínsecas dos serviços. Exemplo: ser atendido por profissionais altamente capacitados. (Fitzsimmons; Fitzsimmons, 2005, p. 44)

O Quadro 2.2 apresenta os elementos para a avaliação do pacote de serviços de acordo com as características apresentadas.

Quadro 2.2 – Elementos para avaliação do pacote de serviços

Característica	Elementos de análise
Instalações de apoio	1. Localização
	2. Decoração interior
	3. Equipamento de apoio
	4. Adequação da arquitetura
	5. *Layout* das instalações
Bens facilitadores	1. Consistência
	2. Quantidade
	3. Seleção

(continua)

(Quadro 2.2 – conclusão)

Característica	Elementos de análise
Informações	1. Tecnologia de informação
	2. Percepções sobre o cliente
Serviços explícitos (percebidos)	1. Treinamento do pessoal prestador de serviço
	2. Abrangência
	3. Consistência
	4. Disponibilidade
Serviços implícitos	1. Atitude do serviço
	2. Ambiente
	3. Espera
	4. *Status*
	5. Sensação de bem-estar
	6. Privacidade e segurança
	7. Conveniência

Fonte: Adaptado de Fitzsimmons; Fitzsimmons, 2005, p. 45.

Nesse quadro foi acrescentado o elemento *informações*, as quais podem ser obtidas do cliente por meio de sistemas automáticos disponibilizados pela tecnologia de informação e/ou por qualquer outro meio, como a percepção do cliente sobre o pacote de serviços.

2.5 Modelos para analisar falhas de qualidade

Dois são os modelos que pretendem identificar e apresentar as falhas encontradas no processo de fornecimento de serviços. O primeiro é proposto por Zeithaml, Parasuraman e Berry (1990), e denominado *modelo dos 5 gaps*; o segundo é denominado *sete lacunas da qualidade*, apresentado por Lovelock e Wright (2001).

2.5.1 Modelo dos 5 *gaps*

O trabalho realizado por Zeithaml, Parasuraman e Berry (1990) pretende representar o não atendimento às expectativas dos clientes. A análise das diferenças entre o esperado e o fornecido deve ser realizada com o intuito de prover informações para diminuir tais diferenças. A Figura 2.5 ilustra o modelo.

Figura 2.5 – Modelo para analisar falhas de qualidade em serviços

Consumidor

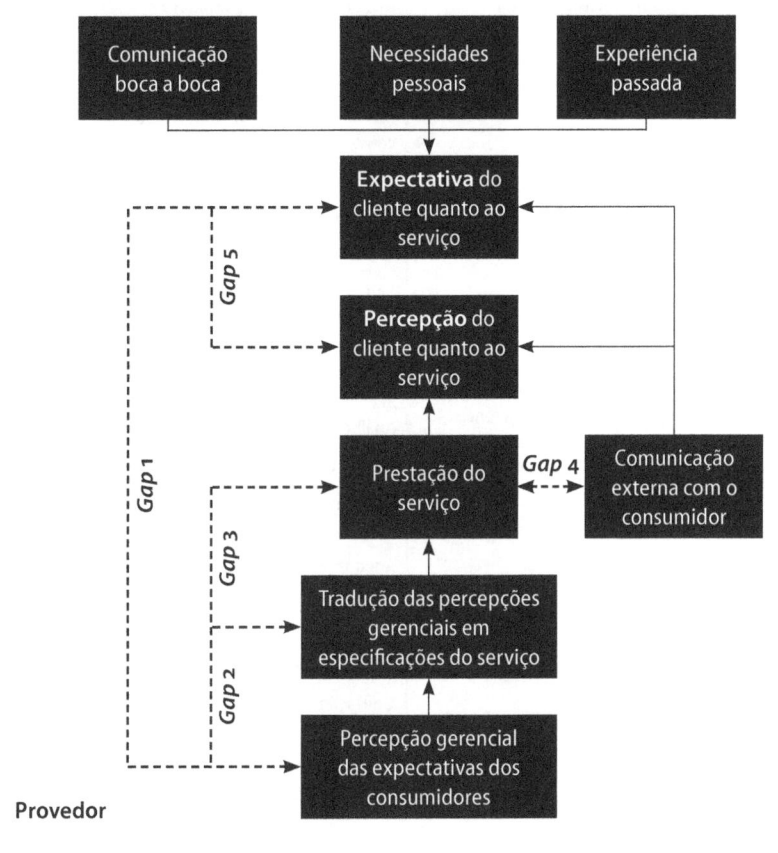

```
┌──────────────┐   ┌──────────────┐   ┌──────────────┐
│ Comunicação  │   │ Necessidades │   │  Experiência │
│  boca a boca │   │   pessoais   │   │    passada   │
└──────────────┘   └──────────────┘   └──────────────┘
                          ↓
              ┌──────────────────────┐
              │    Expectativa do    │
              │   cliente quanto ao  │
              │        serviço       │
              └──────────────────────┘
                    Gap 5
              ┌──────────────────────┐
              │     Percepção do     │
              │   cliente quanto ao  │
              │        serviço       │
              └──────────────────────┘
                          ↑
              ┌──────────────────────┐   Gap 4   ┌──────────────┐
              │     Prestação do     │◄--------►│  Comunicação │
              │        serviço       │          │  externa com │
              └──────────────────────┘          │  o consumidor│
     Gap 1            Gap 3                     └──────────────┘
              ┌──────────────────────┐
              │ Tradução das percepções │
              │      gerenciais em     │
              │ especificações do serviço │
              └──────────────────────┘
                    Gap 2
              ┌──────────────────────┐
              │  Percepção gerencial │
              │ das expectativas dos │
              │     consumidores     │
              └──────────────────────┘
```

Provedor

Fonte: Adaptado de Zeithaml; Parasuraman; Berry, 1990, p. 420, tradução nossa.

Verificamos que os *gaps* representam a diferença entre a percepção e o que é aparentemente fornecido. É lógico supormos que as visões internas da organização e a visão do cliente não são a mesmas e necessitam de ajustes, reduzindo-se os *gaps* em direção àquilo que o cliente deseja. A pesquisa foi realizada em empresas que cobriam um espectro genérico de serviços.

O Quadro 2.3 apresenta cada um dos *gaps* e as medidas propostas para sanar as possíveis falhas de qualidade em serviços.

Quadro 2.3 – Medidas para redução do impacto da falha

Gap	Tipo de falha	Ação de redução de impacto
1	Falha na comparação da expectativa do consumidor – percepção gerencial	Foco/seleção de clientes
		Pesquisa
		Pré-formação das expectativas dos consumidores
		Desagregação do conceito de qualidade
		Canal de comunicação formal
		Canal de comunicação informal
		Redução da distância entre a gerência e os funcionários da linha de frente
		Desenvolvimento de uma cultura de serviços
2	Falha na comparação da percepção gerencial – especificação da qualidade do serviço	Análise do pacote de serviços
		Análise do ciclo de serviços
		Análise dos momentos da verdade
3	Falha na comparação da especificação do serviço – prestação do serviço	Adequação do processo às expectativas dos clientes
		Adequação da tecnologia ao trabalho
		Estabelecimento de padrões
		Definição de medidas de avaliação de desempenho
		Utilização de ferramentas de análise de qualidade
		Utilização de medidas à prova de falhas
4	Falha na comparação da prestação do serviço – comunicação externa com o cliente	Coordenação entre *marketing* e operações
		Formação de expectativa coerente
		Comunicação durante o processo
5	Falha na comparação da expectatia do cliente – percepção do cliente	Falhas combinadas podem se anular e atender o cliente. Permanecendo ocultas, deve-se analisar cada momento da verdade do ciclo de serviço.

Fonte: Elaborado com base em Zeithaml; Bitner, 2003, p. 419 a 426.

O estudo apresentado dos *gaps* foi realizado e composto parcialmente pelos modelos de questionários que se encontram no item 4.5, intitulados **ServQual**. Zeithaml, Parasuraman e Berry (1990) publicaram uma proposta conceitual de qualidade de serviços, indicando os rumos a serem utilizados em pesquisas futuras.

Kettinger, Lee e Lee (1995) e Pitt, Watson e Kavan (1995) foram os primeiros a adaptar o ServQual ao contexto de sistemas de informação com o objetivo de medir a qualidade desse serviço. Em função dessa utilização, houve dúvidas quanto à adequação do ServQual nesse contexto. Kettinger, Lee e Lee (1995) também identificaram problemas no uso de ServQual para sistemas de informação, pois perceberam a sua não adequação a todos os tipos de serviços, necessitando de um incremento em busca de pontos comuns para projetar e avaliar os serviços.

2.5.2 Modelo das sete lacunas na qualidade

Proposto originalmente no trabalho de Lovelock, *Product Plus*, em 1994, o modelo das sete lacunas na qualidade considera que os desempenhos de serviço devem ser equilibrados entre a percepção do serviço esperado pelo cliente e o serviço fornecido pelo prestador. Quando isso não acontece, há uma discrepância, ou seja, ocorre uma lacuna na qualidade, um problema que pode se estender a diversas etapas do desempenho de um serviço. Dessa forma, quaisquer lacunas podem prejudicar as relações com o consumidor. Portanto, medidas para evitar o aparecimento das lacunas aumentam o desempenho da empresa e a adequação do serviço oferecido ao cliente. A Figura 2.6 ilustra esse modelo.

Figura 2.6 – Modelo das sete lacunas na qualidade em serviços

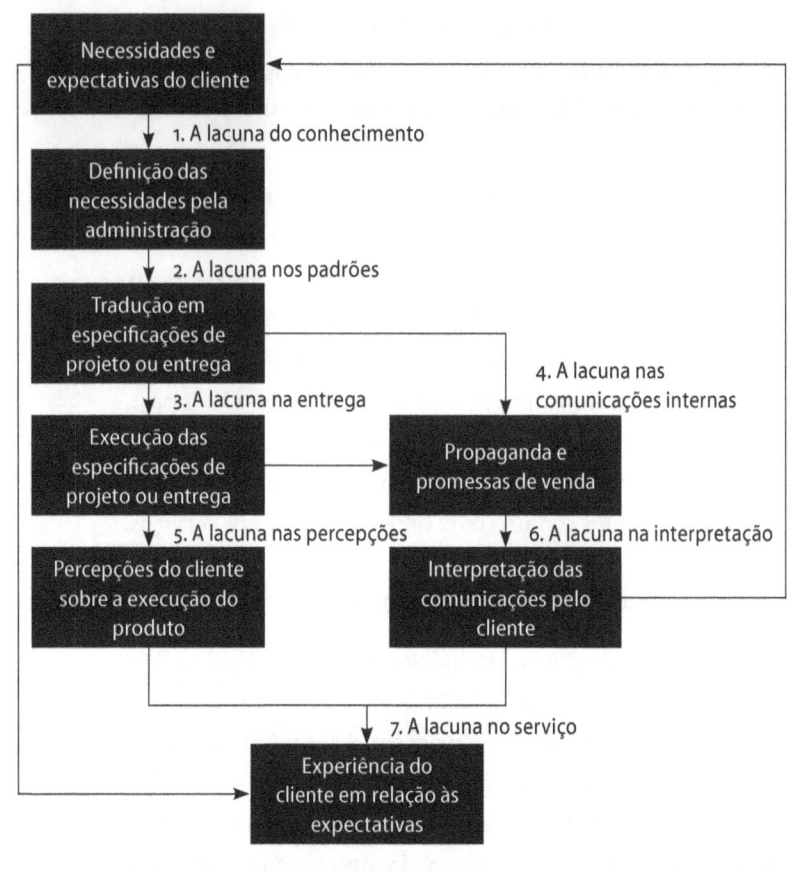

```
┌─────────────────────────┐
│ Necessidades e          │◄──────────────────────┐
│ expectativas do cliente │                       │
└───────────┬─────────────┘                       │
            │ 1. A lacuna do conhecimento         │
            ▼                                     │
┌─────────────────────────┐                       │
│ Definição das           │                       │
│ necessidades pela       │                       │
│ administração           │                       │
└───────────┬─────────────┘                       │
            │ 2. A lacuna nos padrões             │
            ▼                                     │
┌─────────────────────────┐                       │
│ Tradução em             │                       │
│ especificações de       │─────────┐             │
│ projeto ou entrega      │         │             │
└───────────┬─────────────┘  4. A lacuna nas      │
            │ 3. A lacuna    comunicações internas│
            │    na entrega  │                    │
            ▼                ▼                    │
┌─────────────────────────┐ ┌─────────────────┐   │
│ Execução das            │ │ Propaganda e    │   │
│ especificações de       │►│ promessas de    │   │
│ projeto ou entrega      │ │ venda           │   │
└───────────┬─────────────┘ └────────┬────────┘   │
   5. A lacuna nas          6. A lacuna na        │
      percepções               interpretação      │
            ▼                        ▼            │
┌─────────────────────────┐ ┌─────────────────┐   │
│ Percepções do cliente   │ │ Interpretação   │   │
│ sobre a execução do     │ │ das comunicações│───┘
│ produto                 │ │ pelo cliente    │
└───────────┬─────────────┘ └─────────────────┘
            │       7. A lacuna no serviço
            ▼
┌─────────────────────────┐
│ Experiência do          │
│ cliente em relação às   │
│ expectativas            │
└─────────────────────────┘
```

FONTE: Adaptado de Lovelock; Wirtz, 2006, p. 351.

A seguir, descrevemos cada uma das sete lacunas na qualidade em serviços.

Quadro 2.4 – Sete lacunas na qualidade em serviços

Lacunas	Características
1. A lacuna do conhecimento	A diferença entre o que os fornecedores de serviço acreditam que os clientes esperam e as necessidades e expectativas reais dos clientes.
2. A lacuna nos padrões	As diferenças entre as percepções da administração sobre as expectativas do cliente e os padrões de qualidade estabelecidos para a entrega do serviço.

(continua)

(Quadro 2.4 – conclusão)

Lacunas	Características
3. A lacuna na entrega	A diferença entre padrões de entrega especificados e o desempenho real do fornecedor de serviços.
4. A lacuna nas comunicações internas	A diferença entre aquilo que o pessoal de propaganda e vendas julga que são as características do produto, desempenho e nível de qualidade do serviço e aquilo que a companhia realmente é capaz de entregar
5. A lacuna nas percepções	A diferença entre aquilo que é realmente entregue e aquilo que os clientes percebem ter recebido (porque são incapazes de avaliar acuradamente a qualidade do serviço).
6. A lacuna na interpretação	A diferença entre aquilo que as campanhas de comunicação de um fornecedor de serviços realmente prometem e aquilo que um cliente acha que foi prometido por essas comunicações.
7. A lacuna no serviço	A diferença entre o que os clientes esperam receber e suas percepções do serviço que é realmente entregue.

FONTE: Lovelock; Wirtz, 2006, p. 351.

As lacunas de Lovelock e Wright (2006) e os *gaps* de Zeithaml, Parasuraman e Berry (1990) se assemelham e possibilitam que, se bem administrados, deixem de existir, resultando em melhores condições de fornecimento do serviço.

2.6 Aplicação dos conceitos de produto e serviços ampliados

De acordo com Cardoso (1995), os critérios competitivos apresentados na Figura 2.7 indicam que as empresas devem ser proativas quando se trata de competitividade, definindo claramente seus elementos diferenciais no mercado e sempre considerando as estratégias de produção e *marketing*, pois somente assim poderão atender às necessidades dos clientes e ter sucesso.

O sucesso é estabelecido, portanto, pelas condições de fornecimento, respeitando-se os critérios de qualidade para a produção dos serviços. É fundamental identificarmos as necessidades dos clientes e formas de supri-las. Não atender adequadamente o cliente é afastá-lo da organização, perdendo a oportunidade de lhe fornecer novos produtos. Para que a empresa não perca seus clientes, ela deve controlar os elementos tangíveis do processo de fornecimento de serviços aplicando-lhes os mesmos conceitos de qualidade atribuídos aos produtos.

A Figura 2.7 apresenta os elementos gerais de análise para o conceito ampliado de serviços, destacando os caminhos percorridos pelos bens e serviços e sua inter-relação, permitindo um controle maior dos serviços.

Figura 2.7 – Aplicação dos conceitos de produto e serviço

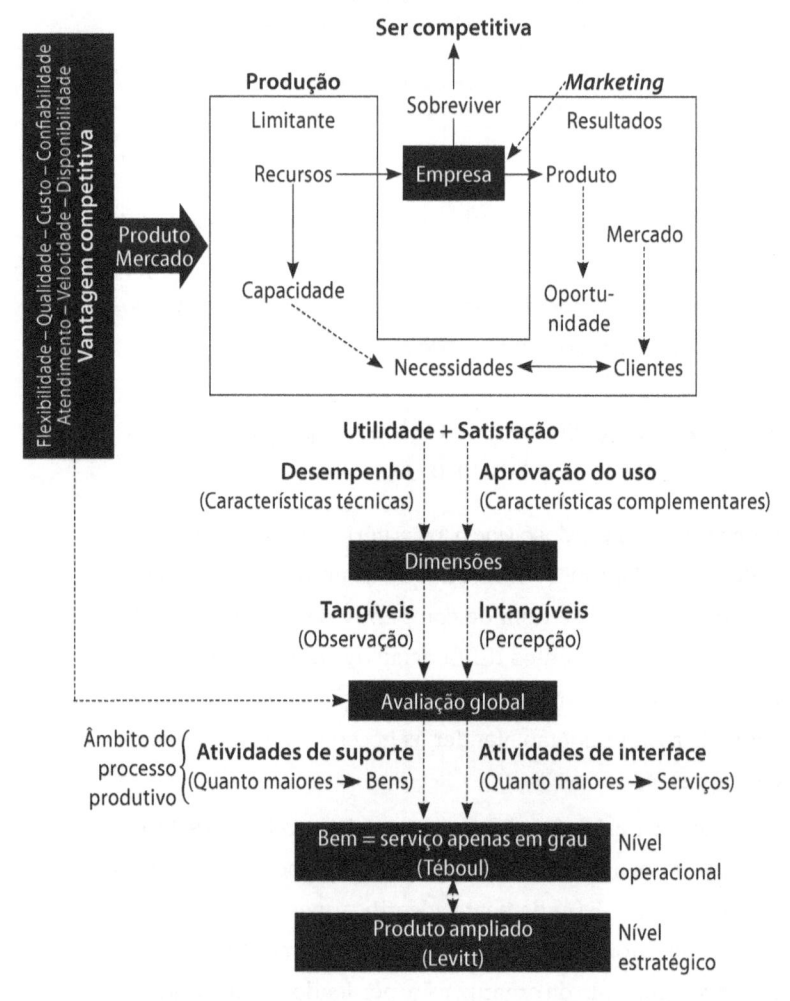

FONTE: Adaptado de Cardoso, 1995, p. 224.

Apesar de alguns elementos de serviço (intangível) serem avaliados pelos mesmos critérios dos bens (tangíveis), isso é insuficiente para termos uma visão geral de qualidade da prestação de serviço. Precisamos estabelecer as dimensões, os critérios e os indicadores específicos para serviços. Cardoso (1995) destaca no modelo um ponto fundamental:

> o essencial é sua interface (ponto de interação entre cliente e sistema de produção) que frequentemente é sustentada por um setor de suporte (processamento físico e acompanhamento). Qualquer que seja a transação com o cliente de uma empresa de serviço ou de manufaturados haverá a separação interface/suporte. (Cardoso, 1995, p. 226)

Por meio da análise, verificamos que o ponto inicial do projeto do serviço é o cliente e a forma como este interage com a organização na busca pelo serviço. Nesse contexto, a avaliação é estratégica para a organização.

Síntese

Iniciamos o estudo deste capítulo verificando os elementos contidos no triângulo de Albrecht e passamos a avaliar os momentos da verdade, ou seja, os contatos determinantes com o cliente. Para a formulação dos componentes do serviço, definimos os elementos constantes no pacote de serviços e, buscando a prevenção de problemas, mostramos os modelos que apresentam as falhas de qualidade em diversas etapas na prestação de serviços. Finalmente, apresentamos a figura que contém os conceitos de produto ampliado, que engloba tanto o fornecimento de bens quanto a prestação dos serviços.

Saiba mais

Para conhecer melhor as características da prestação de serviços, você poderá consultar:

PROMODEL. **Accelerate costumer service level improvement while eliminating the risk with the Service Model Optimization Suite.** Disponível em: <https://www.promodel.com/products/servicemodel>. Acesso em: 11 ago. 2015.

Nesse *site* há um *software* de simulação que nos permite construir uma representação no computador e testar uma variedade de cenários para encontrarmos o melhor para a prestação de serviços.

Questões para revisão

1. Um dos grandes conceitos identificados para serviços é o conceito de *momentos da verdade,* cunhado por Jan Carlzon (2005). Como você o definiria?

2. A que corresponde o ciclo dos serviços e quais são os elementos mais relevantes que o compõem?

3. No modelo de análise de valor fornecido ao consumidor, Gianesi e Corrêa (1994) dividem o valor fornecido em dois: o valor percebido e o preço. Para Téboul (1999), a proposta de valor que cria os serviços ao cliente baseia-se na concretização de cinco critérios. Quais são eles?

4. Relacione as duas colunas para classificar os imperativos da qualidade de Whiteley (1999):

    I. Crie uma visão que preserve o cliente ( ) Estimular o funcionário a fornecer sugestões para identificação e melhoria dos processos.

    II. Libere os defensores de seus clientes ( ) Verificar a pesquisa de mercado das organizações similares que são líderes e que têm as melhores e comprovadas práticas.

III. Derrube barreiras na habilidade de conquistar clientes	( ) Estabelecer indicadores de qualidade para serviços e compará-los, a fim de confrontar os resultados.
IV. Aprenda com os vitoriosos	( ) Atender às necessidades dos clientes mesmo que em determinadas situações este não seja o procedimento-padrão.
V. Esteja sempre medindo	( ) Fazer com que os funcionários acreditem que o serviço que fornecem ao cliente é bom.

5. Relacione as duas colunas identificando as características de acordo com os itens do pacote de serviços proposto por Fitzsimmons e Fitzsimmons (2005).

I. Instalações de apoio	( ) Representam os recursos físicos que devem estar disponíveis antes de se oferecer um serviço. Exemplo: campo de golfe.
II. Bens facilitadores	( ) São representados pelo material adquirido ou consumido pelo comprador ou pelos itens fornecidos pelo cliente. Exemplo: tacos de golfe.
III. Informações	( ) São representadas pelos dados de operações ou fornecidas pelo consumidor para dar condições a um serviço eficiente e customizado. Exemplo: registro médico de pacientes.
IV. Serviços explícitos	( ) São benefícios prontamente percebidos pelos clientes e que consistem nas características essenciais ou intrínsecas dos serviços. Exemplo: tempo de resposta do bombeiro ao chamado.
V. Serviços implícitos	( ) Consistem em benefícios psicológicos que o cliente pode sentir vagamente ou representam características extrínsecas dos serviços. Exemplo: ser atendido por profissionais altamente capacitados.

Questão para reflexão

1. Uma grande parte da parcela de serviços é executada pelo Poder Público, que é "pago" com o recolhimento dos impostos. Verifique quanto você paga de impostos e se o que recebe é parte de uma proposta de valor justa. Não esqueça que você recolhe impostos diretos e indiretos. Pense a respeito.

EC 2
Estudo de caso: momentos da verdade dos clientes da Zaztraz Car

*V*isto que os momentos da verdade influenciam na expectativa do cliente em relação às experiências por ele vivenciadas no serviço, neste capítulo vamos fazer uma análise dos momentos da verdade para os serviços da Zaztraz Car. Começaremos identificando esses momentos, bem como a justificativa de cada um deles, e as medidas que devem ser adotadas para que a experiência final do cliente seja positiva.

Vamos conhecer cada um dos momentos da verdade na organização que estamos estudando.

1) O cliente visualiza a propaganda da Zaztraz Car.
A propaganda que o cliente visualiza influencia sua opinião sobre o serviço. As promessas explícitas determinam quais características do serviço a empresa quer mostrar para o consumidor a fim de conquistá-lo. Porém, o cumprimento dessas promessas explícitas deve ser viável para a empresa, pois o

cliente considera totalmente relevante que a empresa o faça, como veremos no método ServQual (Capítulo 5).

> **ESTRATÉGIAS PARA O PRIMEIRO MOMENTO DA VERDADE**
>
> - A propaganda deve estar bem localizada e bem feita.
> - As promessas explícitas devem corresponder à realidade da organização. Não se deve prometer o que é difícil de cumprir.
> - As promessas explícitas devem estar bastante claras.
> - Informações sobre a empresa devem estar corretas e claras.

2) O cliente telefona para receber informações sobre o serviço.

O modo como o cliente é tratado ao telefone influencia sua decisão de contratação de serviço.

> **ESTRATÉGIAS PARA O SEGUNDO MOMENTO DA VERDADE**
>
> - O funcionário deve ser treinado para atender o cliente educada e cortesmente.
> - O funcionário deve saber o máximo de informações possíveis para transmiti-las prontamente ao cliente.
> - Informações sobre preços devem estar próximos ao telefone para que o funcionário possa informá-los quando solicitado.
> - Informações sobre horários disponíveis para a realização do serviço também devem se encontrar próximas ao telefone.

3) O cliente acessa o *site* para buscar informações.

O cliente geralmente espera encontrar todas as informações a respeito do serviço de maneira fácil e rápida.

> **ESTRATÉGIAS PARA O TERCEIRO MOMENTO DA VERDADE**
>
> - Todas as informações do serviço devem estar descritas claramente no *site*.
> - Deve haver informações de contato da empresa, como endereço, telefone e *e-mail*.

4) O cliente se dirige à loja.

Ao se defrontar pela primeira vez com o serviço, o cliente analisa as condições das instalações físicas. Muitas vezes, o estado físico do estabelecimento fazem com que o cliente não queira nem mesmo entrar nele.

> **ESTRATÉGIAS PARA O QUARTO MOMENTO DA VERDADE**
>
> - As instalações devem estar em bom estado de conservação, limpas e organizadas.
> - Informações relevantes, como preços, devem estar visíveis ao cliente.

5) O cliente pede informação a um funcionário no balcão.

Ao pedir informação, o consumidor espera ser tratado com educação e cortesia e de maneira rápida. Em caso de demora no atendimento, o cliente pode se irritar e, muitas vezes, ir embora.

ESTRATÉGIAS PARA O QUINTO MOMENTO DA VERDADE

- O balcão deve estar localizado num local de fácil acesso ao cliente.
- Deve haver, sempre, pelo menos um funcionário no balcão para atender à clientela.
- O funcionário deve ter boa aparência e estar uniformizado.
- O cliente deve ser recebido de maneira educada e cortês.
- O funcionário deve saber todas as informações a respeito do serviço, além de como é realizado, quais produtos são utilizados e qual seu tempo de duração.
- O funcionário deve estar atento às necessidades do cliente para que as expectativas deste sejam superadas.
- Deve haver informações sobre parceiros na mesma região que podem ser úteis para o cliente, como mecânicas, postos de gasolina e *auto centers*.

6) O funcionário faz o cadastro do cliente no banco de dados.

O cadastro do cliente serve para facilitar e agilizar quando das próximas contratações do serviço. Esse processo não deve ser demorado, pois pode aborrecer o cliente, fazendo-o sentir que é uma perda de tempo estar ali. Além disso, o cadastro não deve ser feito toda vez que o cliente contrata o serviço, pois, dessa maneira, perde a razão de ser.

ESTRATÉGIAS PARA O SEXTO MOMENTO DA VERDADE

- O cadastro não deve ser de caráter obrigatório para o cliente.
- O cadastro servirá para realização de promoções.
- O cadastro do cliente deve ser feito de maneira rápida e concisa, contendo apenas as informações essenciais para o serviço.
- O cadastro deve ser realizado apenas na primeira contratação do serviço.

7) O cliente entrega a chave do carro para o funcionário.

O cliente espera ter sensação de segurança ao entregar o carro para o funcionário, considerando que não há motivos para se preocupar e que o serviço será feito de maneira adequada.

ESTRATÉGIAS PARA O SÉTIMO MOMENTO DA VERDADE

- O funcionário deve ser educado e cortês, ter boa aparência e estar uniformizado.
- O funcionário deve saber manobrar o carro de maneira cuidadosa.
- O funcionário deve memorizar todas as recomendações que o cliente fizer a respeito do carro.

8) O cliente aguarda a finalização do serviço na sala de espera.

A demora no serviço e o descumprimento do prazo fazem com que o cliente se chateie e, provavelmente, não contrate novamente o serviço. A espera do cliente é considerada um momento crítico da verdade.

ESTRATÉGIAS PARA O OITAVO MOMENTO DA VERDADE

- A sala de espera deve promover algum tipo de entretenimento ao cliente para que o tempo esperado não seja percebido.
- O serviço deve ser cumprido no prazo prometido.
- Caso o cliente se irrite com a demora, o funcionário deve informar diretamente ao executor do serviço, a fim de agilizar a conclusão deste.
- Se for necessário, outros funcionários devem ajudar na conclusão do serviço.

9) O cliente recebe o veículo.

Momento crítico da verdade no qual o cliente avalia a qualidade do serviço. Se este não foi realizado de maneira adequada, o cliente reclamará por um melhor ou irá embora chateado e nunca mais contratará o serviço. Também há a possibilidade de o cliente fazer propaganda negativa a outros potenciais clientes.

ESTRATÉGIAS PARA O NONO MOMENTO DA VERDADE

- O funcionário deve fazer uma breve pesquisa de satisfação do serviço.
- Caso o cliente não esteja satisfeito, o funcionário deve perguntar qual a falha percebida e deve consertá-la de maneira eficaz e rapidamente.
- Se o cliente não estiver disposto a esperar pela correção, o funcionário deve oferecer desconto no preço do serviço, a fim de minimizar a má impressão.
- Caso o dano seja muito grave, o funcionário deve pedir o contato do cliente para futura reparação.

EC 2.1
Pacotes de serviços

O lava-rápido Zaztraz Car apresenta um conjunto de mercadorias e serviços fornecidos nas dependências da empresa que podem ser divididos em cinco partes, como descreveremos a seguir.

EC 2.1.2 Instalações de apoio

O local onde se realiza o serviço do lava-rápido tem área construída de aproximadamente 400 m² e área total de 500 m² e será estrategicamente localizado na área central do bairro. A fim de proporcionar um ambiente agradável aos clientes e aos funcionários, as paredes têm cores claras e o piso, cinza. O intuito de usar cores claras é transmitir sensação de limpeza; por isso, o material utilizado é de fácil manutenção. A cor utilizada para compor os detalhes do lava-rápido, remetendo à logo da Zaztraz Car, é o azul. Os detalhes destacados são objetos de decoração, como cadeiras e placas de sinalização. Há também investimento em objetos de decoração simples, como vasos de folhagem e quadros que remetem ao automobilismo.

Em relação às partes do ambiente físico, podemos dividi-las da seguinte maneira:

- **Banheiros e vestuários** – Essas instalações devem atender às necessidades de funcionários e clientes, permitindo a higiene pessoal e, no caso dos funcionários, a troca de roupa antes e depois do trabalho.
- **Escritório** – É onde se controlam e registram a frequência de funcionários, a demanda e execução de serviços, o fluxo de caixa, entre outros.
- **Sala de espera** – Nessa instalação, o cliente pode esperar o término da prestação do serviço.

- **Galpão** – Além do armazenamento de veículos, esse espaço se destina à prestação dos serviços oferecidos pelo lava-rápido.

- **Pátio** – Tem a finalidade de estocar materiais para a prestação do serviço, como panos, aspiradores, produtos de limpeza e mangueiras.

O *layout* das instalações da Zaztraz Car também deve ser bem pensado. Levando em consideração que a vaga para um veículo deve ter 2,10 m de largura por 4,70 m de comprimento, temos que um carro ocupa cerca de 10 m². Sendo o espaço reservado ao lava-rápido correspondente a 400 m², chegamos a um total disponível para 40 carros. Porém, temos que considerar a área construída.

Dada a demanda diária, consideramos adequado que o lava-rápido tenha quatro cabines para a prestação dos serviços. Adicionamos ao redor da área ocupada por cada carro aproximadamente 1,5 m para movimentação dos funcionários. Sendo assim, a área reservada para a prestação de serviço é de 8,0 m de comprimento por 5,0 m de largura, o que resulta em uma área total de 160 m², ou seja, 40% da área total.

A área referente ao conjunto escritório e sala de espera corresponde a 42 m², ocupando 10% da área total. Já a área de pátio e banheiros e vestuários ocupam 21 m², ocupando 5% da área total.

Depois da análise das áreas ocupadas, podemos observar que cerca de 45% da área total será ocupada pelo espaço de armazenamento de veículos. Esse valor corresponde a 180 m², comportando, aproximadamente, 18 carros.

EC 2.1.3 Bens facilitadores

Na Zaztraz Car há revistas e televisão disponíveis mostrando ao cliente diferentes assuntos, inclusive os tipos de serviços disponíveis no estabelecimento, a fim de proporcionar distração e informação enquanto espera os carros são lavados. Além disso, há água, café, chá e bolachas à disposição dos clientes, inclusive rede *wi-fi*. Para maior facilidade na hora do pagamento, a empresa dispõe de máquina de cartão de débito e crédito.

EC 2.1.4 Avaliações

As avaliações advindas dos clientes da Zaztraz Car são obtidas tanto eletronicamente, por meio do *site* da empresa, ou após cada serviço prestado, por meio de um *checklist* de satisfação aplicado ao cliente. Assim, o consumidor pode fazer críticas tanto positivas quanto negativas sobre o serviço.

EC 2.1.5 Serviços explícitos

A Zaztraz Car disponibiliza seis tipos básicos de lavagem de carro, a saber:

- **Limpeza interna** – Consiste em limpar com um pano e aspirar todo o interior do carro (estrutura interna, painel, portas, bancos, vidros e porta-malas) e lavar os tapetes. Tempo estimado para a execução do serviço: 20 minutos.
- **Lavagem externa** – Essa é uma lavagem detalhada da parte exterior do carro. Primeiramente, lava-se toda a estrutura exterior, os vidros e os pneus com sabão e jatos de água. Depois, passa-se um pano úmido para uma limpeza mais profunda. Por fim, seca-se todo o carro. Tempo estimado para a execução do serviço: 15 minutos.
- **Lavagem completa** – A lavagem completa agrega as duas lavagens anteriores (limpeza interna e lavagem externa). Tempo estimado para a execução do serviço: 35 minutos.
- **Polimento** – O polimento é realizado para recuperar o brilho da pintura do carro. Para o processo, o carro

deve estar na sombra e com toda a sua estrutura fria. Aplica-se manualmente o polidor com uma flanela limpa e macia, espalhando-o em pequenas áreas sobre a pintura. Deve-se deixar secar naturalmente. Tempo estimado para a execução do serviço: 1 hora e 45 minutos.

- **Lavagem de aparência** – Essa é uma lavagem realizada por uma ducha. O serviço consiste em apenas passar um jato de água com sabão no carro e enxaguá-lo, sem nenhum acréscimo. Tempo estimado para a execução do serviço: 7 minutos.

- **Higienização interna** – Recupera o interior de veículos alagados ou que tiveram líquidos derramados, sem possibilidade de remoção por meio da limpeza normal. Nesse caso, realizam-se a limpeza, a hidratação e a revitalização geral dos plásticos, a limpeza do teto, dos cintos de segurança, das portas, dos vidros e do porta-malas, a lavagem do assoalho, dos tapetes e dos bancos e a aplicação de fungicidas e bactericidas em todo o interior do carro. Tempo estimado para a execução do serviço: 6 horas.

A Zaztraz Car oferece também quatro tipos opcionais de serviço que podem ser incluídos caso o cliente deseje:

- **Aplicação de pretinho** – O pretinho é um limpador líquido aplicado manualmente sobre os pneus para dar brilho e proteção a eles. Tempo estimado para a execução do serviço: 5 minutos.

- **Aplicação de cera líquida** – É utilizada com a finalidade de deixar o carro protegido e com um ótimo visual. Com o carro molhado, mistura-se a cera com água e passa-se sobre o carro. Tempo estimado para a execução do serviço: 10 minutos.

- **Secagem** – A secagem consiste em passar um pano seco sobre todo o carro após a lavagem para deixá-lo seco. Tempo estimado para a execução do serviço: 5 minutos.

- **Hidratação de bancos de couro** – Esse processo desengordura e restaura a cor e o pH originais do couro, além e prevenir desgastes em bancos e forrações. Primeiramente, passa-se um pano úmido nos bancos para limpar a sujeira; depois, deixa-se secar; por último, aplica-se o hidratante de couro manualmente em todos os bancos. Tempo estimado para a execução do serviço: 40 minutos.

Para a melhor prestação de todos esses serviços, a Zaztraz Car ministra treinamentos a seus funcionários. O objetivo disso é promover pontualidade na entrega dos serviços, atender cada vez melhor a todos os clientes e realizar novamente o serviço caso o cliente não se mostre satisfeito.

EC 2.1.6 Serviços implícitos

A Zaztraz Car é um ambiente agradável a seus clientes. A sala de espera é bem arejada, limpa, organizada e tem um tamanho adequado. O tempo de espera para ter o carro limpo é o menor possível, dependendo apenas do número de atendimentos de carros no momento. Além disso, todos os serviços e produtos usados pelo lava rápido serão de alta qualidade, atendendo às expectativas dos clientes. Em hipótese alguma serão usados produtos falsificados ou mercadorias genéricas. Apenas produtos autênticos e comprados com nota fiscal.

EC 2.2
Taxonomia e tipologia do serviço

> Podemos classificar os processos de serviços de acordo com sua divergência, com o objeto para o qual é direcionado e com o grau de contato com o cliente. Em relação à divergência, os serviços se dividem em *baixa divergência* (serviços padronizados) e *alta divergência* (serviços personalizados). Quanto ao objeto do processo,

os processamentos de serviços são classificados em *bens, informações* e *pessoas*. Já em relação ao grau de contato com o cliente, variam de *nenhum contato* até *contato direto*, bem como de *autoatendimento* até *interação pessoal com o prestador*.

Vamos entender melhor cada um desses tipos:

- **Grau de divergência** – A padronização (baixa divergência) é projetada para atender a grandes volumes de um serviço minuciosamente definido e focalizado. As tarefas são de rotina e requerem mão de obra com nível de habilidades técnicas relativamente baixo. Em razão da natureza repetitiva do serviço, há forte tendência de substituição da mão de obra pela automatização (por exemplo, a utilização de máquinas automáticas de vendas e a lavagem automática de carros). A redução da liberdade dos trabalhadores em suas atividades tem como finalidade conferir mais consistência e qualidade ao serviço, mas pode também apresentar consequências negativas (por exemplo, havendo impessoalidade em serviços automatizados, um mau funcionamento poderá comprometer a qualidade). Serviços personalizados (alta divergência), por sua vez, exigem maior flexibilidade e discernimento no desenvolvimento das tarefas. Além disso, há uma troca maior de informações entre o cliente e o prestador do serviço. Por isso, serviços personalizados requerem altos níveis de capacidade técnica e analítica, porque o processo não é programado nem bem definido. Para obter a satisfação do cliente, o poder de tomada de decisão é delegado ao funcionário, que desenvolve suas atividades com alguma autonomia e arbítrio.

- **Objeto do processo de serviço** – Com relação ao processamento de bens, é importante fazermos uma distinção entre bens que pertencem aos clientes e bens pertencentes à empresa de serviços (ou bens facilitadores). Para serviços de lavanderia ou oficina mecânica, por exemplo, o serviço é realizado sobre bens de propriedade cliente; nesse caso, a propriedade deve ser segurada contra avarias ou perdas. Outros serviços, como restaurantes, fornecem bens facilitadores como uma parte significativa do pacote de serviço. Dessa forma, os níveis de estoques e a qualidade desses bens facilitadores se tornam uma preocupação.

O processamento de informações, por sua vez, ocorre em todos os sistemas de serviço. Em alguns casos, essa é uma atividade de retaguarda, isto é, realizada sem a presença do cliente. Em outros serviços, a informação é transmitida indiretamente por meio eletrônico. Nesse caso, os funcionários podem gastar horas frente a uma tela de computador desenvolvendo atividades de rotina, o que torna a motivação um desafio. Há serviços como aconselhamento, entretanto, em que a informação é processada por meio de interação direta entre o cliente e o prestador do serviço. Para os profissionais (altamente habilitados) desses serviços, o desafio de lidar com problemas não estruturados é importante para a satisfação no trabalho.

Por último, o processamento de pessoas envolve mudanças físicas (por exemplo, cortes de cabelo ou cirurgias) e mudanças geográficas (por exemplo, deslocamentos de ônibus ou um carro alugado). Como a natureza destes serviços envolve muito contato, os trabalhadores devem ser habilitados tanto em atividades técnicas quanto em relacionamento interpessoal. Também deve ser dada atenção especial ao projeto das instalações e da localização do estabelecimento, porque os clientes estarão fisicamente presentes no sistema e no local da prestação do serviço.

- **Contato com o cliente** – O contato do cliente com o sistema de prestação de serviço ocorre de três maneiras básicas. Na primeira, o cliente pode estar fisicamente presente e interagir diretamente com os prestadores do serviço. Nesse caso, o cliente tem a plena percepção das condições do serviço. Na segunda, o contato é indireto, como no caso de comunicação eletrônica. Na terceira, a atividade de serviço ocorre sem nenhum contato com o cliente.

  O contato direto é subdividido em interação e semi-interação (autoatendimento) com o prestador do serviço.

  Verificamos, nesse sentido, que quando os clientes estão presentes fisicamente no local do serviço, surgem problemas adicionais de gerenciamento (por exemplo, filas que podem causar impressão negativa).

  Os processos de serviços de contato indireto ou sem contato com o cliente não sofrem esse tipo de limitação. Como o cliente está desacoplado do sistema de prestação de serviço, podemos adotar uma abordagem mais manufatureira. Decisões relacionadas com o projeto e a localização da instalação, a programação do trabalho e os treinamentos dos empregados podem ser tomadas levando em conta exclusivamente a eficiência.

Toda essa taxonomia dos processos de serviços apresenta um caminho para organizarmos os vários tipos de processos encontrados nos sistemas de serviços, além de nos ajudar na compreensão do projeto e do gerenciamento destes. Assim, temos a possibilidade de elaborar um "mapa" de posicionamento estratégico para processos de serviços e, desse modo, criar um apoio no projeto de sistemas de serviços.

Podemos classificar o serviço da Zaztraz Car como *padronizado*, porém sua divergência é média por ter certa flexibilidade e permitir troca direta de informações entre o cliente e o prestador do serviço.

A Zaztraz Car apresenta seis tipos de serviços básicos e quatro opcionais. São serviços predeterminados, porém há a possibilidade de escolha por parte do cliente, que se apresenta fisicamente e interage diretamente com os funcionários na prestação do serviço; assim, tem plena percepção de suas condições. Dessa maneira, podemos caracterizar o serviço também como tendendo para *front office*, por ser prestado diretamente para o consumidor e não ser exclusivo, mas sim escolhido por ele dentre algumas opções.

Além disso, a ênfase dada no serviço da Zaztraz Car é mais direcionada a pessoas do que a equipamentos, por ser a preferência e a satisfação do cliente o ponto principal.

Com base em todas essas características e sabendo que a quantidade de atendimentos em um dia é de aproximadamente 40 carros, podemos classificar a Zaztraz Car como um empreendimento de serviços.

Formulação estratégica em serviços

3

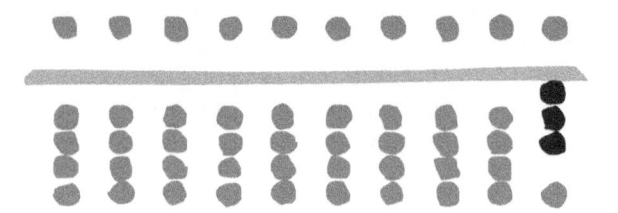

Conteúdos do capítulo:

- Processo geral de formulação estratégica.
- Componentes e processo do planejamento.
- Processo de implementação da estratégia.
- Estratégias para prestação de serviços.
- Expectativas do cliente.
- Ambiente da prestação de serviços.

Após o estudo deste capítulo, você será capaz de:

1. compreender o processo de formulação estratégica;
2. identificar as estratégias para a prestação de serviços;
3. reconhecer a formulação das expectativas do cliente;
4. identificar condições ambientais representadas por funcionários, clientes e cenários.

*O*bjetivo deste capítulo é apresentar um estudo sobre os elementos de planejamento estratégico e o conhecimento básico necessário sobre as estratégias para o desenvolvimento dos serviços. Tratamos aqui sobre o processo geral de planejamento estratégico, principalmente dos serviços, sem esquecermos que em seu projeto e sua composição podemos ter bens vinculados a eles. Fizemos também uma análise geral sobre o comportamento do cliente e apresentamos elementos que devem ser analisados para que o fornecimento dos serviços seja realizado com sucesso.

3.1   Processo geral de formulação estratégica

Antes de falarmos sobre o processo geral de formulação estratégica, devemos verificar seus dois grandes grupos: o primeiro representa o nível de aceitação do planejamento estratégico pela organização; o segundo analisa sua estrutura de implementação e a forma pela qual o planejamento é transmitido para toda a organização. A Figura 3.1 apresenta os elementos de análise do planejamento estratégico que devem ser considerados pela organização.

Figura 3.1 – Processo de aceitação do planejamento estratégico

Nível de aceitação pela organização do PE			
Objetivo: laços do indivíduo + espírito de corpo + senso de missão			
Cultura	Artefatos visíveis	Desenvolver a cultura	Enraizamento
	Valores		Desenvolvimento
	Pressupostos básicos		Ingressantes
Relações de poder	Recursos	Subsistemas de poder	Política
	Prerrogativas legais		Conhecimento
	Acesso-poder		Ideologia
Objetivo: identificar as relações de poder na organização, potencializar as ações alinhadas e reduzir as não alinhadas			

Para novas organizações que não têm uma cultura definida nem uma estrutura de poder, devem ser estabelecidos critérios para o fornecimento de serviços, nos quais os gestores devem se basear, sem perder de vista as necessidades impostas pelo mercado.

Detalhamos os elementos da Figura 3.1 neste capítulo a fim de apresentarmos as melhores condições de projeto para a organização. Evidentemente, as estratégias de fornecimento devem considerar o segmento de mercado e o perfil do consumidor. Isso significa que os elementos da figura anterior não devem ser modelados sem a análise das ações propostas.

Os elementos da Figura 3.1, depois de analisados, devem ser traduzidos em ações e podem ser representadas pelos elementos da Figura 3.2, os quais serão detalhados adiante neste capítulo.

Figura 3.2 – Implementação do processo geral de formulação estratégica

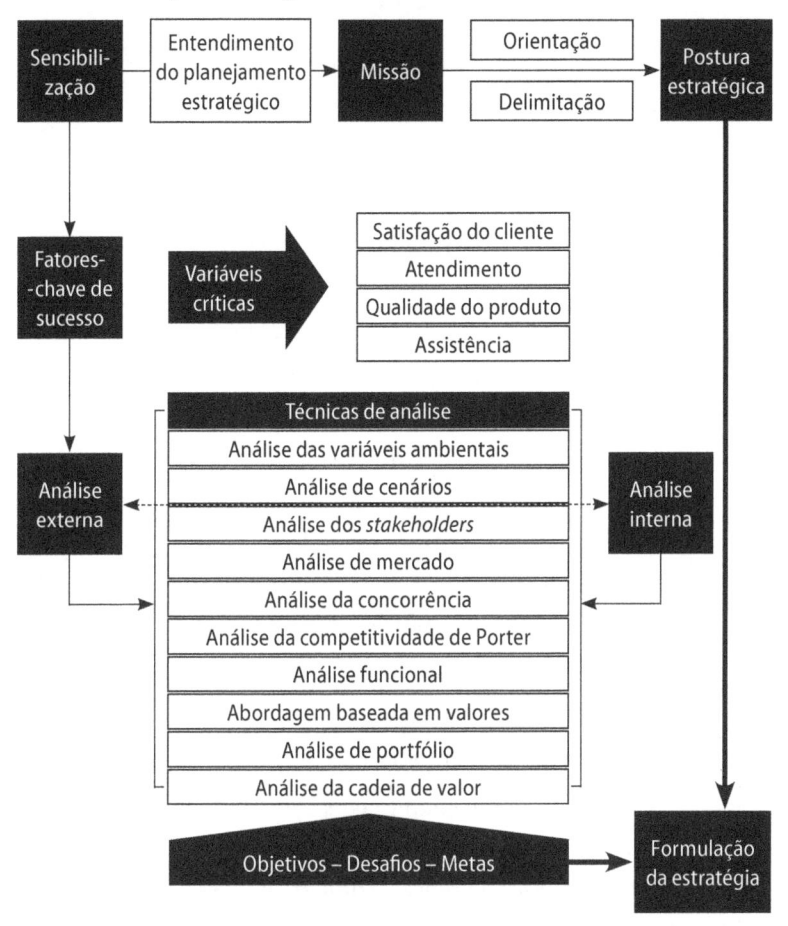

```
Sensibili-  →  Entendimento      →  Missão  →  Orientação    →  Postura
zação          do planejamento              →  Delimitação      estratégica
               estratégico
```

Fatores-chave de sucesso → Variáveis críticas →
- Satisfação do cliente
- Atendimento
- Qualidade do produto
- Assistência

Análise externa ← Técnicas de análise → Análise interna
- Análise das variáveis ambientais
- Análise de cenários
- Análise dos *stakeholders*
- Análise de mercado
- Análise da concorrência
- Análise da competitividade de Porter
- Análise funcional
- Abordagem baseada em valores
- Análise de portfólio
- Análise da cadeia de valor

Objetivos – Desafios – Metas → Formulação da estratégia

A composição das duas figuras representa o diagrama geral do processo de formulação estratégica organizacional, a qual, nesse diagrama, é o ponto-final, sendo obtida em função das variáveis apresentadas e analisadas.

Os ajustes no projeto devem ser feitos após o processo de planejamento, durante o início do fornecimento do serviço ao consumidor ou durante a realização de um projeto-piloto, no qual as variáveis de análise estão sob controle.

3.2 Componentes e processo de planejamento

As técnicas de planejamento estratégico incluem alguns fatores básicos que devem ser considerados em sua realização. São eles:

- **Meio ambiente** – Fornece a análise das oportunidades e das ameaças enfrentadas pela organização.
- **Resultado** – Tem como origem os objetivos e as estratégias elaboradas.
- **Organização** – Com a análise dos pontos fortes e frágeis, na identificação de potencialidades.

Para que esses fatores sejam obtidos, a empresa deve realizar a análise e efetuar procedimentos considerando, além do pensamento sistêmico[1] visto anteriormente, a cultura da organização e suas relações de poder.

3.2.1 Cultura da organização

Há diversos elementos que influenciam a organização, causando impactos e afetando seus conhecimentos organizacionais e sua cultura empresarial.

Para Stoner e Freeman (1999, p. 165), *cultura organizacional* é "o conjunto de conhecimentos importantes, como: normas, valores, atitudes e crenças, compartilhadas pelos membros da organização". Nesse segmento, é essencial que a cultura empresarial esteja alinhada aos seus objetivos, evitando que os objetivos organizacionais sejam atingidos porque os executantes do plano organizacional não o compreenderam.

> A cultura organizacional é o conjunto de pressupostos básicos que um grupo inventou, descobriu ou desenvolveu, ao

[1] Pensamento sistêmico é aquele que avalia a sequência dos eventos até que se observe o resultado ou o objetivo a ser atingido.

aprender como lidar com os problemas de adaptação externa e de integração da organização, e que funcionou bem o suficiente para serem considerados válidos e ensinados a novos membros como a forma correta de perceber, pensar e sentir em relação a esses problemas. (Schein, 1986, p. 56)

De acordo com Schein (1986), há três níveis para o desenvolvimento da cultura nas organizações. O primeiro nível – **artefatos visíveis** – refere-se às atividades, ao arranjo físico da empresa, aos rituais cotidianos e aos símbolos. Para o segundo nível, há os **valores** representados pelas justificativas na utilização dos artefatos visíveis e as considerações sobre o que é bom ou mau. Em terceiro, os pressupostos básicos remetem à **visão de mundo**, normalmente aceita pelas pessoas sem uma análise aprofundada e que influi no comportamento da organização.

Sob essa mesma ótica, podemos afirmar que a cultura empresarial pode e deve ser desenvolvida. Organizações voltadas para a qualidade devem desenvolver a **cultura da qualidade**. De acordo com Mintzberg (2003, p. 83),

> o desenvolvimento da cultura organizacional compreende as seguintes etapas: Enraizamento – aceitação da missão inicial da organização; Desenvolvimento – representado pelas tradições, hábitos e mitos de uma organização; e Identificação dos ingressantes na cultura existente – que pode ser realizada através de processos de seleção, facilitando a adaptação do ingressante na empresa e da organização, ao ingressante.

A organização deve unir seus funcionários em torno de uma ideia que seja aceita por todos, dando-lhes a oportunidade de defendê-la como se fosse sua própria. Essa situação consolida os objetivos da organização, uma vez que transfere ao funcionário as necessidades organizacionais.

Stadler (2006) faz a análise de um modelo composto de componentes tecnológicos e componentes culturais, mostrando que a análise do modelo permite estabelecer direcionadores para orientar ações aos chamados *momento humano* e *momento tecnológico*. Para executar tais ações, devemos utilizar as ferramentas de diagnóstico cultural e diagnóstico tecnológico.

O diagnóstico cultural representa as atitudes dos funcionários da organização, suas normas e seus valores, retratando a estrutura de pensamento da organização. O diagnóstico tecnológico deve retratar o grau de conhecimento adicionado que traduz um diferencial em relação aos concorrentes, dando-lhe identidade tecnológica.

3.2.2 Influência por meio das relações

Mintzberg (2003) define *poder* como "a capacidade de realizar os resultados organizacionais". As relações de poder no âmbito interno das empresas são direcionadas pela posição ocupada e pelo grau de influência exercido pelo planejador ou executor da ação. Dessa forma, o poder deve ir além da obtenção de resultados organizacionais e, para tanto, requer instrumentos claros para ser efetivamente exercido. Ainda sob essa mesma compreensão, cabe à empresa disponibilizar o poder e controlar suas relações de domínio entre seus integrantes. Profissionais com forte comando tendem a impor seus objetivos pessoais à organização, comprometendo o planejamento estratégico e o resultado a ser obtido.

O professor Jeffrey Pfeffer (1992, p. 144) define *poder* como sendo "a capacidade potencial de influenciar comportamento, de modificar o curso dos acontecimentos, de vencer resistências e conseguir que as pessoas façam coisas que de outra forma não fariam". O poder nas organizações fundamenta-se nas disponibilidades de recursos, nas prerrogativas legais e no acesso privilegiado aos seus detentores. O conhecimento que fortalece as ações da organização em uma economia globalizada, a ideologia aplicada à organização e a política podem ser considerados subsistemas de poder.

Dessa forma, o poder é exercido por meio de um de seus subsistemas: a política. Eccles (1992, p. 29) afirma que *política* "é conseguir ações coletivas de pessoas que podem ter interesses bastante distintos, é ter a capacidade de usar conflito e desordem de forma criativa". Como fator positivo dessa influência destacamos o direcionamento aos objetivos da empresa, favorecendo a organização.

3.3 Processo de implementação da estratégia

As organizações que realizam o planejamento estratégico buscam atingir alguns objetivos predeterminados. Assim, a formulação do planejamento como um processo estratégico passa pela análise e implementação de diversos fatores, os quais devem obedecer ao delineamento da cultura organizacional e aos critérios de relação de poder na empresa. Nesse contexto, a sensibilização é o primeiro fator a ser levado em conta.

3.3.1 Sensibilização

A fase de sensibilização é a que transfere aos funcionários a responsabilidade pelo sucesso da organização na execução do plano estratégico. Dessa forma, os integrantes devem ser instruídos quanto à visão geral do planejamento estratégico, almejando fortalecer seu envolvimento e seu comprometimento. Os treinamentos possibilitam que os integrantes tenham a mesma visão e conheçam os objetivos organizacionais, garantindo adesão à cultura organizacional.

Na cultura pela qualidade, os integrantes são sensibilizados para a qualidade, devendo conhecer as técnicas e os fundamentos idealizados no planejamento, além de saber aplicá-los e controlá-los.

3.3.2 Negócio e missão

O estabelecimento da missão empresarial é o primeiro passo para nortear as ações da organização. A missão deve ser seguida pela empresa como uma orientação maior, visando à orientação e à delimitação da ação empresarial.

Oliveira (2004) ressalta que a missão necessita satisfazer critérios racionais e sensatos, os quais devem ser empreendedores, buscando alcançar impacto sobre o comportamento da empresa. Nesse contexto, a incumbência está focada na satisfação das necessidades do cliente, mais do que nas características do produto fabricado, sendo capaz de refletir as habilidades essenciais da empresa de forma compreensível, realista, flexível e motivadora.

O enfoque empresarial define os setores nos quais serão injetados os recursos para a obtenção dos resultados. Por conta disso, o mercado organizacional poderá ser ampliado e modificado. Para tanto, é imprescindível que haja cautela, buscando evitar possíveis conflitos entre o negócio e a missão empresarial.

3.3.3 Fatores-chave de sucesso

Para ser bem-sucedida em seu setor, a empresa deve considerar os fatores-chave de sucesso, que são originados a partir das denominadas *variáveis críticas*, um fator interno cujo comportamento tem efeito positivo ou negativo em um ou mais fatores-chave de sucesso.

Algumas variáveis críticas de sucesso para a qualidade são: treinamento dos funcionários, atendimento ao cliente e ambiente de atendimento. Tais variáveis resultam em variáveis críticas, como o atendimento exemplar ao cliente, executado pelo funcionário atencioso e educado, em ambiente limpo e agradável. Os fatores-chave de sucesso também podem auxiliar na identificação dos pontos fortes e fracos da organização, além de orientar a empresa na sua relação com o meio ambiente.

3.3.4 Análise externa

A análise externa ou ambiental procura estudar o ambiente na busca pela identificação das oportunidades e ameaças, definindo a capacidade competitiva da organização. Enquanto as ameaças são situações que podem colocar a corporação em risco, as oportunidades viabilizam a melhora da competitividade e da posição organizacional.

O ambiente é definido como um conjunto de informações ou elementos externos que podem causar algum impacto na organização. Oliveira (1988) destaca que o ambiente não é um conjunto estável e arrumado, mas um conjunto em estado permanente de mudanças, com diversas forças de diferentes dimensões e naturezas que interagem, modificando-o.

O ambiente de análise pode ser dividido em **macroambiente**, no qual se inserem os elementos políticos, econômicos, sociais e ecológicos, em um nível amplo; e **ambiente operacional**, que afeta diretamente a organização e o setor de prestação de serviços. A Figura 3.3 apresenta a relação da empresa com o macroambiente e o ambiente operacional.

Figura 3.3 – A empresa e a indústria competitiva

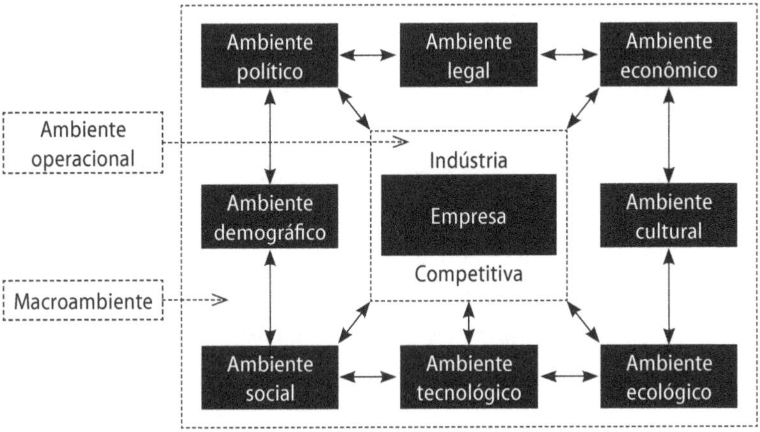

FONTE: Adaptado de Oliveira, 2004, p. 144.

Uma distinção essencial no planejamento estratégico pode ser representada pela tipologia que resulta no ambiente real e no ambiente percebido. Os administradores realizam a análise no ambiente real, mas traduzem para o planejamento estratégico o ambiente percebido. Sob esse mesmo prisma, algumas técnicas foram elaboradas para a realização da análise externa.

3.3.5 Análise interna

A análise interna ou análise das variáveis diretas compreende os elementos diretamente ligados à organização ou integrantes dela. Essa análise busca identificar as **forças** e as **fraquezas** inerentes à organização. Pressupõe que, ao perceber suas deficiências, a organização possa realizar ações visando minimizá-las e, ao identificar as oportunidades, possa aproveitá-las.

Os fatores-chave de sucesso, bem como as variáveis críticas, permitem a identificação dos pontos fortes e fracos da organização. Nesse sentido, o ponto forte é uma característica da organização que a coloca na liderança, à frente dos concorrentes. Já os aspectos negativos são peculiaridades da empresa que a deixam em desvantagem em relação à concorrência.

Para o entendimento das organizações, Stadler (2006) nos diz que elas podem ser comparadas a um organismo vivo e divididas em quatro fases, de acordo com sua evolução no tempo: o período de "maternagem", quando a organização necessita de auxílio permanente; o período da "infância", no qual a organização começa a adquirir tecnologias que suportarão seu processo; o período da "adolescência", turbulento como o de um organismo vivo, em que a organização começa a definir seus modelos de gestão e sua cultura; e, finalmente, o estado "adulto", quando começa a estabelecer a missão, os objetivos e as políticas organizacionais. É na última fase que se determina qual será efetivamente o caminho a seguir.

Nesse contexto, a escolha pela qualidade deve ser estimulada e planejada com objetivos claros, mesmo em conjunto com outras estratégias. Nessa abordagem deve-se, portanto, ao se vislumbrar o processo de serviços, realizar uma opção pela qualidade em serviços.

3.3.6 Técnicas de análises interna e externa

Algumas técnicas de análises interna e externa utilizadas pelas organizações estão descritas na sequência.

3.3.6.1 Análise das variáveis ambientais e suas tendências

As variáveis ambientais não estão sob controle da organização nem diretamente ligadas a ela, entretanto a afetam. Podem ser exemplificadas pelas alterações na economia, como inflação e poder de compra da população; mudanças na legislação e aumento da densidade demográfica etc.

A técnica de análise consiste em acompanhar as tendências usando análises estatísticas e séries históricas.

3.3.6.2 Análise de cenários

Por meio dessa análise, são elaboradas alternativas ambientais para o futuro, identificando as incertezas, as relações de causa e efeito e suas consequências na organização. Pode ser exemplificada pela elaboração de cenários cuja variável a ser analisada é a inflação. É possível construir cenários com a inflação em baixa, com a inflação em alta ou com a inflação estável e verificar os impactos causados na organização em cada situação. A análise de cenários pode ser efetuada alterando-se diversas variáveis e avaliando suas consequências. Alguns cuidados devem ser tomados, como a determinação da quantidade de cenários. Normalmente, criam-se cenários para situações otimistas, prováveis e pessimistas. Outro cuidado fundamental é a opção pelo cenário que deve ser seguido, uma vez que eles tecem uma série de suposições.

De acordo com Oliveira (2004), os cenários podem ser fundamentados nas seguintes situações:

- pensamento estratégico voltado ao futuro sem considerar o presente e o passado;
- utilização de bases de dados socioeconômicos e de infraestrutura;
- discussão com o setor empresarial e alinhamento com o setor técnico-científico;
- abordagem multidisciplinar e sistemática;
- metodologia estruturada para o debate e a criação de cenários.

A abordagem projetiva é planejada e leva a um futuro como consequência da análise estrutural em parâmetros perfeitamente compreensíveis, enquanto a abordagem prospectiva é imaginada e alia possibilidades influenciadas por fatores gerais e de difícil determinação.

Os cenários permitem a tomada de decisão quando utilizados para auxiliar a visão do gestor no caminho mais adequado para se atingir os objetivos estratégicos considerados em ações consistentes.

Para a tomada de decisão, os gestores das empresas podem considerar a utilização inter-relacionada dos módulos tecnológico, político-econômico, produto e prestação de serviços, propósitos atuais e potenciais e socioculturais (Oliveira, 2004).

3.3.6.3 Análise dos *stakeholders*

Nessa técnica, são relacionados os vários grupos que impactam na organização, incluindo os de macroambiente, e verificadas as forças que agem no ambiente organizacional. A Figura 3.4

exemplifica uma situação genérica que mostra a influência dos *stakeholders*.

Figura 3.4 – Influência dos *stakeholders* como variáveis de ação direta

```
                Competidores    Clientes
        Instituições                        Fornecedores
        financeiras
                    Empregados

                    A organização

                    Acionistas e o board
        Sindicato                           Governos
        de trabalhadores
                Os meios de comu-  Grupos de inte-
                nicação ou mídia   resses especiais
```

A fronteira flexível de um sistema aberto

    ☐ *Stakeholders* externos
    ■ *Stakeholders* internos

FONTE: Adaptado de Stoner; Freeman, 1999, p. 47.

Os empregados e acionistas que afetam a organização solicitando melhores salários ou disputando recursos para investimentos e outras ações são denominados *stakeholders* internos. Outros são chamados de *stakeholders* externos, porque se situam fora da organização, mas estão diretamente ligados a ela, como a instituição financeira que detém a conta-corrente da empresa, os sindicatos dos funcionários, os fornecedores e outros.

3.3.6.4   Análise de mercado

Trata-se de uma técnica utilizada pela equipe de *marketing* que integra o planejamento interno da organização. É obtida por meio da pesquisa e análise das informações sobre a estrutura e as mudanças no mercado ou segmento, considerando a relação entre demanda, oferta e concorrência.

Kotler (1998) estrutura e realiza o estudo de análise do mercado consumidor e do comportamento do comprador pessoa física diferentemente da análise que faz de mercados organizacionais. Também estuda o comportamento de compra organizacional de pessoas jurídicas, caracterizando uma primeira segmentação de mercado. A segmentação permite à empresa concentrar-se em um grupo homogêneo de clientes que responde positivamente a determinada estratégia competitiva.

A segmentação de mercado pode acontecer pelo produto com características diferenciadas, pelo consumidor com características específicas, pelo canal de distribuição, pela utilização do veículo de distribuição e pela geografia que enfatize uma determinada região.

São várias as informações obtidas da análise de mercado, como o volume, o crescimento e a fatia de mercado, bem como a política de preços, a estrutura de custos, o ciclo de vida do produto e a curva de experiência. Essa análise é realizada para os mercados de compra e venda, possibilitando uma visão ampliada do mercado.

3.3.6.5 Análise da concorrência

Realiza a pesquisa e analisa as informações dos concorrentes para estabelecer parâmetros de comparação com a organização. Quando há muitos concorrentes, deve-se concentrar nos três ou quatro maiores para a racionalização da pesquisa.

Diversas são as áreas pesquisadas, entre elas, os setores da estrutura organizacional, incluindo o planejamento e as estratégias adotadas pelas empresas.

3.3.6.6 Análise da competitividade de Porter

Segundo Porter (1986, p. 51), "o objetivo da estratégia competitiva em uma indústria é encontrar nela uma posição onde possa se defender das maneiras possíveis contra as forças competitivas. Uma indústria se organiza embasada nas cinco forças ambientais".

A Figura 3.5 apresenta as forças que governam a competição industrial e devem ser analisadas diante da situação específica da organização.

Figura 3.5 – Forças que governam a competição industrial

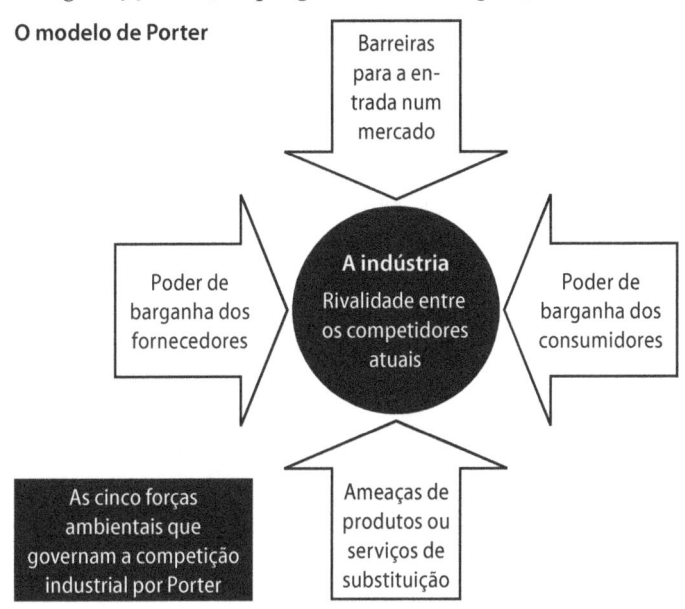

O modelo de Porter

- Barreiras para a entrada num mercado
- Poder de barganha dos fornecedores
- A indústria: Rivalidade entre os competidores atuais
- Poder de barganha dos consumidores
- Ameaças de produtos ou serviços de substituição

As cinco forças ambientais que governam a competição industrial por Porter

Fonte: Adaptado de Stoner; Freeman, 1999, p. 148.

As cinco forças são: entrantes potenciais e o estudo das barreiras de entrada em um mercado; ameaças de produtos substitutos ou concorrentes; poder de negociação dos fornecedores; poder de negociação dos compradores; a rivalidade entre os competidores. Diversos itens são analisados para estabelecer o impacto dessas forças na organização.

3.3.6.7 Análise funcional

Para aperfeiçoar a análise funcional, podem ser utilizadas, complementarmente, a análise de potencial e a análise de hiato.

A análise funcional realiza um estudo das funções interligadas. Por exemplo, o setor de produção seria dividido em quatro partes para a análise: custos, planejamento e controle da produção, tecnologia e sistemas da qualidade.

A análise potencial implica determinar o estado atual da organização e a evolução possível, enquanto a análise de hiato procura estabelecer as diferenças entre as expectativas e o ocorrido, utilizando essa informação na identificação dos problemas para saná-los.

3.3.6.8   Abordagem baseada em valores

Para Stoner e Freeman (1999), essa abordagem busca promover o consenso sobre os valores da empresa entre os membros da organização. É uma orientação geral sobre a forma como as ações devem ser realizadas na empresa. Muitas dessas ações são identificadas pelo consumidor por meio da imagem que a empresa transmite.

Essa abordagem implica apresentar os valores da organização aos envolvidos. Dessa forma, é feita a orientação para a qualidade, resultando em reconhecimento de mercado.

3.3.6.9   Análise de portfólio

Esse modelo era originariamente utilizado para realizar análise financeira, embasada na carteira de produtos na qual se estabeleciam critérios de utilização dos recursos auferidos para potencializar a rentabilidade da organização. Para Stoner e Freeman (1999), citados por Wheelwright (1984), a análise de portfólio implica que a organização possa optar entre seus produtos posicionados no mercado.

Os mesmos autores revelam que as organizações de um só produto não necessitam dessa análise, sendo mais importante a análise de competitividade de Porter, relativa às cinco forças que mencionamos anteriormente. A análise de portifólio tem como objetivos: analisar as diferentes alternativas em relação ao valor presente esperado e ao risco de cada produto; analisar as dependências entre as alternativas; e realizar a escolha das melhores alternativas considerando os fatores de maximização do valor presente e de minimização do risco do portfólio. Para essa análise, há diferentes técnicas. A Figura 3.6 a seguir demonstra a técnica da matriz BCG (*Boston Consulting Group*).

Figura 3.6 – Matriz BCG (*Boston Consulting Group*)

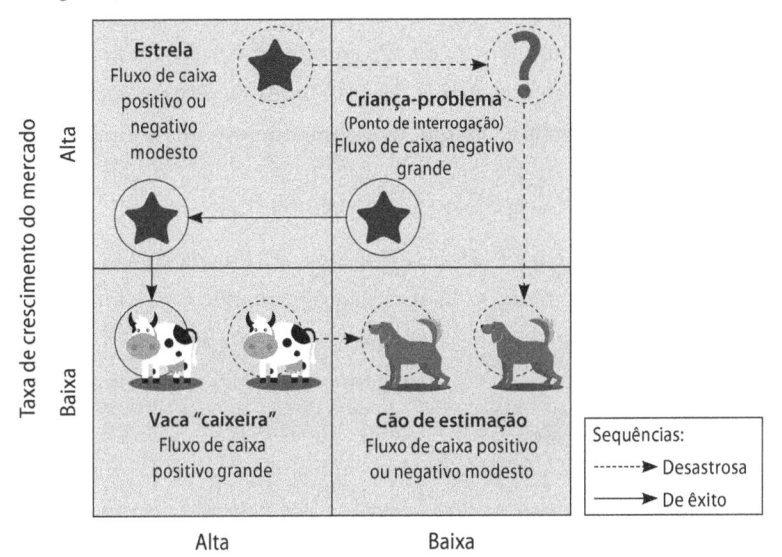

Estrela
Fluxo de caixa positivo ou negativo modesto

Criança-problema
(Ponto de interrogação)
Fluxo de caixa negativo grande

Vaca "caixeira"
Fluxo de caixa positivo grande

Cão de estimação
Fluxo de caixa positivo ou negativo modesto

Taxa de crescimento do mercado: Alta / Baixa
Participação relativa de mercado: Alta / Baixa

Sequências:
------▶ Desastrosa
———▶ De êxito

Crédito: Fotolia

- **Estrelas**: normalmente produtos líderes em mercados em expansão (investir).
- **Vaca "caixeira"**: tem alta participação no mercado, e o mercado, baixo crescimento (explorar).
- **Interrogação**: podem ser produtos em fase de lançamento (investir ou desinvestir).
- **Cão de estimação**: come muito e não produz nada (desinvestir).

Fonte: Adaptado de Stoner; Freeman, 1999, p. 101.

Por meio da reflexão na análise da matriz BCG, é possível verificar outras opções estratégicas que podem ser utilizadas, como o próprio reinvestimento nos produtos considerados "vaca caixeira".

> *Vaca caixeira* é o nome que se dá à situação em que os investimentos necessários consomem poucos recursos (grama) e geram bons retornos (leite), porque são quase exclusivos em um mercado que os requer.

Por meio dessa análise, podem ser realizadas ações como a apreciação dos concorrentes, a apreciação de tendências futuras dos produtos e a análise de equilíbrio financeiro, considerando a necessidade e a geração de capital. A análise de portfólio também pode ser empregada para a organização decidir sobre os padrões de qualidade dos serviços fornecidos ao consumidor, avaliando os componentes financeiros.

3.3.6.10 Análise da cadeia de valor de Porter

Segundo Porter (2000), deve-se buscar as modificações nos processos internos da organização, visando à sua adequação na estratégia competitiva desejada. Essas alterações podem se traduzir em ganhos e vantagens competitivas para as empresas.

A organização é vista como uma cadeia de funções, na qual cada função é uma atividade que agrega valor ao produto ou serviço. Nesse modelo, o valor é estabelecido pelo quanto os compradores estão dispostos a pagar pelo que lhes é oferecido.

O conceito de *valor* está ligado ao de *rentabilidade organizacional*, em que o valor deve superar os custos. Portanto, a contribuição da função deve gerar um valor adicionado ao produto que seja maior do que os custos de sua obtenção. O objetivo de qualquer estratégia genérica empregada pela empresa é a rentabilidade por meio de funções de baixo custo ou de funções de diferenciação do produto.

Porter (2000) estabelece que os objetivos da análise da cadeia de valor são: a análise interna da organização, considerando os consumidores e o concorrente; o estudo das funções da empresa, contribuindo para a satisfação das necessidades dos clientes; e a definição das funções e da relação existente entre elas para a realização dos *trade-offs* (tomadas de decisão equilibradas) voltados à competitividade.

A Figura 3.7 representa a cadeia de valor e seus componentes para a realização da análise.

Figura 3.7 – Cadeia de valor de Porter

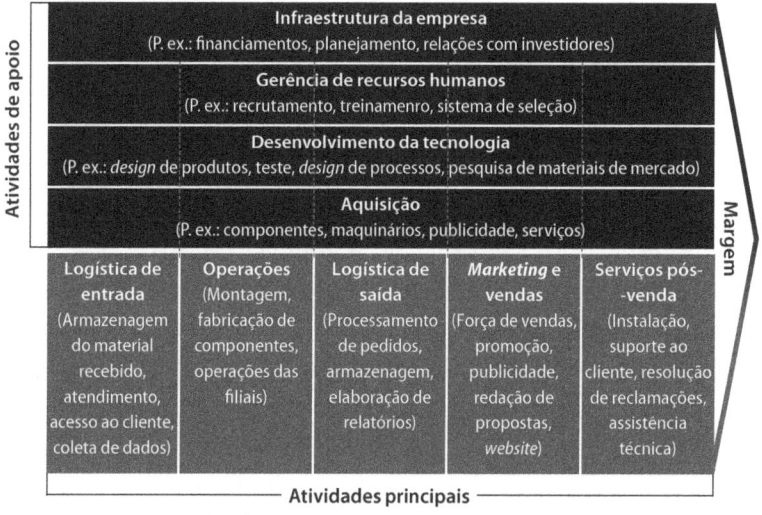

Atividades de apoio	Infraestrutura da empresa (P. ex.: financiamentos, planejamento, relações com investidores)					Valor para o cliente
	Gerência de recursos humanos (P. ex.: recrutamento, treinamenro, sistema de seleção)					
	Desenvolvimento da tecnologia (P. ex.: *design* de produtos, teste, *design* de processos, pesquisa de materiais de mercado)					
	Aquisição (P. ex.: componentes, maquinários, publicidade, serviços)					Margem
	Logística de entrada (Armazenagem do material recebido, atendimento, acesso ao cliente, coleta de dados)	Operações (Montagem, fabricação de componentes, operações das filiais)	Logística de saída (Processamento de pedidos, armazenagem, elaboração de relatórios)	*Marketing* e vendas (Força de vendas, promoção, publicidade, redação de propostas, *website*)	Serviços pós--venda (Instalação, suporte ao cliente, resolução de reclamações, assistência técnica)	
	Atividades principais					

A cadeia de valor representa todas as atividades que acontecem dentro da empresa com a finalidade de criar valor para os clientes.

FONTE: Adaptado de Porter, 1992, p. 35.

Observamos na Figura 3.7 que as atividades principais envolvem a criação e o fornecimento dos bens e/ou serviços, sua transferência para o cliente e a manutenção do relacionamento com o cliente. Já as atividades de apoio dão suporte às atividades principais. São elas: a aquisição de matérias-primas, máquinas, serviços de publicidade etc.; o desenvolvimento da tecnologia; a gerência de recursos humanos e a manutenção da infraestrutura da empresa.

Outro conceito que envolve a cadeia de valor são os chamados *elos*, ou seja, as relações existentes entre as atividades, o modo de sua realização e o custo ou desempenho de cada uma.

Porter (2000) considera algumas causas genéricas para a análise dos elos, destacando a análise das alternativas possíveis para a realização de determinada função. Hammer e Champy (1994), no entanto, consideram a análise dos elos problemática, uma vez que é traduzida pela inadequação dos processos ou incertezas que geram excessos.

Devemos considerar, para efeitos deste trabalho, uma adequação do modelo de cadeia de valor de Porter para as atividades exclusivas de serviço.

3.4 Definição de objetivos e metas

Oliveira (2004) considera importante a análise de quatro elementos da organização: sua missão, seus objetivos, seus desafios e suas metas. A "missão é a razão de ser da empresa", sendo representada por uma declaração escrita; o objetivo é "o alvo ou ponto que se pretende atingir"; o desafio é a "quantificação com prazos definidos, do objetivo estabelecido que para serem alcançados, exigindo esforço extra"; e a meta representa as "etapas realizadas para alcançar os desafios e objetivos".

Uma empresa pode ter vários objetivos, os quais são classificados como ideológicos, impostos, pessoais, compartilhados ou sistêmicos. Tais objetivos refletem as necessidades da organização em termos de sobrevivência, eficiência, controle e crescimento.

No planejamento estratégico, as empresas estabelecem seus objetivos globais – referentes à empresa como um todo – e funcionais – relativos às funções organizacionais (Oliveira, 2004). Os objetivos devem ser flexíveis e atuar na redução do impacto da ação e dos riscos de sua aplicação na organização. Podem ser alcançados por meio das seguintes técnicas:

- **Diversificação** – Pode ser realizada com ajuda da tecnologia, do mercado/produto e da localização de plantas industriais e de países;

- **Manutenção do excesso de recursos** – Considera-se uma "folga" nos objetivos; e
- **Redução da utilização de recursos especiais** – Refere-se também aos recursos de difícil obtenção.

Há, portanto, uma sequência adequada para estabelecermos as relações entre esses elementos, representada na Figura 3.8.

Figura 3.8 – Hierarquia dos objetivos e desafios da empresa

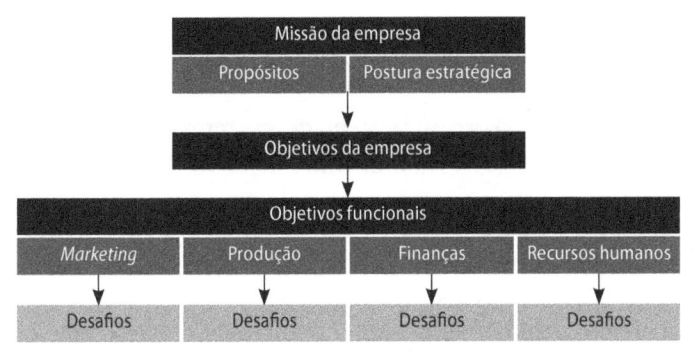

```
┌─────────────────────────────────────────────┐
│            Missão da empresa                │
│  ┌──────────────┬──────────────────────┐    │
│  │  Propósitos  │  Postura estratégica │    │
│  └──────────────┴──────────────────────┘    │
└─────────────────────────────────────────────┘
                      ▼
┌─────────────────────────────────────────────┐
│            Objetivos da empresa             │
└─────────────────────────────────────────────┘
                      ▼
┌─────────────────────────────────────────────┐
│            Objetivos funcionais             │
├───────────┬──────────┬─────────┬────────────┤
│ Marketing │ Produção │ Finanças│ Recursos humanos │
└───────────┴──────────┴─────────┴────────────┘
     ▼          ▼          ▼           ▼
┌─────────┐ ┌─────────┐ ┌─────────┐ ┌─────────┐
│ Desafios│ │ Desafios│ │ Desafios│ │ Desafios│
└─────────┘ └─────────┘ └─────────┘ └─────────┘
```

Fonte: Adaptado de Oliveira, 2004, p. 164.

Os objetivos operam na avaliação das estratégias, aferindo se o proposto foi alcançado, e atuam na orientação das ações administrativas, além de facilitar a comunicação empresarial e motivar os funcionários ao estabelecer metas a serem alcançadas. Podemos considerar que as organizações estabelecem objetivos múltiplos. Nesse caso, devemos ordená-los seguindo essa classificação para que sejam executados pela companhia.

3.5 Definição de estratégias

Há duas considerações fundamentais para a definição de estratégias organizacionais em busca do diferencial competitivo das organizações. A primeira é a utilização de estratégias genéricas, conforme observado nas matrizes de Porter (Figura 3.10). A outra está vinculada às capacidades técnicas da organização e suas funções. Além dessas técnicas, Oliveira (2004) destaca quatro tipos de estratégia:

1. **Estratégia de sobrevivência** – Obtida com a redução de custos e com desinvestimento. Se ambas as reduções não forem bem-sucedidas, ainda é possível dispor da liquidação do empreendimento.

2. **Estratégia de manutenção** – Utilizada quando a organização enfrenta ou espera enfrentar dificuldades e quer consolidar sua posição competitiva para manter-se no mercado. Pode subdividir-se em:

    a. **estratégia de estabilidade**: procura a manutenção do estado da organização ou de sua retomada ao estado anterior, caso tenha dificuldades internas ou no mercado;

    b. **estratégia de nicho**: busca selecionar um segmento de mercado e concentra nele todos os recursos;

    c. **estratégia de especialização**: tem como principal vantagem o aumento da competitividade pela redução dos custos que provêm da especialização das atividades da organização.

3. **Estratégia de crescimento** – Quando a organização está bem posicionada no mercado, podendo considerar novos lançamentos de produtos e serviços, aumentando vendas para seu crescimento. Entre elas, estão:

    a. **estratégia de inovação**: a organização procura antecipar-se, lançando novos produtos antes de seus concorrentes, fazendo uso de tecnologias emergentes;

    b. **estratégia de internacionalização**: evolui com o aumento do mercado, ampliando suas ações para outros países e avaliando os riscos da empreitada;

    c. **estratégia de *joint venture***: para minimizar os riscos e integrar um novo mercado, a organização se associa a outras empresas com competências necessárias para a ampliação de vendas e serviços;

d. **estratégia de expansão**: implica a análise dos fatores ambientais e a busca pelo crescimento, podendo desconsiderar o custo do aumento da empresa, em termos administrativos, como o aumento de receitas e novas incidências de impostos, além dos custos com mão de obra não qualificada e outras variáveis.

4. **Estratégia de desenvolvimento** – Considera os pontos fortes e fracos da organização. O desenvolvimento acontece na busca de novos mercados e de inovações tecnológicas. A junção desses fatores possibilita a edificação de novos negócios no mercado.

   a. **desenvolvimento de mercado**: considera a ampliação do mercado na colocação de seus produtos, almejando o desenvolvimento e a participação nesse comércio;

   b. **desenvolvimento de produtos ou serviços**: a ampliação e a criação de novos produtos permitem à empresa potencializar os mercados existentes, podendo almejar novos mercados;

   c. **desenvolvimento financeiro**: implica a união de duas organizações com pontos fortes e fracos opostos com relação à disponibilidade de recursos financeiros e oportunidades estratégicas de mercado;

   d. **desenvolvimento de capacidades**: implica a junção de duas organizações visando à obtenção de melhorias nos pontos fracos, como no caso de tecnologia *versus* oportunidades estratégicas de mercado;

   e. **desenvolvimento de estabilidade**: consiste nas fusões e aquisições realizadas por empresas do mesmo setor, com o intuito de tornar seu crescimento uniforme em um ambiente parcialmente controlado.

As estratégias devem ser utilizadas de forma combinada, resultando no aumento do potencial de sucesso da organização; entretanto, suas implantações se tornam mais complexas.

Algumas combinações estratégicas se destacam na literatura. Entre elas, situam-se as matrizes de Ansoff e de Porter.

A **matriz de Ansoff** (1977) considera a análise do produto *versus* mercado, estabelecendo estratégias de mercado combinadas com estratégias de desenvolvimento de produto, como podemos conferir na Figura 3.9.

Figura 3.9 – Matriz de Ansoff: produto × mercado

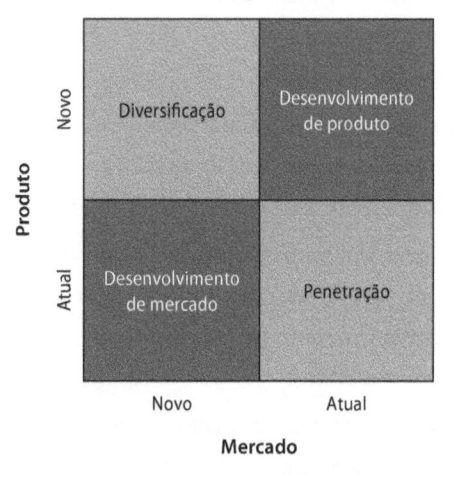

	Novo	Atual
Novo (Produto)	Diversificação	Desenvolvimento de produto
Atual (Produto)	Desenvolvimento de mercado	Penetração

Mercado

Fonte: Adaptado de Ansoff, 1977, p. 92.

Observamos que essas estratégias genéricas são compostas, podendo ser utilizadas para potencializar os resultados da empresa. Entretanto, para sua implementação, é necessário saber quais são os recursos e as habilidades requeridos e quais são os requisitos exigidos pela organização.

Já a **matriz de Porter** (1986), representada na Figura 3.10, apresenta três estratégias genéricas.

Figura 3.10 – Matriz de Porter: três estratégias genéricas

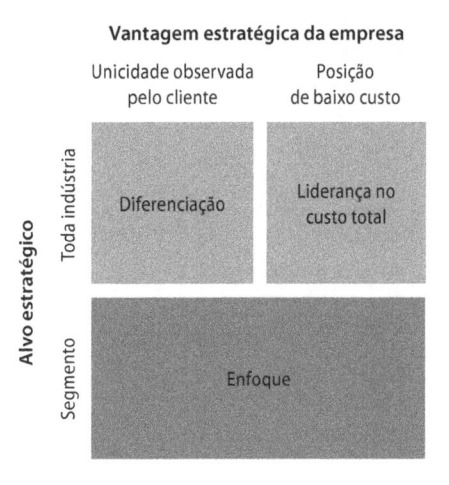

	Vantagem estratégica da empresa	
	Unicidade observada pelo cliente	Posição de baixo custo
Alvo estratégico — Toda indústria	Diferenciação	Liderança no custo total
Alvo estratégico — Segmento	Enfoque	

FONTE: Adaptado de Porter, 1986, p. 53.

É possível verificarmos que a análise de Porter se dá em função de um mercado segmentado ou de toda a indústria para o fornecimento de bens ou serviços, que é considerado como alvo estratégico da organização. Vincula-se à relação do alvo estratégico com a vantagem estratégica proporcionada à organização. Nesse caso, existe a possibilidade de a organização fornecer especificamente a um cliente, considerando o impacto na qualidade, especificidades de fornecimento ou a posição de baixo custo combinada ou não percebida por esse mesmo mercado, isto é, combinando-se duas estratégias, com uma preponderante sobre a outra.

Sob essa ótica, Porter (1986) lista alguns requisitos embasados nas três estratégias genéricas, avaliando os recursos e as habilidades requeridos e os requisitos organizacionais comuns, apresentados conforme o Quadro 3.1 a seguir.

Quadro 3.1 – Requisitos das estratégias genéricas

Estratégia genérica	Recursos e habilidades em geral requeridos	Requisitos organizacionais comuns
Liderança de custo	Investimento de capital sustentado e acesso ao capital	Controle de custo rígido
	Boa capacidade de engenharia de processo	Relatórios de controle frequentes e detalhados
	Supervisão intensa da mão de obra	Organização e responsabilidades estruturadas
	Produtos projetados para facilitar a fabricação	Incentivos baseados em metas estritamente competitivas
	Sistema de distribuição com baixo custo	
Diferenciação	Grande habilidade de *marketing*	Forte coordenação entre funções em P&D, desenvolvimento do produto e *marketing*
	Engenharia do produto	
	Tino criativo	
	Grande capacidade em pesquisa básica	Avaliações e incentivos subjetivos em vez de medidas quantitativas
	Reputação da empresa como líder em qualidade ou tecnologia	Ambiente ameno para atrair mão de obra altamente qualificada, cientistas ou pessoas criativas
	Longa tradição na indústria ou combinação ímpar de habilidades trazidas de outros negócios	
	Forte cooperação dos canais	
Enfoque	Combinação das políticas acima dirigidas para a meta estratégica em particular	Combinação das políticas acima dirigidas para a meta estratégica em particular

FONTE: Porter, 1986, p. 54-55.

Verificamos ainda que os preceitos propostos por Porter (1986) impactam tanto no fornecimento de bens físicos quanto no de serviços, que é o nosso foco. A utilização de qualquer estratégia para o segmento escolhido implica incorrer em riscos, pois são direcionados recursos para atender à estratégia indicada, recursos esses que não estarão disponíveis para aplicação em outra estratégia. Esse fato torna vulneráveis as demais áreas constantes das estratégias não escolhidas, razão por que é preciso que a organização efetue um monitoramento adequado nessas áreas.

3.6 Postura estratégica

Observamos, no tópico anterior, que a organização pode optar por qualquer uma das quatro estratégias apresentadas: sobrevivência, manutenção, crescimento e desenvolvimento. Oliveira (2004) apresenta a **matriz de posturas estratégicas da empresa**, viabilizando uma escolha com base nas considerações da missão organizacional usando as análises externa e interna.

Quadro 3.2 – Posturas estratégicas da empresa

		ANÁLISE INTERNA	
ANÁLISE EXTERNA	Predominância de	Predominância de	
		Pontos fracos	Pontos fortes
	Ameaças	Sobrevivência	Manutenção
	Oportunidades	Crescimento	Desenvolvimento

Fonte: Oliveira, 2004, p. 139.

A combinação das posturas estratégicas, observada pela análise do quadro, traduz a tática que deve ser adotada pelas organizações. Por exemplo, as ameaças presentes em uma análise externa exigem que a empresa avalie quais são seus pontos fortes em uma análise interna, a fim de decidir qual é a estratégia de manutenção mais adequada.

Na revisão do planejamento estratégico, constatamos que qualquer estratégia ou ação elaborada pela organização visando à obtenção da eficiência e da eficácia deve seguir as diretrizes do planejamento estratégico, as quais integram a identidade da organização com seus funcionários e o meio ambiente, destacando-se os consumidores.

3.7 Trabalhando com as expectativas do cliente

O estudo proporcionado por Zeithaml e Bitner (2003) sobre as expectativas dos clientes acerca dos serviços foi modelado baseando-se em pesquisa exploratória para determinar as fontes de tais expectativas. Em relação ao serviço esperado, há dois níveis de expectativas. No primeiro nível, há o serviço esperado, ou seja, o nível de serviços que o cliente desejaria receber. Entretanto, existem limites para esse fornecimento do serviço e, quando compreendidos pelos clientes, estes passam a aceitar um nível mais baixo, denominado *serviço adequado*, que está no segundo nível de expectativa. A distância entre os dois níveis é denominada *zona de tolerância*, uma vez que o cliente aceita a limitação. Clientes distintos têm diferentes zonas de tolerância, que podem ser reduzidas ou ampliadas pela organização prestadora dos serviços. O modelo será apresentado no Capítulo 4.

O modelo apresentado por Zeithaml e Bitner (2003) considera a importância da comunicação externa com os clientes, que, de acordo com Albrecht e Bradford (1992), representa um momento da verdade e influencia no processo da prestação do serviço, interferindo nas expectativas do consumidor, bem como na prestação dos serviços pela organização. Por conta disso, faz-se necessário um ajuste entre a comunicação do serviço e sua execução, o que significa uma comunicação integrada de *marketing* de serviços adequada ao fornecimento. Kotler (1998) considera haver três tipos de *marketing* em setores de serviços, conforme mostra a Figura 3.11.

Figura 3.11 – Três tipos de *marketing* em setores de serviços

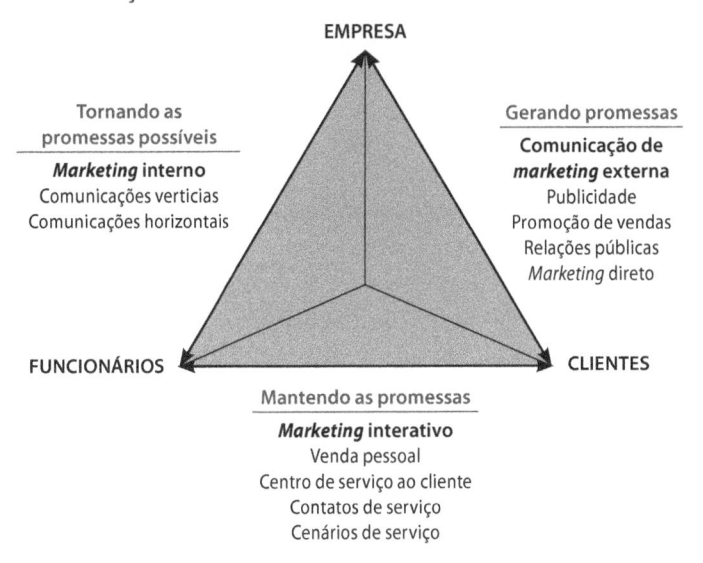

```
                        EMPRESA

    Tornando as                          Gerando promessas
   promessas possíveis                   Comunicação de
   Marketing interno                     marketing externa
   Comunicações verticias                Publicidade
   Comunicações horizontais              Promoção de vendas
                                         Relações públicas
                                         Marketing direto


FUNCIONÁRIOS                                          CLIENTES
                      Mantendo as promessas
                      Marketing interativo
                         Venda pessoal
                    Centro de serviço ao cliente
                       Contatos de serviço
                       Cenários de serviço
```

FONTE: Adaptado de Zeithaml; Bitner, adaptado de Kotler, 1998, p. 39.

Há quatro razões para os problemas de comunicação no fornecimento de serviços:

1. administração inadequada das promessas de serviços;
2. elevadas expectativas de clientes;
3. falta de educação do cliente;
4. comunicações internas inadequadas.

O Quadro 3.3 oferece estratégias para superar esses problemas apresentados.

Quadro 3.3 – Estratégias para comunicações

Estratégias	Ações das estratégias
Administrando as promessas de serviços	Criar comunicação eficaz.
	Coordenar comunicação externa.
	Fazer promessas realistas.
	Oferecer garantias para os serviços.

(continua)

(Quadro 3.3 – conclusão)

Estratégias	Ações das estratégias
Melhorar a educação dos clientes	Preparar clientes para o processo do serviço.
	Confirmar desempenho dentro dos padrões.
	Esclarecer as expectativas após a venda.
	Ensinar cliente a evitar períodos de pico de demanda e procurar períodos de baixa.
Administrar a comunicação de *marketing* interno	Criar comunicações verticais eficazes.
	Alinhar o pessoal de retaguarda com os clientes externos.
	Criar times interdepartamentais.
Administrar as expectativas do cliente	Oferecer alternativas.
	Criar ofertas de serviço com estratificação de valor.
	Comunicar os critérios e os níveis de eficácia dos serviços.
	Negociar as expectativas irreais.

FONTE: Elaborado com base em Zeithaml; Bitner, 2003, p. 362-371.

Exceder as expectativas do cliente é uma estratégia que se torna fundamental e que já foi comentada e recomendada por diversos autores. Das dimensões da qualidade, Zeithaml e Bitner (2003) apontam que os clientes julgam quatro delas antes do processamento do serviço: responsividade, segurança, empatia e tangibilidade, todas passíveis de surpreender o cliente. Já o momento de exceder as expectativas do cliente é no ato da prestação do serviço, usando-se a estratégia de prometer menos e entregar mais, com a organização desconsiderando a caracterização de um padrão em função da elevação das expectativas.

De acordo com Zeithaml e Bitner (2003), o preço é um indicador de qualidade do serviço, podendo afastar ou atrair o cliente. A clientela julga o preço de diversas formas, exemplificadas conforme com o Quadro 3.4.

Quadro 3.4 – Estratégia de precificação para quatro definições de valor

Estratégias	Ações das estratégias
Valor é preço baixo	Descontos
	Precificação psicológica
	Precificação sincronizada
	Precificação de penetração
Valor é tudo que desejo em um serviço	Precificação por prestígio
	Precificação por desnatamento
Valor é a qualidade que obtenho pelo preço que pago	Precificação pelo valor
	Precificação pela segmentação do mercado
Valor é tudo que eu obtenho por tudo o que dou	Enquadramento de preço
	Preço amarrado
	Precificação complementar
	Precificação baseada em resultados

Fonte: Elaborado com base em Zeithaml; Bitner, 2003, p. 390-396.

As ações que devem ser tomadas pela organização correspondem à estratégia adotada pelo cliente ao estabelecer seu critério de valor.

Sob a ótica de Lovelock e Wirtz (2006), existem dois tipos de **encontros de serviços** realizados pelos clientes: com serviços de alto contato e com serviços de baixo contato. Quando querem comprar um novo serviço para atendimento de suas necessidades, os clientes passam por um complexo processo de compra identificado por três estágios.

- **Estágio de pré-compra** – Nesse estágio, é tomada a decisão de comprar e utilizar um serviço. As necessidades e expectativas dos clientes devem ser avaliadas e consideradas com cuidado, uma vez que influenciam na compra. O consumidor avalia os riscos do fornecimento dos serviços na mesma proporção da complexidade do serviço prestado.

- **Estágio do encontro do serviço** – Inicia-se com a solicitação do cliente e vai até a entrega do serviço solicitado.
- **Estágio de pós-compra** – É aquele em que os clientes formam um juízo de valor sobre a qualidade percebida. Caracteriza-se pela avaliação do desempenho do serviço, por meio da qual é formada a intenção do consumidor em solicitar novos serviços. Alguns elementos de riscos referentes ao primeiro estágio estão transcritos no Quadro 3.5.

Quadro 3.5 – Riscos percebidos na compra e na utilização de serviços

Tipo de risco	Declaração
Funcional	Resultados insatisfatórios de desempenho
Financeiro	Perda de dinheiro – custos inesperados
Temporal	Perda de tempo – consequências de atrasos
Físico	Danos pessoais ou a posses
Psicológico	Medos e emoções pessoais
Social	Como os outros pensam e reagem
Sensorial	Impactos indesejados sobre qualquer dos cinco sentidos

Fonte: Lovelock; Wirtz, 2006, p. 34.

O **risco** é um dos fatores que devem ser mais fortemente gerenciados. A postura estratégica da organização deve ser na direção de tentar administrar o risco, reduzindo-o a uma situação controlável.

A análise dos riscos é importante, uma vez que os clientes percebem riscos maiores em serviços do que em bens físicos, pois não podem substituir o primeiro como fazem com o segundo. Os atributos de produtos que permitem a facilitação da avaliação são: de busca, de experiência e de credibilidade (Lovelock; Wirtz, 2006). Os atributos de busca são os físicos, que permitem uma avaliação pelo cliente; os atributos de credibilidade são os que apresentam maior grau de dificuldade de análise pelo consumidor, como a confiança; os atributos de experiência devem ser avaliados no ato da compra, pois têm componentes de serviços e de bens.

Entre os riscos apontados, consideramos o **risco funcional** como sendo aquele que é perfeitamente controlável pela organização, uma vez que depende em grande parte do desempenho do funcionário prestador que deve receber treinamento adequado.

O **risco financeiro** ocasiona uma perda monetária devido ao aumento dos custos. Podemos considerar os custos pelo retorno sistemático ao local da prestação dos serviços.

A não resolução de um problema na primeira vez gera no cliente a sensação de perda de tempo, um risco que a organização não pode correr. Portanto, o risco temporal pode causar o risco financeiro.

O **risco físico** é considerado em função dos elementos físicos, como o cansaço e o desgaste pela falta de resolução. Muitas vezes, o consumo de bens de propriedade do cliente compromete a prestação do serviço.

Quando o cliente tem a percepção de que o serviço não será executado adequadamente ou não será efetivamente completado, temos o **risco psicológico**, que pode levar até mesmo a emoções indesejáveis.

Já o **risco social** reflete o pensamento e a aceitação comum e pode, muitas vezes, ser confundido com serviços fornecidos de má qualidade, sem qualquer fundamento técnico.

Finalmente, há ainda o **risco sensorial**, tal como a instalação de atividades que necessitem de silêncio em locais muito barulhentos, a poluição visual de cartazes e fôlderes e o mau cheiro de alguns tipos de indústria. Tudo isso pode irritar os clientes.

Fica evidente, portanto, que a gestão dos riscos inerentes ao processo de serviços deve ser considerada em sua menor parcela, tornando-se elemento essencial na análise da prestação dos serviços.

3.8 Ambiente da prestação de serviços

Zeithaml e Bitner (2003) apresentam um cenário básico para a prestação de serviços, o qual pode ser adaptado para representar o cenário de serviços para o cliente, que compreende o autosserviço (aquele realizado pelo próprio cliente) e os serviços interpessoais (cliente e funcionário interagem e o serviço ocorre a distância), que podem ser prestados de formas diversas. A Figura 3.12 exemplifica o cenário para essa prestação de serviço.

Figura 3.12 – Cenário básico para prestação de serviços

Dimensões físicas do ambiente	Ambiente holístico	Respostas internas	Comportamento
Condições de ambiente, espaço/função, sinalização, símbolos e objetos	Cenário de serviços percebidos	Cognitivo / Emocional / Psicológico (Resposta do funcionário); Respostas dos clientes; Cognitivo / Emocional / Psicológico	Comportamentos individuais; Interações sociais; Comportamentos individuais

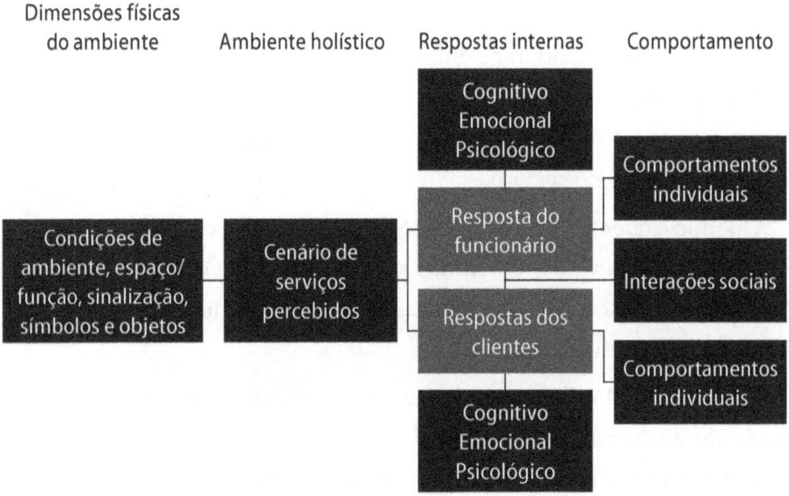

Fonte: Elaborado com base em Zeithaml; Bitner, 2003, p. 233-238.

A seguir, vamos ver o grupo de cenários possíveis, as características dos funcionários e as possibilidades de cocriação de serviços pelo cliente.

3.8.1 Cenários

Os cenários representam o ambiente do fornecimento do serviço. Para tanto, a empresa necessita de um local específico, o qual deve conter os requisitos essenciais para estimular o fornecimento de serviço ao cliente.

Os cenários de serviços podem desempenhar diversos papéis, como:

- de **embalagem**: o ambiente representa uma imagem particular;
- de **facilitador**: dimensionado para realizar o fluxo de uma maneira mais satisfatória;
- de **socializador**: ambiente no qual o mobiliário das áreas pode transmitir noções de hierarquia;
- de **diferenciador**: atua comparativamente com o concorrente, evidenciando diferenças.

3.8.2 Funcionários

As dimensões da qualidade do serviço – confiabilidade, responsividade, segurança, empatia e tangibilidade – são influenciadas pelo comportamento dos funcionários.

Os empregados que interagem com os clientes são denominados *funcionários de linha de frente* e são influenciados pelos ambientes externo e interno da organização. Por atuarem com pessoas, precisam administrar as emoções, o que requer habilidades físicas e mentais para efetuar um serviço com qualidade, já que estão sujeitos a diversas fontes de conflito: entre pessoas e papéis, entre a organização e o cliente, entre clientes e o estabelecimento adequado do equilíbrio e entre a qualidade e a produtividade (Zeithaml e Bitner, 2003).

Com o intuito de sanar as diferenças entre os funcionários de linha de frente e a organização, algumas ações são propostas no Quadro 3.6 a seguir.

Quadro 3.6 – Estratégias de recursos humanos

Estratégias	Ações das estratégias
Contratar as pessoas certas	Contratar com base nas competências de serviços e na inclinação para serviços
	Competir pelas melhores pessoas
	Ser o empregador preferido
Reter as melhores pessoas	Tratar os funcionários como clientes
	Mensurar e recompensar os melhores executores de serviços
	Engajar os funcionários na visão da empresa
Fornecer os sistemas de apoio necessários	Medir a qualidade do serviço interno
	Fornecer a tecnologia e o equipamento de apoio
	Desenvolver processos internos orientados a serviços
Desenvolver as pessoas para que executem serviços de qualidade	Treinar habilidades técnicas e interativas
	Transferir poder aos funcionários
	Promover o trabalho em equipe

Fonte: Elaborado com base em Zeithaml; Bitner, 2003, p. 264-278.

Uma análise das estratégias e das ações pode facilitar o entendimento da organização no fornecimento de serviços ao cliente por meio de seus funcionários de linha de frente e de retaguarda.

3.8.3 Clientes

De acordo com Grönroos (1995, p. 89), ao considerarmos o que o cliente percebe dos serviços quando os recebe, devemos compreender que "é a parte visível das atividades de produção que conta na mente do cliente [...] as atividades visíveis são vivenciadas e avaliadas em cada detalhe".

Ao receber o serviço, o cliente pode desempenhar papéis que influem na prestação dos serviços. Esses papéis podem ser traduzidos por: clientes como recursos produtivos; clientes como colaboradores na qualidade e na satisfação; clientes como concorrentes. Sua participação se estabelece em três níveis (Zeithaml; Bitner, 2003):

1. **Baixo** – A presença do cliente é solicitada durante a execução do serviço.
2. **Moderado** – Os clientes participam da criação do serviço.
3. **Alto** – O cliente é cocriador na produção do serviço.

A decisão de fazer o cliente participar, de acordo com os papéis propostos, integra a estratégia da organização. Nesse contexto, são propostas três estratégias para ampliar a participação do cliente, conforme o Quadro 3.7. Ao considerar tais estratégias, há a necessidade de definir o nível de participação desejado do cliente.

Quadro 3.7 – Estratégias para ampliar a participação do cliente

Estratégias	Ações das estratégias
Definir as tarefas do cliente	Tarefa do cliente: ajudar a si mesmo
	Tarefa do cliente: ajudar os outros
	Tarefa do cliente: promover a empresa
	Diferenças individuais: nem todos querem participar
Recrutar, educar e recompensar os clientes	Recrutar clientes certos
	Educar e treinar clientes para atuar de forma eficaz
	Evitar resultados negativos da participação inadequada dos clientes
	Recompensar os clientes por suas contribuições
Administrar o composto de clientes	Administração da compatibilidade (dois grupos distintos para prestação de serviços)
	Segmentar o mercado de clientes de alguma forma

Fonte: Adaptado de Zeithaml; Bitner, 2003, p. 292-300.

Os autores afirmam que outro ponto importante na avaliação do fornecimento de serviço é a capacidade da empresa em prover os recursos necessários para atender à demanda. Essa situação é adequada quando a organização dimensiona corretamente seu mercado, equilibrando oferta e demanda utilizando sua capacidade. Pode haver uma variação de excesso de demanda a excesso de capacidade. De acordo com os tipos de serviço prestado, as restrições de capacidade acontecem em função do tempo, do trabalho, dos equipamentos, das instalações ou de uma combinação desses fatores. Outro dado importante quanto à demanda é que a técnica de gestão de rendimentos visa ao equilíbrio entre demanda e capacidade.

A capacidade restrita compromete a prestação dos serviços; entretanto, em muitos serviços, o cliente se sujeita a essa restrição de capacidade e participa de filas de espera. Para lidar com as esperas, as organizações empregam inúmeras estratégias, entre as quais, segundo Zeithaml e Bitner (2003), destacam-se:

- Empregar a lógica operacional.
- Estabelecer um processo de reservas.
- Diferenciar os clientes em espera:
  - pela importância do cliente;
  - pela urgência do trabalho;
  - pela duração da transação do serviço;
  - pelo pagamento de um preço mais alto.
- Tornar a espera algo divertido ou ao menos tolerável, considerando que:
  - tempo sem ocupação é sentido como mais longo que o tempo ocupado;
  - esperas anteriores ao processo parecem mais longas do que as esperas já inseridas no processo;
  - ansiedade faz a espera parecer mais longa;
  - esperas incertas são mais longas do que esperas finitas e conhecidas;
  - esperas sem explicação são mais longas do que esperas com explicações;

- esperas injustas são mais longas do que esperas justas;
- quanto mais valioso um serviço, mais tempo um cliente vai esperar;
- esperas individuais parecem mais longas do que esperas em grupo.

As ações empregadas são mais eficazes se a cultura dominante para o serviço oferecido naturalmente aceitar as filas.

Síntese

Verificamos, no decorrer deste capítulo, que diversos conceitos, estratégias e formulação de estratégias devem ser considerados na elaboração do planejamento do produto, devendo ser assimilados para entendermos o processo do desenvolvimento dos serviços. Analisamos as expectativas do cliente bem como o ambiente da prestação de serviço, que inclui os cenários, a análise das necessidades dos funcionários e o cliente. O fornecimento da prestação de serviços deve ser mais alinhado com a necessidade do cliente, uma vez que este pode ser cocriador na prestação dos serviços.

Saiba mais

Sobre o comportamento do cliente, você deve ler o seguinte livro:

SHETH, J. N.; NEWMAN, B. I.; MITTAL, B. **Comportamento do cliente**: indo além do comportamento do consumidor. São Paulo: Atlas, 1999.

Nessa obra, você poderá estudar mais detalhadamente os determinantes do comportamento e do processo decisório do cliente, entre outros assuntos instigantes que lhe permitirão compreender melhor o cliente.

Questões para revisão

1. Quais são os três fatores básicos considerados quando utilizadas as técnicas de planejamento estratégico?

2. O que é cultura organizacional? Por que ela é tão importante na realização do planejamento estratégico?

3. Indique quais elementos são trabalhados no processo de aceitação do planejamento estratégico que impactam no nível de aceitação da organização.

4. Relacione as colunas identificando as estratégias de comunicação e suas características.

   i. Administrar promessas de serviços

   ii. Melhorar a educação dos clientes

   iii. Administrar a comunicação de *marketing* interno

   iv. Administrar as expectativas do cliente

   ( ) Preparar clientes para o processo do serviço, confirmar o desempenho dentro dos padrões.

   ( ) Criar comunicação eficaz, coordenar comunicação externa.

   ( ) Oferecer alternativas, negociar as expectativas irreais.

   ( ) Criar comunicações verticais e horizontais eficazes, criar times interdepartamentais.

5. Relacione as colunas identificando as estratégias de definição de valor e suas características.

   i. Valor é preço baixo

   ii. Valor é tudo que desejo em um serviço

   ( ) Enquadramento de preço, preço amarrado, precificação complementar, baseada em resultados.

   ( ) Precificação pelo valor, precificação pela segmentação do mercado.

III. Valor é a qualidade que obtenho pelo preço que pago	( ) Descontos, precificação psicológica, sincronizada e de penetração.
IV. Valor é tudo o que obtenho por tudo o que dou	( ) Precificação por prestígio, precificação por desnatamento.

Questão para reflexão

1. Em 2014, no Brasil, tivemos a realização da Copa do Mundo de Futebol. Vimos praticamente uma revolução nos estádios, com a melhora de diversos serviços, entre eles, o acesso ao estádio, o conforto e a melhoria na qualidade das instalações e até mesmo na aquisição de ingressos. Será que era necessária a intervenção internacional para que nossos serviços de entretenimento (futebol) tivessem que melhorar? Se sim, e quanto aos demais serviços? Pense a respeito.

EC 3
Estudo de caso: conhecendo e analisando o ambiente da Zaztraz Car

$\mathcal{N}$este capítulo, prosseguiremos com nosso estudo sobre a Zaztraz Car, agora analisando como a organização elabora seu planejamento. Não devemos nos esquecer de que a empresa tem como objetivo obter sucesso no mercado e, para isso, precisa vislumbrar caminhos claros que a levem a alcançar esse propósito. Assim, a empresa deve apresentar um planejamento estratégico composto de missão, visão e valores; estudar a fatia do mercado a ser atendida (público-alvo), bem como seus concorrentes; e apresentar análise ambiental.

EC 3.1
Missão e visão

A empresa tem como missão promover o bem-estar, o conforto e a satisfação dos clientes por meio de serviços de lavagem de automóveis de pequeno e médio portes; fidelizar seus clientes; assegurar o crescimento sustentável da empresa.

Sua visão consiste em ser referência de qualidade em serviços de lavagem automotiva na cidade de Curitiba.

EC 3.2
Valores

A Zaztraz Car tem como diretrizes que norteiam as ações de seus funcionários:

- **Pontualidade** – Ser pontual em seus horários.
- **Proatividade** – Visualizar as necessidades do momento e agir; nunca deixar um cliente esperando.
- **Organização** – Deixar o estabelecimento sempre limpo e ordenado.
- **Motivação** – Ter um ambiente harmonioso para que as tarefas sejam feitas sempre em clima de amizade.
- **Responsabilidade** – Sempre agir de forma competente e sensata, respondendo por seus atos.
- **Espírito de equipe** – Ser solidário, ajudando colegas sempre que preciso.
- **Ética** – Ser ético acima de tudo, sem tentar "ganhar o cliente" por meio de atitudes desagradáveis e desnecessárias, como propagandas enganosas.
- **Transparência** – Manter os clientes informados de todas as atividades desenvolvidas no lava-rápido.
- **Inovação** – Procurar sempre inovar os métodos e os equipamentos utilizados com a finalidade de atender às novas necessidades dos clientes da melhor forma possível.

EC 3.3
Público-alvo

A Zaztraz Car, sendo um lava-rápido situado na região da Universidade Federal do Paraná (Bairro Jardim da Américas), é destinada, principalmente, aos trabalhadores e moradores dessa região.

Vamos conhecer agora os principais dados para a determinação da fatia de mercado a ser atendida pela empresa.

EC 3.3.1 Dados demográficos

A pesquisa realizada inicialmente pela Zaztraz Car aponta que o segmento de mercado no qual o serviço deve ser inserido é composto, basicamente, de jovens e adultos na faixa etária de 18 a 50 anos. Observamos que essa faixa representa, aproximadamente, 50% da população brasileira, que é de cerca de 190 milhões habitantes, dando destaque para a faixa mais populosa, a dos jovens de 20 a 24 anos, que representam 41,5% da população brasileira (IBGE, 2016a, 2016c).

Segundo o IBGE (2016a), estreitando mais o nosso público-alvo, vemos que Curitiba apresenta uma população de 1,7 milhão de habitantes, o que representa 0,92% da população brasileira. A população entre 18 e 50 anos representa cerca de 57% dos curitibanos. Um indicativo do IBGE (2016b) que reforça a colocação do serviço da Zaztraz Car no mercado de Curitiba é o de que, de 2000 para 2010, houve um crescimento populacional de 10,05% no município.

Temos que o Bairro Jardim das Américas apresenta 31.279 habitantes, o que equivale a 1,41% da população curitibana. Desses, 17.779 têm entre 15 e 64 anos, o que representa 72,14% do total da população do bairro, segundo dados do IPPUC (2010). Analisando esses dados demográficos, podemos estimar a fatia do mercado que pretendemos atender.

EC 3.3.2 Dados econômicos

Para que possamos estreitar ainda mais a análise do público-alvo, a Zaztraz Car realizou uma pesquisa sobre as características econômicas da população a ser atendida.

Em termos econômicos, as classes sociais, no Brasil, são classificadas da seguinte maneira (Em 2014..., 2011):

- **Classe A** – acima de 20 salários mínimos.
- **Classe B** – de 10 a 20 salários mínimos.
- **Classe C** – de 4 a 10 salários mínimos.
- **Classe D** – de 2 a 4 salários mínimos.
- **Classe E** – até 2 salários mínimos.

Considerando o salário mínimo de R$ 540,00, pretendemos ter como clientes as classes A, B e, eventualmente, C. Para termos um parâmetro, as classes A e B, unidas, somam, aproximadamente, 45% da população curitibana.

Temos que 61,19% das famílias do Bairro Jardim das Américas pertencem à classe D ou superior, pois têm renda maior que três salários mínimos, totalizando R$ 1.620,00.

EC 3.3.3 Dados sobre a frota

A fim de concluir nossa investigação sobre o público-alvo, analisamos também o comportamento da frota de automóveis na cidade de Curitiba. Nesse sentido, o gráfico a seguir mostra a evolução da frota de veículos no Estado do Paraná do ano de 2002 até o ano de 2009. Observamos que, nesse período, houve um aumento de 58% da frota.

Gráfico EC 3.1 – Evolução da frota de veículos no Estado do Paraná

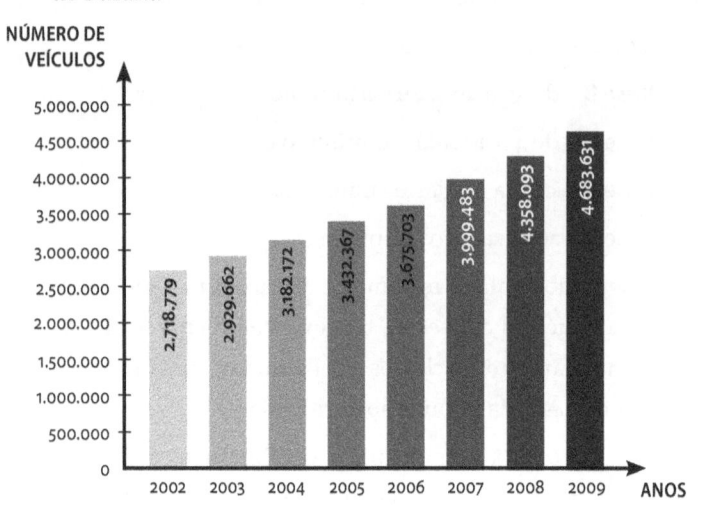

NÚMERO DE VEÍCULOS

Ano	Veículos
2002	2.718.779
2003	2.929.662
2004	3.182.172
2005	3.432.367
2006	3.675.703
2007	3.999.483
2008	4.358.093
2009	4.683.631

FONTE: Adaptado de Detran-PR, 2009, p. 44.

Na cidade de Curitiba, a evolução da frota não é diferente. Observamos que, no mesmo período, houve um aumento de 66%; confira no gráfico a seguir.

Gráfico EC 3.2 – Evolução da frota de veículos em Curitiba

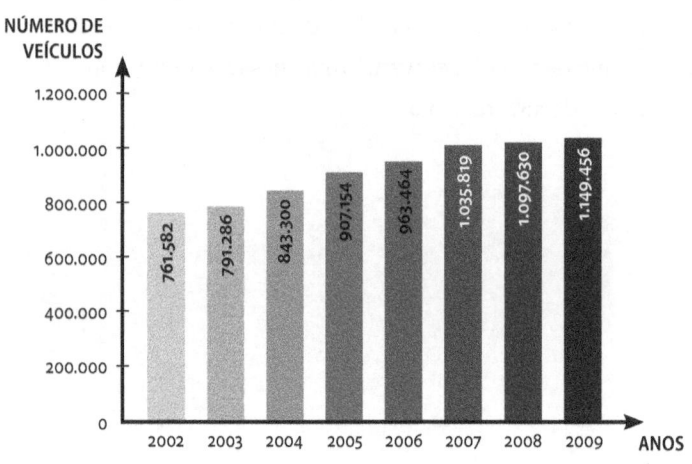

NÚMERO DE VEÍCULOS

Ano	Veículos
2002	761.582
2003	791.286
2004	843.300
2005	907.154
2006	963.464
2007	1.035.819
2008	1.097.630
2009	1.149.456

FONTE: Adaptado de Detran-PR, 2009, p. 46.

Ainda de acordo com o Detran-PR (2016), a quantidade de veículos, em Curitiba, no mês de março de 2011, era de 1.210.839. Porém, para nosso projeto, somente os automóveis têm relevância, visto que somente eles serão atendidos pelo lava-rápido. Assim, desse número, 859.370 veículos são automóveis, representando 70,97% do total de veículos.

Outros dados do Detran-PR (2009, 2011) mostram que a capital tem quase 1 milhão de veículos motorizados, o que faz uma média de 1,8 curitibano para cada veículo – número que supera os de São Paulo e Rio de Janeiro, líderes nacionais em frotas de veículos. Havendo em Curitiba, em 2011, 1,7 milhão de habitantes e 859.370 automóveis, temos então 0,5 curitibano para cada automóvel, aproximadamente.

EC 3.3.4 Determinação da fatia do mercado

Agora podemos determinar com mais facilidade a fatia exata do mercado a ser atendida pela Zaztraz Car. Para tanto, faremos uma correlação entre os dados demográficos, os dados econômicos e os dados sobre a frota previamente coletados.

Já sabemos que, segundo os dados demográficos, nossa população a ser atendida é de 31.279 pessoas. Com os dados econômicos, observamos que 50% da população de Curitiba se enquadra nas classes sociais A, B e C, a serem atendidas pelo lava-rápido. Tal fato refletirá na análise feita sobre os dados demográficos. Por fim, sabemos que 50% da população curitibana possui automóvel, dado que também reflete nas situações apresentadas.

Como resultado do exposto, temos a seguinte relação:

> **Fatia do mercado = 31.279 pessoas (dado demográfico) ·
> 0,50 (dado econômico) · 0,50 (dado sobre a frota) = 7.820**

Dessa maneira, temos que a nossa fatia do mercado é igual a 7.820 pessoas.

EC 3.4 Concorrentes

Aplicamos um questionário aos concorrentes da Zaztraz Car para observarmos como os clientes se portavam em relação ao serviço prestado. A finalidade desse estudo era conhecer e analisar os concorrentes.

Os concorrentes entrevistados foram:

a) Best Wash

b) Lava Silva

c) Silva Jardim

d) Clean Car Express

Relacionando os concorrentes com os serviços prestados, chegamos ao seguinte quadro:

Quadro EC 3.1 – Serviços oferecidos pelos concorrentes

Serviço	Concorrente/Tempo (min.)			
	Best Wash	Lava Silva	Silva Jardim	Clean Car Express
Lavagem interna e externa	✓	✓	✓	✓
Lavagem interna e externa + cera líquida	✓			✓
Lavagem de aparência		✓	✓	
Lavagem de aparência + secagem		✓		
Lavagem de aparência + pretinho	✓		✓	
Lavagem de aparência + pretinho + secagem	✓		✓	
Lavagem de chassi	✓			
Lavagem de motor	✓			✓
Polimento	✓			✓

(continua)

(Quadro EC 3.1 – conclusão)

Serviço	Concorrente/Tempo (min.)			
	Best Wash	Lava Silva	Silva Jardim	Clean Car Express
Espelhamento de pintura	✓			
Higienização interna	✓			
Limpeza/Hidratação de bancos de couro	✓			

Vemos que como os concorrentes oferecem, como serviços principais, a lavagem de aparência e suas derivações, a lavagem interna e externa, o polimento e a lavagem de motor. Podemos relacionar cada um desses serviços ao fator *preço*, em cada lava-rápido, para que tenhamos um parâmetro médio destes, conforme a tabela a seguir.

Tabela EC 3.1 – Preços praticados pelos concorrentes

| Serviço | Concorrente/Tamanho do carro (Peq./Méd./Gde.)/Preço (R$) ||||||||||||
| | Best Wash ||| Lava Silva ||| Silva Jardim ||| Clean Car Express ||| Média |||
	P	M	G	P	M	G	P	M	G	P	M	G	P	M	G
Lavagem interna e externa	23	25	30	20	–	25	25	–	32	23	23	23	22,75	24	27,5
Lavagem interna e externa + cera líquida	25	27	33	–	–	–	–	–	–	28	28	28	26,5	27,5	30,5
Lavagem de aparência	–	–	–	7	–	10	10	–7,1	13	15	15	15	10,6	15	12,6
Lavagem de aparência + secagem	–	–	–	10	–	15	–	–	–	–	–	–	10	–	15
Lavagem de aparência + pretinho	15	15	20	–	–	–	13	–	16	–	–	–	14	15	18
Lavagem de aparência + pretinho + secagem	–	–	–	–	–	–	19	–	26	–	–	–	19	–	26
Lavagem de motor	25	25	30	–	–	–	–	–	–	22	22	22	23,5	23,5	26
Polimento	170	200	220	–	–	–	–	–	–	80	80	80	125	140	150

Além desses fatores, também analisamos o comportamento da demanda, uma vez que esta se dará de forma semelhante para o nosso serviço.

Na Best Wash trabalham 6 funcionários; sua demanda não varia conforme os dias de sol ou de chuva, e sim conforme os dias da semana. Segunda-feira, terça-feira, sexta-feira e sábado são os dias de maior movimento; são lavados cerca de 40 carros em cada dia. Já nos outros dias da semana, a Best Wash lava, aproximadamente, 25 veículos. O lava-rápido Lava Silva, que conta com 4 funcionários, apresenta esse mesmo comportamento, com a diferença de que a demanda varia de 7 a 23 carros por dia e os picos de movimento são no final de semana.

Já os lava-rápido Silva Jardim e Clean Car Express apresentam variação da demanda em relação a dias de sol ou de chuva. O primeiro conta com 8 funcionários e atende de 30 a 40 carros por dia. O segundo tem 3 funcionários e presta serviços para, aproximadamente, 20 carros por dia.

Outro fator analisado foi o tempo necessário para a realização dos serviços mais prestados. Por meio da pesquisa, chegamos à seguinte tabela:

Tabela EC 3.2 – Tempo dos serviços dos concorrentes

Serviço	Concorrente/Tempo (min.)				
	Best Wash	Lava Silva	Silva Jardim	Clean Car Express	Média
Lavagem interna e externa	40	30	40	90	**50**
Lavagem interna e externa + cera líquida	50	–	–	120	**85**
Lavagem de aparência	–	15	15	15	**15**
Lavagem de aparência + secagem	–	20	–	–	**20**
Lavagem de aparência + pretinho	20	–	20	–	**20**
Lavagem de aparência + pretinho + secagem	–	–	25	–	**25**
Lavagem de motor	30	–	–	30	**30**
Polimento	120	–	–	180	**150**

Além do exposto, os lava-rápido entrevistados revelam que o serviço mais prestado é a lavagem interna mais a externa (lavagem completa) e o menos prestado depende da variabilidade apresentada em cada um deles.

Por fim, sobre as formas de pagamento, 75% dos concorrentes aceitam dinheiro e cartões e 25% aceitam somente dinheiro.

EC 3.5
Análise ambiental

> Segundo Kotler (2000b), a análise do ambiente deve considerar os **aspectos econômicos** que envolvem o mercado em estudo, como poder de compra e renda média. Além disso, estudam-se também **fatores demográficos** relativos à população que compõe o mercado, como o tamanho da população, sua taxa de crescimento e sua faixa etária.
>
> Ainda de acordo com Kotler (2000b), o **ambiente natural** diz respeito às matérias-primas disponíveis (água, combustível, entre outros) nas condições em que o mercado está inserido. O **ambiente sociocultural**, por sua vez, diz respeito ao grau de aceitação de determinado produto ou serviço por parte do marcado; aí encontramos a influência de valores, crenças e normas praticadas pela sociedade. O **ambiente tecnológico** permite analisar a aceitação e absorção de certo avanço tecnológico por parte da população. Por último, temos o **ambiente político-legal**, representado por leis e órgãos governamentais que podem impor medidas e até inviabilizar a comercialização de produtos, serviços.

A etapa de análise ambiental tem como objetivo conhecer o ambiente de localização da Zaztraz Car, mapeando as oportunidades e as ameaças presentes no mercado e os pontos fortes e fracos da empresa frente à realidade detectada.

- **Ambiente econômico** – No caso da Zaztraz Car, fizemos a abordagem do ambiente econômico anteriormente, apresentando a renda média aproximada (poder de compra) do público-alvo.
- **Ambiente demográfico** – Analisamos o ambiente demográfico da Zaztraz Car também anteriormente, determinando a fatia de mercado que irá ser atendida pelo serviço a ser prestado.

- **Ambiente natural** – No caso da Zaztraz Car, um fator natural de extrema relevância é a água, matéria-prima utilizada na prestação dos serviços. Sabemos que cerca de 2/3 da superfície do planeta são cobertos de água – o que nos levaria a pensar que esse recurso é abundante e, por consequência, barato. Porém, na verdade, apenas uma pequena parcela da água presente na superfície terrestre é doce, ou seja, adequada para o uso. A água doce (potável) corresponde, aproximadamente, a 3% do total de água do planeta e está contida em rios, lagos e lençóis freáticos. Desses 3%, utilizamos 70% na agricultura, 22% na indústria e apenas 8% nas cidades (Barros; Amin, 2008). Sendo assim, na Zaztraz Car deve prevalecer a economia de água para que esse recurso mantenha-se preservado.
- **Ambiente sociocultural** – O serviço de lava-rápido não é algo novo para a sociedade, assim, já é aceito e faz parte do seu dia a dia das pessoas. Portanto, não há a necessidade de analisar como seria a aceitação desse serviço.
- **Ambiente tecnológico** – Não é necessário fazermos uma análise profunda desse tipo de ambiente, uma vez que grande parte da população acredita que lavar o carro apenas com água e sabão é mais eficiente do que métodos especiais, como lavagem a seco e lavagem por máquinas.
- **Ambiente político-legal** – A Zaztraz Car deve estar atenta à legislação referente aos serviços que realiza. Além disso, para a abertura do estabelecimento, alguns passos devem ser seguidos:
  - 1º passo – Consulta de viabilidade no sistema Regin
  - 2º passo – Registro do Contrato Social + CNPJ + Inscrição Estadual
  - 3º passo – Alvará municipal de funcionamento

A **análise Swot** é uma ferramenta utilizada para analisar o cenário em que o produto ou serviço será inserido, dando embasamento para a gestão e o planejamento estratégico de uma corporação ou empresa, a fim de detectar elementos-chaves para sua implementação. O termo *Swot* é uma sigla derivada do inglês, sendo um acrônimo de *forças (strengths), fraquezas (weaknesses), oportunidades (opportunities)* e *ameaças (threats)*.

Segundo Públio (2008), a análise Swot foi criada por dois professores da Harvard Business School: Kenneth Andrews e Roland Christensen, em meados da década de 1960. Porém, existe muita divergência sobre a autoria da análise Swot.

Para a utilização dessa ferramenta, devemos saber que as Forças e as Fraquezas estão intimamente relacionadas ao ambiente interno, ou seja, aspectos que relacionam a empresa com os concorrentes. Já as Oportunidades e as Ameaças são ligadas ao ambiente externo, isto é, ao comportamento e à evolução do mercado.

Na análise Swot para a Zaztraz Car, podemos elencar os seguintes aspectos:

- **Forças** – Imagem de qualidade, boas instalações, funcionários especializados.
- **Fraquezas** – Pouca experiência no mercado de atuação; falta de clientela formada.
- **Oportunidades** – Crescimento populacional de Curitiba; elevado número de veículos no município.
- **Ameaças** – Aumento de concorrentes; condições meteorológicas.

Assim, verificamos que a análise Swot melhora a percepção de diversos fatores, contribuindo para a tomada de decisões. Isso nos permite maximizar as oportunidades do ambiente com base nos pontos fortes da empresa e minimizar os pontos fracos, impactando positivamente na redução das ameaças.

Processos e controles em serviços

4

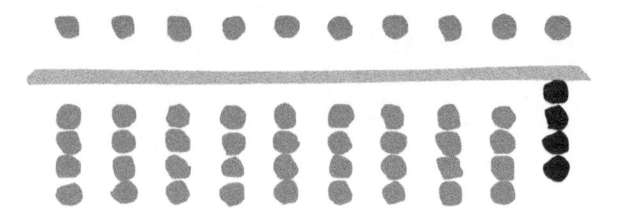

Conteúdos do capítulo:

- Projeto de desenvolvimento de produtos.
- QFD – *Quality Function Deployment*.
- Gerenciamento das filas.
- FMEA em serviços.
- Representação – *Blueprint*.

Após o estudo deste capítulo, você será capaz de:

1. identificar as etapas para o projeto de desenvolvimento de produtos;
2. aplicar o QFD em desdobramento de serviços;
3. identificar a importância do gerenciamento de filas;
4. aplicar a ferramenta FMEA para serviços;
5. realizar a representação do diagrama de serviços.

Apresentamos neste capítulo alguns processos e ferramentas que auxiliam a organização no planejamento do fornecimento de serviços. Alguns deles são utilizados para refinar o processo de fornecimento do serviço durante sua criação. Também mostramos dois modelos: um para o projeto de desenvolvimento de serviços e outro para transferência de qualidades exigidas pelo cliente, além de outras ferramentas de melhoria e auxílio na representação.

4.1 Projeto de desenvolvimento em serviços

O presente tópico se baseia no modelo para projeto de desenvolvimento de serviços proposto por Mello (2005). Entretanto, existem na literatura outros modelos de projeto e desenvolvimento de produtos que você pode comparar com este.

O estudo realizado por Chimendes, Mello e Paiva (2008), por exemplo, identifica o autor e o ano de pesquisa, as características gerais, os pontos fortes e as limitações do modelo apresentado. De acordo com o pesquisador, os diversos modelos apresentam limitações impostas pelas condições de estudo, considerando aqueles que abordam a análise mercadológica e outros que focalizam uma parte específica do estudo sobre os serviços. Outros ainda se dintinguem por melhorar ou reprojetar os serviços existentes. Veja no Quadro 4.1, a seguir, o estudo de Chimendes, Mello e Paiva (2008).

Quadro 4.1 – Análise comparativa dos modelos para projeto e desenvolvimento de serviços

Autor e ano	Características gerais dos modelos	Pontos fortes	Limitações
Cowell (1988)	Preparação para o desenvolvimento e o lançamento de novos serviços em empresas que estabelecem uma cultura para empreendedores que organizam a criação de ideias. Modelo composto por sete fases.	Ordem sistemática para redução de risco de produtos/serviços deficientes. Sequência simples e comum, considerando o grau de inovação.	Não apresenta uma fase posterior à fase de comercialização, por exemplo, uma fase de avaliação para revisão de pós-lançamento. Não contempla a fase de análise estratégica.
Scheuing e Johnson (1989)	É sistemático para desenvolvimento de novos serviços, desenvolvido por meio de experiências empíricas com quatro etapas e quinze fases. É o resultado de uma pesquisa exploratória no desenvolvimento de novos serviços. O objetivo é formar uma rede de trabalho sistemático para gerenciamento e desenvolvimento de novos serviços.	Estrutura apropriadamente desenhada e um processo cuidadosamente harmonizado. Modelo sofisticado, que oferece detalhes dos critérios dentro do complexo e importante processo.	Modelo mais utilizado em desenvolvimento de serviços inovadores. Não considera a sistemática de revisão de fases (*stage-gates*).
Bowers (1989)	Sugere três formas que permitem o aperfeiçoamento do desenvolvimento de um novo serviço: pela geração de ideias, pela avaliação e pelo desenvolvimento do serviço e pelo teste de *marketing*.	Modelo desenvolvido em indústrias de serviços com características inovadoras.	Simplicidade do modelo, não destacando atividades importantes, por exemplo, a comercialização e a revisão pós-lançamento.

(continua)

(Quadro 4.1 – conclusão)

Autor e ano	Características gerais dos modelos	Pontos fortes	Limitações
Ramaswamy (1996)	Compreende duas etapas e oito fases e a concepção completa do ciclo de vida do serviço, considerando suas atividades.	Considera como pontos importantes as necessidades dos clientes e os atributos dos serviços.	O fim de cada ciclo está condicionado ao mercado e a seus competidores. A tecnologia e os clientes estão baseados na extinção dos processos já obsoletos e na necessidade de novos desenhos.
Tax e Stuart (1997)	Considera o impacto que um novo serviço pode ter sobre um sistema de serviço já existente. Modelo complexo que atenta para a especificação da tomada de decisão, definição dos resultados e desafios da implementação. Processo interativo.	Identificação de fatores associados ao projeto e à introdução do serviço. Apresenta fatores de sucesso e insucesso no planejamento e projeto de serviços.	Modelo mais aplicado na melhoria de um serviço já existente. Não considera a sistemática de revisão de fases.
Bitran e Pedrosa (1998)	Estruturado sob a ótica das operações de serviços, sendo um grupo de atividades com o objetivo de desenvolver novos serviços. As operações observam uma sequência temporal.	Mostra a utilização de ferramentas, métodos e modelos, aprimorando o conceito de cada componente do produto e/ou serviço projetado.	Utilização de uma única etapa, considerando todas as fases dentro dela, dificultando o detalhamento das atividades.
Mello (2005)	Contempla as principais lacunas do desenvolvimento de serviços, inclusive o de mapeamento do processo de serviço. É um modelo objetivo, preciso e baseado em uma pesquisa científica.	Modelo simples, porém completo. Inclui etapas críticas para o projeto de serviços em empresas de qualquer porte. Considera a autonomia dos funcionários no processo e apresenta uma fase de lançamento de serviço.	Falta sistemática para definir as especificações dentro da concepção do serviço. Não contempla uma atividade de autorização para início do projeto. Não considera a sistemática de revisão de fases.

Fonte: Chimendes; Mello; Paiva, 2008, p. 493-494.

O estudo identifica no modelo proposto por Mello (2005) a forma mais completa, destacando que este "Considera as principais etapas, fases e atividades para o projeto e desenvolvimento de serviços. Pode ser classificado como um modelo completo, pois procura representar o processo de desenvolvimento de serviço holisticamente" (Chimendes; Mello; Paiva, 2008, p. 494).

Na Figura 4.1 há um modelo específico para projeto e desenvolvimento de serviços, proposto por Mello (2005) com base no Quadro 4.1.

Figura 4.1 – Modelo para projeto e desenvolvimento de serviços

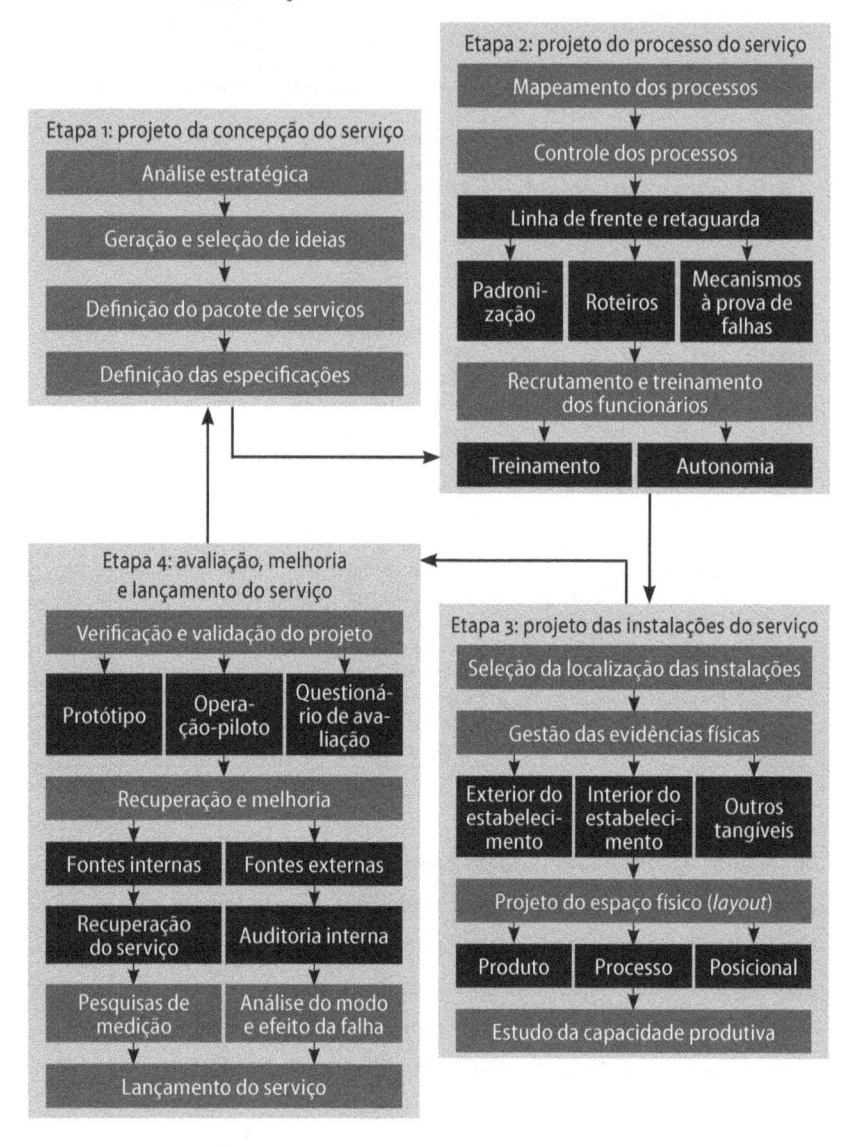

Etapa 1: projeto da concepção do serviço
- Análise estratégica
- Geração e seleção de ideias
- Definição do pacote de serviços
- Definição das especificações

Etapa 2: projeto do processo do serviço
- Mapeamento dos processos
- Controle dos processos
- Linha de frente e retaguarda
  - Padronização
  - Roteiros
  - Mecanismos à prova de falhas
- Recrutamento e treinamento dos funcionários
  - Treinamento
  - Autonomia

Etapa 3: projeto das instalações do serviço
- Seleção da localização das instalações
- Gestão das evidências físicas
  - Exterior do estabelecimento
  - Interior do estabelecimento
  - Outros tangíveis
- Projeto do espaço físico (*layout*)
  - Produto
  - Processo
  - Posicional
- Estudo da capacidade produtiva

Etapa 4: avaliação, melhoria e lançamento do serviço
- Verificação e validação do projeto
  - Protótipo
  - Operação-piloto
  - Questionário de avaliação
- Recuperação e melhoria
  - Fontes internas
    - Recuperação do serviço
    - Pesquisas de medição
  - Fontes externas
    - Auditoria interna
    - Análise do modo e efeito da falha
- Lançamento do serviço

Fonte: Adaptado de Mello, 2005, p. 277.

As quatro etapas do projeto são caracterizadas no Quadro 4.2, de acordo com Mello (2005).

Quadro 4.2 – Etapas para o projeto e desenvolvimento de serviços

Primeira etapa: projeto da concepção do serviço
Inicia-se com pesquisas sobre as necessidades e expectativas dos clientes, que poderão ser obtidas por meio da aplicação do questionário ServQual (apresentado como ferramenta da qualidade neste livro), e do mercado para a criação ou melhoria de um serviço. Com base nas estratégias competitivas, as ideias são selecionadas e o conceito e o pacote de serviço devem ser definidos. Destaca-se que o pacote de serviços é apresentado no Capítulo 2 deste livro.
Segunda etapa: projeto do processo do serviço
A identificação e a definição dos principais processos e suas respectivas atividades para a realização são registradas nesta etapa, incluindo a entrega e/ou a manutenção de um serviço. A integração dos processos e as atividades necessárias para a entrega dos serviços identificadas na etapa anterior devem ser realizadas. Precisam ser considerados o ambiente e a relação entre funcionários e clientes.
Terceira etapa: projeto das instalações do serviço
Nesta etapa, é realizada a definição das instalações físicas (*layout*), podendo ser utilizado para sua representação o diagrama denominado *Blueprint*, com a visão de onde o serviço será entregue e dos atributos físicos importantes na percepção do cliente a respeito da qualidade do serviço, tais como localização, decoração etc., incluindo a definição de sua capacidade produtiva.
Quarta etapa: avaliação, melhoria e lançamento do serviço
A quarta etapa se preocupa com a manutenção dos serviços no nível desejado. O modelo propõe a avaliação do serviço projetado e sua posterior validação pelo cliente, bem como elementos para recuperação de clientes que não tenham suas necessidades e expectativas atendidas. A utilização de uma estrutura de indicadores de interface (podem ser estudados no Capítulo 5) deve garantir melhores resultados no projeto de serviços.

Fonte: Adaptado de Mello, 2005, p. 277.

O modelo de Mello (2005) pode ser mais bem detalhado com a utilização dos processos e das ferramentas para projeto e desenvolvimento de serviços apresentados neste livro, os quais permitirão um projeto consistente, sob controle e de sucesso.

4.2 Quality Function Deployment (QFD)

O QFD (*Quality Function Deployment*, ou Desdobramento da Função Qualidade) é um método que busca, traduz e transmite as necessidades e os desejos dos clientes, garantindo a qualidade do atendimento, permitindo o desenvolvimento de um novo serviço e a manutenção e melhoria de um já existente, podendo ser aplicado a produtos de consumo – bens e serviços – e a produtos industriais, em que o cliente é uma instalação industrial, estabelecendo necessidades mais técnicas na relação cliente/fornecedor (Akao, 1990).

O QFD foi idealizado pelo doutor Shigeru Mizuno, juntamente com o doutor Yoji Akao, que também é autor de numerosos artigos e livros publicados, presidente do Conselho Internacional para QFD e consultor sênior do Instituto para o QFD.

Esse método foi desenvolvido para identificar e permitir a interface pessoal do cliente com a organização, visando a um fornecimento moderno e rentável. Na sociedade industrial de hoje, em que é crescente a distância entre produtores e usuários, o QFD liga as necessidades do cliente (usuário final) ao *design*, ao desenvolvimento, à engenharia, à fabricação e às funções de serviço.

De acordo com o QFD Institute (2015), o QFD visa estabelecer as noções básicas sobre requisitos do cliente, integrando aos sistemas da qualidade a psicologia e o conhecimento sobre o cliente para maximizar a qualidade positiva que agrega valor. É considerado um abrangente sistema de qualidade para satisfação do cliente e uma estratégia para ficar à frente dos concorrentes.

Existem muitas abordagens para o QFD, cuja escolha dependerá do objetivo estratégico do projeto exigido para a organização, mas certamente é um diferencial quando utilizado em serviços, pois trata das percepções do cliente com relação à prestação do serviço pela organização.

O modelo proposto por Akao (1996) considera diversas dimensões, sendo quatro delas as mais estudadas e consideradas básicas:

1. **Desdobramento da qualidade** – Corresponde à transformação das necessidades do cliente em especificações de engenharia capazes de permitir que a organização transfira internamente as necessidades do cliente para as outras funções ou dimensões.

2. **Desdobramento da tecnologia** – Depois de concluído o desdobramento da qualidade e com as características da qualidade definidas, a utilização da tecnologia necessária ao atendimento das necessidades do cliente é analisada e proposta.

3. **Desdobramento dos custos** – A aceitação dos serviços pelo cliente passa necessariamente pela análise do que ele considera como valor. A organização investirá mais naquelas características que trará melhores resultados e que tenham a percepção elevada de valor do cliente.

4. **Desdobramento da confiabilidade** – É o controle da aceitação pelo cliente das falhas e dos defeitos que porventura sejam "fornecidos" a ele. Deve-se considerar, com base nessa análise, além dos benefícios gerados organizacionalmente pela não existência de defeitos, a identificação da zona de tolerância do cliente.

Das quatro dimensões apresentadas, a da qualidade é aquela em que nos concentraremos, pois analisa as necessidades do cliente e estabelece a interface do cliente com a organização, permitindo a transferência da vontade do cliente às outras dimensões.

De forma simplificada, o modelo necessita da criação de um quadro com base em pesquisas das necessidades dos clientes: a primeira coluna diz respeito à **qualidade exigida** pelo cliente e a segunda refere-se às **características de qualidade** originadas em função da primeira coluna. Assim, teremos como resultado de pesquisas o Quadro 4.3, a seguir, apoiado nos elementos da gestão da qualidade na interface.

Quadro 4.3 – Qualidade exigida e características da qualidade

Qualidade exigida	Características da qualidade
Cumprimento dos serviços	Quantidade de serviços resolvidos
Atendimento rápido	Tempo total de atendimento
Fácil de achar	Facilidade de acesso
Serviço correto	Treinamento do funcionário
Auxílio do funcionário	Iniciativa em resolver os problemas

A análise de decomposição do quadro é concluída quando se chega a um nível que permita que a organização possa transferir os dados em forma de especificações técnicas. Os dados gerados nas tabelas são utilizados na construção da matriz de correlação e das abas de **qualidade planejada** e de **qualidade projetada**, conforme a Tabela 4.1 a seguir.

As especificações para o cálculo da aba da **qualidade planejada** estão representadas no Quadro 4.3. Nele, por meio de pesquisa com os clientes/consumidores, identificamos o grau de importância que o cliente atribui ao tipo de serviço e, mais especificamente, ao serviço realizado pela empresa analisada e pelas empresas concorrentes. A partir daí, é estabelecido pela organização o **plano de qualidade**, significando que ela deve tentar atingir o planejado. Esse critério se traduz em responder às seguintes perguntas:

Tabela 4.1 – Modelo de matriz do QFD – Qualidade exigida × Características

Características da qualidade Engenharia			Quantidades de serviços	Tempo de atendimento	Facilidade de acesso	Conhecimento do funcionário	Iniciativa na solução de problemas	Qualidade planejada							
								Grau de importância	Avaliação de desempenho			Planejamento			Pesos	
Qualidades exigidas Cliente			un.	min.	est.	ret.	recl.		Nossa empresa	Empresa X	Empresa Y	Plano de qualidade	Índice de melhoria	Argumento de venda	Peso absoluto	Peso relativo %
Nível 1	Nível 2		←	→	←	→↓←	←									
Dimensão A	Cumprimento dos serviços		3					4	2	3	3	4	2,0	1,2	9,6	34%
Dimensão A	Serviço correto			9		9		4	5	3	4	5	1,0	1	4,0	14%
Dimensão B	Atendimento rápido		3	3			9	3	2	3	4	4	2,0	1	6,0	21%
Dimensão B	Auxílio do funcionário					3	1	3	5	3	1	5	1,0	1,5	4,5	16%
Dimensão C	Fácil de achar				9	1	9	4	4	4	3	4	1,0	1	4,0	14%
Especialização de engenharia			30	15	sim	5%	10									
Qualidade projetada	Pesos	Peso absoluto	1,67	2,40	1,28	4,98	4,39									
		Peso relativo	11,3%	16,3%	8,7%	33,8%	29,8%									
	Valores e comparações	Nossa empresa	28	19	sim	7%	8									
		Serviço empresa X	30	22	não	10%	18									
		Serviço empresa Y	25	12	não	8%	21									
	Metas de desempenho		30	12	sim	5%	8									

un.: unidades est.: estacionamento recl.: reclamações
min.: minutos ret.: retrabalho

Escala para correlação

9	Forte
3	Média
1	Fraca
–	Inexistente

Escala argumento de venda

1,0	Sem argumento
1,2	Argumento médio
1,5	Argumento forte

FONTE: Adaptado de Cheng; Melo Filho, 2007, p. 164.

- Deve-se atender a todas as exigências do cliente?
- Quais exigências são as mais importantes para o cliente?
- Como os clientes veem os produtos atuais no mercado (próprios e concorrentes)?
- Quais são os itens em que a organização está melhor, igual ou pior? Estes devem ser identificados.

4.2.1 Planejando os serviços

O Quadro 4.4 apresenta os procedimentos que devem ser seguidos para o cálculo e o estabelecimento dos parâmetros para a elaboração da aba da qualidade planejada.

Quadro 4.4 – Aba da qualidade planejada

Qualidade planejada		Grau de importância	Pesquisa junto ao cliente (questionário) com grau de importância variando de 1 a 5
	Avaliação de desempenho	Nossa empresa	Pesquisa (questionário) com grau de desempenho variando de 1 a 5
		Empresa X	
		Empresa Y	
	Planejamento	Plano de qualidade	Estabelecer o plano de qualidade (nível de desempenho) variando de 1 a 5
		Índice de melhoria	Índice de melhoria = $\dfrac{\text{plano de qualidade}}{\text{nossa empresa}}$
		Argumento de venda	O argumento de venda é o valor numérico que é acrescentado a itens de qualidade, exigida com o objetivo de aumentar o valor de seus pesos. Somente deve ser atribuído um argumento de venda se for garantida a qualidade do item e esta aumentar a possibilidade de vendas do produto.
	Pesos	Peso absoluto	
		Peso relativo	

Fonte: Adaptado de Cheng; Melo Filho, 2007, p. 164.

Verifique no Quadro 4.4 que a análise se dá na função mercadológica da necessidade do cliente. O plano de qualidade reflete que as qualidades básicas devem ser atendidas, independentemente do grau de importância atribuído pelo cliente. As qualidades de *performance* devem estar, no mínimo, no nível do concorrente, e as qualidades de excitação devem ser tratadas como argumentos de vendas especiais. O peso absoluto (PAbs)é calculado pela ponderação entre PAbs = Grau de importância × Índice de melhorias × Argumento de vendas. Para a exigência "Cumprimento dos serviços", temos PAbs = 4,0 · 2,0 · 1,20 = 9,6. Assim, temos o peso absoluto e podemos calcular o peso relativo de cada coluna, o qual é representado pela divisão do peso absoluto pela somatória dos pesos absolutos.

Os critérios de priorização devem ser estabelecidos pela organização em função de sua realidade, ou seja, ela deve atuar em tantos itens quanto sua capacidade financeira permitir. Dessa forma, se não for possível investir para melhorar, por exemplo, em mais de 60% das exigências dos clientes, devemos considerar as mais relevantes.

Uma vez definido o planejamento do fornecimento do serviço, devemos "transformar" o planejamento das exigências em características que possam ser controladas pela engenharia. Elaboramos, então, a **aba da qualidade projetada**, mas, antes de construí-la, vamos estabelecer as relações entre os valores obtidos nos pesos relativos e a correção identificada na matriz. Tomemos como exemplo da Tabela 4.1 a qualidade exigida "cumprimento dos serviços". Ao analisarmos esse item e relacioná-lo com as características, identificamos a correção do serviço com as seguintes características: quantidade de serviços (3 = média correlação), conhecimento dos funcionários (9 = forte correlação) e iniciativa na solução dos problemas (3 = média correlação); por não encontrarmos correlação nos itens restantes, não lhes atribuímos valor. O procedimento deve ser realizado para cada uma das exigências e características, não se aceitando linhas ou colunas da matriz sem qualquer correlação.

4.2.2   Projetando o serviço

Com a correlação finalizada, devemos transferir para o projeto o peso compreendido e estabelecido pelo planejamento para cada um dos itens de qualidade exigida. Tal procedimento é realizado da seguinte forma: multiplicamos o peso relativo do item (cumprimento dos serviços, 34%) pela correlação encontrada na coluna 1, que é 3, e somamos com a multiplicação do peso relativo do item (serviço correto, 14%) pela correlação encontrada na coluna 1, que é 0, e assim sucessivamente até completarmos a somatória da coluna 1. Para o exemplo específico da coluna 1, temos: $34\% \cdot 3 + 14\% \cdot 0 + 21\% \cdot 3 + 16\% \cdot 0 + 14\% \cdot 0 = 1{,}67$, que corresponde à somatória da coluna 1. Efetuamos o mesmo cálculo para as colunas restantes e calculamos o peso relativo analogamente à aba anterior.

Nossa matriz está quase completa. Agora temos os pesos representativos de cada exigência do cliente transferidos para especificações de engenharia que devem ser seguidas. Devemos, no caso proposto, tentar atender às especificações de engenharia pesquisadas adotando a mesma estratégia anterior (atender o cliente e não perder para o concorrente). Resta-nos ainda a compreensão das setas apresentadas na matriz, que indicam o sentido e a direção da meta a ser atingida. Assim, a seta com um limitador (barra) representa que o valor deve ser direcionado para o alto, entretanto, existem limitações (técnicas, de custos etc.).

4.2.3 Modelo conceitual em QFD

Não podemos nos esquecer de que realizamos o primeiro e mais importante passo no desenvolvimento do QFD. Para a realização das outras dimensões de análise (tecnologia, custos e confiabilidade), recomendamos que o leitor interessado no assunto desenvolva o **modelo conceitual** para a organização. A Figura 4.2 apresenta um modelo conceitual extraído de Cheng e Melo Filho (2007).

No modelo, são apresentadas as relações propostas para a transferência das exigências de qualidade de um cliente corporativo para uma empresa mineradora. Estão indicadas as tabelas geradas e as matrizes que serão compostas. As setas indicam a relação da composição de cada uma das matrizes. Devemos iniciar a análise e a construção do modelo conceitual pelas exigências do cliente – tabela de qualidade exigida.

Figura 4.2 – Modelo conceitual para uma empresa mineradora

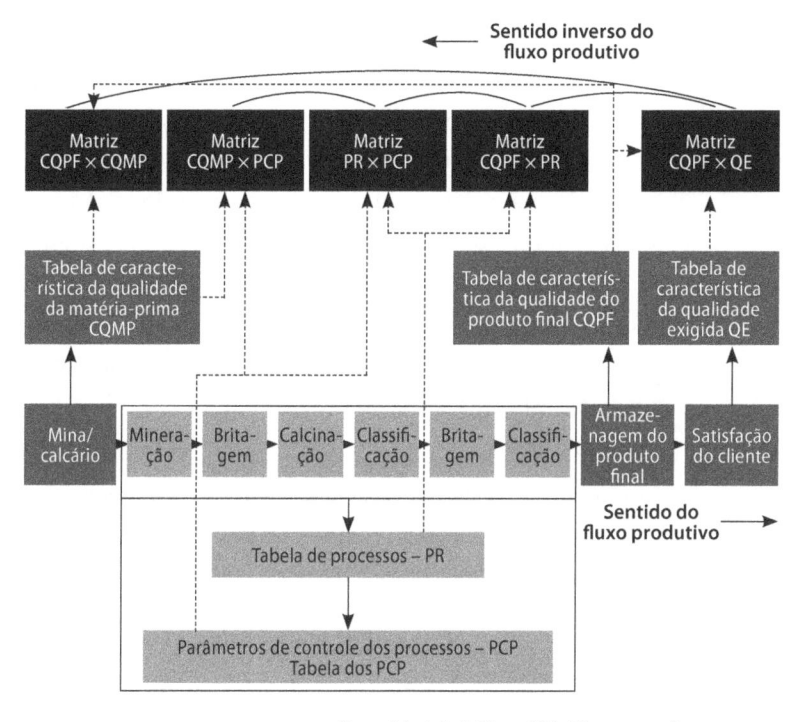

```
                    ← Sentido inverso do
                       fluxo produtivo

[Matriz        [Matriz       [Matriz      [Matriz      [Matriz
 CQPF × CQMP]   CQMP × PCP]   PR × PCP]    CQPF × PR]   CQPF × QE]

[Tabela de caracte-            [Tabela de caracterís-   [Tabela de
 rística da qualidade           tica da qualidade do     característica
 da matéria-prima               produto final CQPF]      da qualidade
 CQMP]                                                   exigida QE]

[Mina/  [Minera- [Brita- [Calcina- [Classifi- [Brita- [Classifi- [Armaze-   [Satisfação
 calcário] ção]   gem]    ção]      cação]     gem]    cação]     nagem do    do cliente]
                                                                  produto
                                                                  final]

                                                        Sentido do   →
                                                        fluxo produtivo

            [Tabela de processos – PR]

            [Parâmetros de controle dos processos – PCP
             Tabela dos PCP]
```

FONTE: Adaptado de Cheng; Melo Filho, 2007, p. 180.

É no modelo conceitual, por meio da relação de causa e efeito, partindo-se da satisfação do cliente, que ocorre a definição de todas as matrizes necessárias. É uma representação gráfica que indica o caminho percorrido pelas exigências do cliente por toda a organização. O modelo conceitual, quando muito evidente, não se faz necessário, por exemplo, nos casos em que o produto ou o processo são conhecidos.

4.3 Gerenciamento de filas

A grande maioria dos serviços enquadrados na tipologia dos serviços em algum momento trabalham com a utilização de filas (filas de bancos, supermercados, correios, entradas em parques de diversão, consultórios médicos etc.). As filas aparecem também em entradas para o metrô, no pedágio, nas operações logísticas e até em seu próprio computador, quando você faz *download* ou *upload* de arquivos que têm de obedecer à fila de transferência para o pacote de dados.

Como uma fila se forma? De forma genérica, uma fila se forma quando a demanda pelo serviço é maior do que a capacidade de fornecimento dentro de um certo período. Assim, esses dois fatores devem ser balanceados de tal forma que permita à organização que presta o serviço manter um nível de serviço rentável e, ao mesmo tempo, possa atender o cliente em um tempo aceitável. Uma nomenclatura usual para designar o cliente é *usuário*. Para designar o prestador do serviço, usamos o termo *servidor*.

Como podemos perceber, vivenciamos muitos momentos em que somos obrigados a aguardar em uma fila para sermos atendidos. De acordo com Fitzsimmons e Fitzsimmons (2005), um estudo realizado por David H. Maister apresenta duas "leis de serviço". A primeira delas, amplamente discutida, refere-se às percepções do cliente. Se um serviço é prestado melhor do que o esperado, o cliente o valoriza, sendo capaz de divulgá-lo como bom serviço. O inverso dessa situação também é verdadeiro: um serviço prestado de forma insatisfatória ensejará do cliente uma divulgação recriminadora.

A segunda lei proposta afirma que as primeiras impressões podem influenciar o cliente com relação ao restante do serviço. Assim, se a primeira impressão é a espera em uma fila que faz com que o cliente se desgaste, isso não ajudará no restante da prestação do serviço. Fitzsimmons e Fitzsimmons (2005) nos dizem que, para tornar a espera pelo serviço mais tolerável, devemos considerar os aspectos da **psicologia da espera** representada pelos itens a seguir:

- **Aquele velho sentimento de vazio** – Ao observar pessoas em um fila, você notará que elas procuram algo para fazer: escutar música, brincar com jogos eletrônicos etc. Uma boa estratégia é ocupar o usuário enquanto ele espera.

- **Com o pé na porta** – Parte do pressuposto de que a ansiedade das pessoas diminui quando elas percebem o início da prestação do serviço – por exemplo, o preenchimento do pedido na fila de um *fast-food*. Os clientes também reduzem a ansiedade se as esperas para o atendimento forem fracionadas em esperas menores, ou seja, se houver atendimentos parciais.

- **A luz no fim do túnel** – Aqui o impacto psicológico diz respeito ao desconhecimento pelo usuário do processo de atendimento ou, mesmo, por não saber quando o atendimento será realizado, pondo um fim à espera.

- **Desculpe, mas eu cheguei primeiro** – A sensação de que outro usuário que chegou depois foi atendido primeiro causa um ressentimento. Uma das estratégias para minimizar e ordenar a fila é manter um sistema de senhas. Ele indicará a vez do usuário e este não realizará a comparação do momento da chegada. É importante manter para a prestação do serviço a fila única ou até mesmo destacar o atendimento em condições especiais (idosos, gestantes etc.).

- **Também atendem quem senta e espera** – É usual que os clientes fiquem em fila e em pé, entretanto tal situação desgasta quem espera (psicológica e fisicamente), potencializando a insatisfação do usuário e tornando-o mais intolerante em relação à prestação dos serviços. Assim, sempre que possível, o gerente deve promover instalações que confortem o cliente de tal forma que se reduza o desgaste.

Finalmente, quanto custa ficar em uma fila? Muitas organizações preferem que os negócios sejam realizados sem um contato direto com o servidor, entretanto, muitas vezes isso não é possível. Por exemplo, qual é o custo de um caminhão com sua carga à espera de descarga em um terminal portuário? No Brasil, particularmente na Região Sul, as estratégias para descarga de grãos na época da safra são insuficientes e um caminhão chega a ficar muitos dias aguardando na fila. Qual é o custo disso?

Quanto custa para o cliente o tempo de espera em uma fila? Se considerarmos que o cliente poderá relacionar esse tempo com qualquer outra atividade que possa estar desempenhando, é possível concluir que o tempo de espera poderá custar "o tempo com os filhos", ou "o tempo para realizar uma boa refeição", ou "o tempo para brincar em um parque de diversões". O tempo na fila terá o valor máximo para o cliente, por isso devemos fazer com que ele perceba um conjunto de valores para suportar o processo de espera.

4.3.1 Teoria das filas

De acordo com Bronson (1985), um processo de filas consiste na chegada de usuários e de um local para a prestação de serviços, onde um conjunto de usuários e um conjunto de servidores processam os serviços dentro de uma ordem. Os sistemas de filas são caracterizados por cinco componentes:

1. **Modelo de chegada dos usuários** – É caracterizado pelo tempo entre chegadas. Pode ser determinístico ou uma variável aleatória, cuja distribuição de probabilidade é conhecida.
2. **Modelo de serviço** – É caracterizado pelo tempo de serviço. É o tempo necessário para o servidor atender um usuário.
3. **Número de servidores** – Pode variar de um a muitos.
4. **Capacidade do estabelecimento para atender** – É a capacidade do sistema representada pelo número máximo de usuários na fila e em atendimento pelos servidores.
5. **Ordem em que os usuários são atendidos** – Representa a disciplina da fila e indica como os usuários são atendidos. No sistema Fifo (do inglês *First in, First out*), por exemplo, o primeiro a entrar é o primeiro a sair, enquanto no sistema Lifo (do inglês *Last in, First out*), o usuário que chega por último é o primeiro a ser atendido. Podemos ainda considerar que os usuários podem ser atendidos em uma ordem aleatória (Siro – do inglês *Service in Random Order*) ou outra ordem qualquer (GD – do inglês *General Discipline*).

4.3.2 Sistema de filas e notação de Kendall e Lee

São identificados como elementos de análise nos sistemas de filas:

- a fila, representada pelas pessoas que não são atendidas quando chegam e esperam pelo serviço;
- o servidor que presta o serviço ao usuário, que pode ou não seguir um esquema de atendimento;
- a fonte de usuários do sistema de filas, como o mercado, outra fila etc.

Na Figura 4.3, são apresentados alguns modelos de sistemas de filas, como o mercado, outra fila etc.

Figura 4.3 – Modelos de sistema de filas

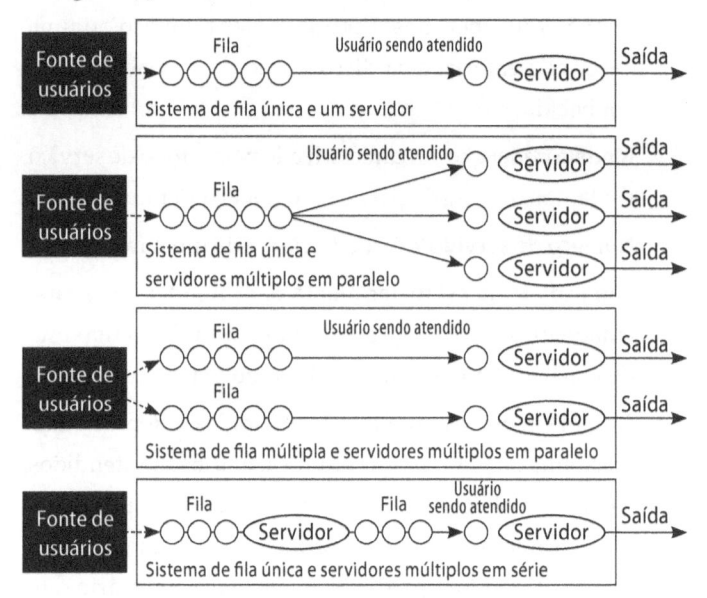

[Figura: Quatro modelos de sistemas de filas:
- Sistema de fila única e um servidor
- Sistema de fila única e servidores múltiplos em paralelo
- Sistema de fila múltipla e servidores múltiplos em paralelo
- Sistema de fila única e servidores múltiplos em série]

Fonte: Adaptado de Bronson, 1985, p. 286.

De acordo com o que vimos até agora, percebemos que podemos ter muitas combinações de filas, entretanto, cada combinação apresentará um novo modelo. Para que se represente adequadamente o sistema de filas, é necessário que os elementos de análise obedeçam a um padrão, a uma notação. A notação de Kendall e Lee consiste de rótulos dispostos em forma sequencial, de modo que cada rótulo possua um significado. Exemplificando: **V / W / s : FIFO / C / K**, em que as letras podem assumir os significados relacionais apresentados na Figura 4.4.

Figura 4.4 – Notação Kendall-Lee

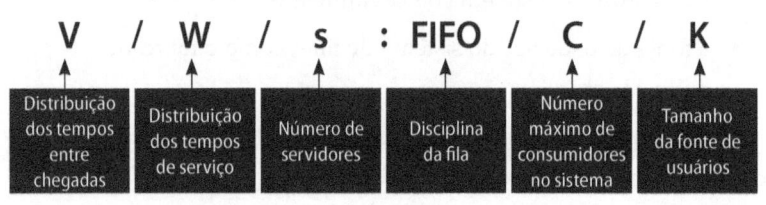

V / W / s : FIFO / C / K

- V: Distribuição dos tempos entre chegadas
- W: Distribuição dos tempos de serviço
- s: Número de servidores
- FIFO: Disciplina da fila
- C: Número máximo de consumidores no sistema
- K: Tamanho da fonte de usuários

A notação de Kendall-Lee foi definida primeiramente em 1953, por Kendall, e complementada por Lee em 1968, sendo utilizada usualmente por todos que, em pesquisa operacional, utilizam o conteúdo **teoria das filas**.

As letras podem assumir os valores apresentados a seguir, no Quadro 4.5.

Quadro 4.5 – Relações da notação de Kendall-Lee

Característica da fila	Símbolo	Significado
Tempo entre chegadas ou tempo de atendimento	D M E G	Determinística Distrib. exponencial Erlang Tipo k (k=12,...,) Outras
Disciplina da fila	FIFO LIFO SIRO PRI GD	Primeiro a entrar e primeiro a sair Último a entrar e primeiro a sair Atendimento aleatório Ordem por prioridade Outra ordem

Por exemplo, a notação M/E/2:FIFO/7/300 tem a seguinte interpretação: trata-se de um sistema de filas com intervalo de tempo entre chegadas exponencialmente distribuído, tempos de serviço com distribuição de Erlang, dois servidores em paralelo, disciplina da fila Fifo (o primeiro a entrar é o primeiro a sair), com capacidade limitada de sete pessoas (dois usuários no servidor mais cinco usuários na fila) e uma fonte de população finita com trezentos usuários. Quando a notação não é apresentada, assume-se que o sistema considera outra ordem (GD), o número de consumidores e o tamanho da fonte de ordem infinito (∞).

4.3.3 Formulações básicas

Os usuários ou clientes chegam ao sistema a uma razão, que é determinada pela quantidade de usuários dividida pelo intervalo de tempo de observação. Essa taxa é designada como *taxa de chegada*, é representada pela letra λ e é calculada da seguinte forma:

$$\lambda = \frac{\text{número de usuários que chegam}}{\text{intervalo de tempo}}$$

Pode ser obtida também por $\lambda = \frac{1}{\text{TMC}}$, em que TMC é o tempo médio entre chegadas.

A frequência ou a velocidade com a qual os usuários são atendidos ou recebem o serviço é denominada *taxa de atendimento*. Essa taxa é representada pela letra "μ" e é calculada conforme:

$$\mu = \frac{\text{número de usuários atendidos}}{\text{intervalo de tempo}}$$

Pode ser obtida também por $\mu = \frac{1}{\text{TMS}}$, em que TMC é o tempo médio entre serviços.

Para um sistema que reflete a notação M/M/1, definimos o fator de utilização (ou intensidade de tráfego) como ϱ, que é representado pela seguinte equação:

$$\varrho = \frac{\lambda}{\mu}$$

Isto é, ϱ é o número esperado de chegadas por tempo médio de atendimento e se ϱ < 1, então as probabilidades de estado estacionário existem. Se ϱ ≥ 1, as chegadas têm uma taxa maior do que o atendente pode absorver, o comprimento da fila aumenta sem limite e um estado estacionário não ocorre.

As medidas de efetividade de maior interesse de um sistema para filas em estado estacionário são:

L = número médio de usuários no sistema;

L_q = comprimento médio da fila;

W = tempo médio que um usuário permanece no sistema;

W_q = tempo médio que um usuário permanece na fila;

W(t) = probabilidade de que um usuário permaneça mais que t unidades de tempo no sistema;

W_q(t) = probabilidade de que um usuário permaneça mais que t unidades de tempo na fila.

Para um sistema M/M/1, as seis medidas são:

$$L = \frac{\varrho}{1 - \varrho} \quad e \quad L_q = \frac{\varrho^2}{1 - \varrho}$$

$$W = \frac{1}{\mu - \lambda} \quad e \quad W_q = \frac{\rho}{\mu - \lambda}$$

$$W(t) = e^{-t/w} \; (t \geq 0) \quad e \quad W_q(t) = e^{-t/w} \; (t \geq 0)$$

Existem outros sistemas com entradas que refletem uma distribuição diferente, bem como a distribuição dos tempos de atendimento que necessitam de um estudo mais apurado. Podemos ainda avaliar a probabilidade de um cliente não entrar na fila apesar de ir ao estabelecimento, ação chamada de *recusa*. Temos ainda a desistência, que ocorre quando um usuário deixa a fila após dela participar, porque considerou o tempo de espera muito longo.

4.4 FMEA em serviços

A metodologia do FMEA (*Failure Mode and Effect Analysis* – Análise do tipo e efeito da falha) foi desenvolvida pelo exército norte-americano por meio do procedimento militar (USA, 1980) intitulado "Procedimento para identificar o modo de falha, seus efeitos e análise da sua criticidade". Foi usado como técnica de avaliação da confiabilidade para determinar o efeito das falhas em um sistema, em serviços ou em um equipamento.

Ao se utilizar o FMEA, diminuem-se as chances de o fornecimento do serviço ou processo falhar, aumentando sua confiabilidade. O objetivo básico dessa técnica é a detecção de falhas antes que se produza um serviço defeituoso.

Encontramos na literatura quatro tipos de FMEA que servem aos diversos propósitos. Temos o **FMEA de produto** e o **FMEA de processo**, por exemplo, em que são analisadas as falhas no planejamento e na execução do processo, ou seja, o objetivo dessa análise é evitar falhas do processo, tendo como base as não conformidades com as especificações do projeto.

Há o **FMEA de serviço**, que visa "prevenir a ocorrência de falhas durante a produção dos serviços, de modo que estes sempre atendam às expectativas dos clientes" (Rotondaro, 2002), desenvolvido como uma ferramenta de prevenção. Temos também o **FMEA de sistema**, que é empregado para analisar o *design* de um produto durante sua fase de concepção, sendo parte do critério de seleção do conceito.

Existem duas abordagens para a aplicação do FMEA. A mais utilizada é a abordagem de *botton-up*, tendo em vista que avaliamos as causas para a identificação do defeito.

Normalmente, a abordagem *top-down* é a mais utilizada em uma fase inicial de concepção, antes que toda a estrutura do sistema, mais adequada para serviços, esteja decidida. A análise começa com as principais funções do sistema e como elas podem falhar. Falhas funcionais com efeitos significativos são normalmente prioridade na análise. A abordagem de cima para baixo pode também ser utilizada em um sistema existente e se concentrar em áreas com problemas.

4.4.1 Etapas para planejamento e aplicação

O FMEA necessita de um planejamento prévio para que tenha êxito em sua operação. As etapas podem ser agrupadas em dois grandes grupos: o grupo para o planejamento e o grupo para a aplicação ou a análise.

Quadro 4.6 – Fases do planejamento e da aplicação do FMEA

Planejamento	Análise
1. Definição do objetivo e da função 2. Constituição da equipe	1. Identificação de falhas potenciais 2. Priorização das falhas potenciais 3. Seleção e implementação das ações corretivas 4. Observação e aprendizagem 5. Documentação do processo

Fonte: Elaborado com base em Rotondaro, 2002, p. 54-62..

Podemos considerar o sistema a ser analisado fazendo uma analogia com o pacote de serviços e utilizá-lo para organizar as análises. Pelo menos quatro itens devem ser considerados:

1. Definir o sistema a ser analisado, que consiste em:

    - estabelecer a fronteira de análise (o que deve ser incluído nos serviços e o que não deve);
    - conhecer as principais funções, inclusive requisitos funcionais;
    - considerar as condições operacionais e ambientais
    - incluir na análise as interfaces que cruzam a fronteira do projeto.

2. Recolher informação disponível que descreva o sistema a ser analisado, incluindo desenhos, especificações, esquemas, listas de componentes, informações funcionais, descrições.

3. Coletar informações sobre projetos anteriores semelhantes e de fontes internas e externas, entrevistas com o pessoal do projeto pessoal, operações e manutenção, fornecedores de componentes.

4. Realizar o FMEA para analisar qualquer sistema, subsistema, componente ou processo. Durante as fases iniciais

de concepção, a análise de falhas potenciais estará a um nível elevado, cobrindo todo o sistema.

Após a identificação das falhas, devemos priorizá-las a fim de executar ações ordenadas para sua resolução.

4.4.2 Priorização das falhas

O método estabelece três critérios para a priorização das falhas: a ocorrência, a severidade e a detecção. Esses critérios são usados na decisão do grau de risco para um dado processo ou produto. Na sequência veremos cada um deles.

4.4.2.1 Ocorrência

É a frequência de incidência da falha, ou seja, é a quantidade de vezes que a falha acontece em determinado tempo.

Para esse critério, podemos usar a Tabela 4.2, que pode servir tanto para a prestação de serviços, por meio das notas, quanto para a produção de bens, que é classificada de acordo com o grau de ocorrência. Tendo em vista que a **ocorrência** pode ser traduzida pelo Cpk (índice de capabilidade), são também apresentados valores equivalentes.

Tabela 4.2 – Tabela para análise de ocorrência

Ocorrência	Valor	Critérios	Probabilidade de falha	Cpk
Quase impossível	1	Falha improvável. Processo sem falhas	$1/1,5 \cdot 10^6$	$\geq 1,67$
Mínima	2	Número remoto de falhas	$1/1,5 \cdot 10^5$	$\geq 1,50$
Raramente acontece	3	Probabilidade muito baixa de falhas	$1/1,5 \cdot 10^4$	$\geq 1,33$
Baixa	4	Probabilidade baixa de falhas	$1/2 \cdot 10^3$	$\geq 1,17$
Falhas ocasionais	5	Probabilidade ocasional de falha	$1/400$	$\geq 1,00$
Moderada	6	Probabilidade ocasional de falha	$1/80$	$\geq 0,83$
Falhas com frequência	7	Probabilidade moderada de falha	$1/20$	$\geq 0,67$
Alta	8	Probabilidade frequente de falha	$1/8$	$\geq 0,51$
Muito alta	9	Probabilidade alta de falha	$1/3$	$\geq 0,33$
Quase certa	10	Quase certa de falha em razão de históricos	$>1/3$	$\geq 0,33$

Os elementos da tabela indicam a ocorrência, uma nota atribuída ao valor, os critérios utilizados, a probabilidade da falha e o índice de capabilidade. A variabilidade dos critérios de análise permite que a equipe realize a abordagem por seus diversos elementos indicadores.

4.4.2.2 Severidade

É o grau de impacto causado pela ação da falha. A Tabela 4.3 apresenta o valor para a atribuição do impacto juntamente com os critérios que representam o impacto causado sobre produtos ou processos, caso a falha aconteça.

Tabela 4.3 – Critério de pontuação para severidade de falhas

Severidade	Valor	Critérios
Efeito nenhum	1	Nenhum efeito sobre produto ou processos
Efeito mínimo	2	Efeito mínimo no desempenho do produto ou processo-falha detectável
Efeito muito pequeno	3	Causa de pequeno incômodo no usuário
Efeito pequeno	4	Efeito pequeno no desempenho do produto ou serviço
Efeito moderado	5	Resulta em falha sobre componente não vital
Efeito significativo	6	Produto instável, funcionalidade afetada, reparação
Efeito grande	7	Usuário insatisfeito, funcionalidade afetada, reparação
Efeito extremo	8	Produto inoperacional, insatisfação do consumidor
Efeito grave	9	Produto inoperacional, insatisfação do consumidor, cumprimento de normas
Efeito catastrófico	10	Não atende a critérios mínimos de segurança. Avaria repentina, não cumprimento das especificações

4.4.2.3 Detecção

É a capacidade de detectar a falha antes que ela chegue ao usuário. Verificação de que existem meios de identificação e de que eles permitem ações imediatas.

Tabela 4.4 – Critério de pontuação para detecção de falha

Detecção	Valor	Critérios
Quase certa	1	Controles atuais detectam falha quase sempre
Muito alta	2	Eficiência muito alta
Alta	3	Grandes chances de detecção
Moderadamente alta	4	Eficiência moderadamente alta
Média	5	Média chance de detecção
Baixa	6	Pouca eficiência na detecção e avaliação do projeto
Muito baixa	7	Chance muito baixa de detecção
Mínima	8	Pouca eficiência nos campos de análise do projeto
Rara	9	Eficiência de detecção desconhecida ou rara
Remota	10	Não existem controles que detectem esta falha

A metodologia necessita de uma ordenação, pois, se indicarmos o valor para cada um dos critérios (ocorrência, severidade e detecção), qual deles devemos abordar primeiro? Qual é o mais importante?

A metodologia indica uma média ponderada representada pelo "número de prioridade de risco", que, em comparação com outros, determina quais problemas devem ser "atacados" primeiro. O número é representado pela sigla NPR e sua equação é a que segue:

$$NPR = Ocorrência \times Severidade \times Detecção$$

Com o número de prioridade de risco definido, devemos ainda avaliar os desvios com relação aos cálculos apresentados. Assim, uma nota 10 em ocorrência combinada com uma nota 1 em detecção pode nos levar a tomar ações inadequadas.

4.4.3 Seleção e implementação de ações corretivas

Quando o risco de falha é elevado, devem ser introduzidas ações para eliminar, reduzir ou controlar a falha. As **ações corretivas** destinam-se à eliminação das causas potenciais, à eliminação dos modos de falha, à redução dos efeitos da falha ou ao aumento do nível de detecção.

Diversas ações corretivas podem ser adotadas. A seguir, listamos algumas delas:

1. medidas de prevenção total ao tipo de falha;
2. medidas de prevenção total de uma causa de falha;
3. medidas que dificultam a ocorrência de falhas;
4. medidas que limitam o efeito do tipo de falha;
5. medidas que aumentam a probabilidade de detecção do tipo ou da causa de falha.

Podemos acompanhar o efeito das medidas adotadas com a redução proporcional do NPR. A identificação e a redução dos riscos podem ser acompanhadas por meio de uma análise dos números de prioridade de risco.

Documentar o processo é fundamental, pois permite que tenhamos uma base de dados para consultas futuras. Esses dados podem ser utilizados para documentar o processo inicial e servirão de base para a análise.

O formulário para o FMEA é um documento de auxílio para a aplicação da ferramenta. No próximo item apresentamos um modelo do formulário e o significado de cada uma das colunas para auxiliá-lo em seu preenchimento e sua aplicação.

4.4.4 Aplicação do FMEA para serviços

Para exemplificar a aplicação do FMEA, consideramos a situação de atendimento de um cartório que tem acesso controlado por senha e demanda atendimento de 500 pessoas/dia. Para isso, o cartório conta com três atendentes.

Ao realizar a análise do fluxo até o atendimento, constatamos que o primeiro **momento da verdade** é o acesso ao *hall* do prédio do cartório.

Vamos ver como se dá a análise do fluxo de solicitação e recebimento de uma certidão na figura a seguir.

Figura 4.5 – Fluxograma de atendimento do cartório

```
Cliente entra no hall do edifício M1 → Balcão de atendimento M2 → É realizada a identificação M3 → Vai à sala do cartório M4 → Retira a senha eletrônica M5

→ Vai à sala de espera M6 → Vai ao guichê para atendimento M7 → Volta à sala de espera M8 → Vai ao guichê para pagamento M9

→ Paga a documentação M10 → Final do processo M11
```

Por meio da análise da Figura 4.5, podemos perceber a existência de onze momentos da verdade. Entretanto, após a realização de um diagnóstico, encontramos problemas em quatro deles, além de um problema geral. Esses problemas estão listados a seguir.

1. parada e espera de identificação no balcão de atendimento > **M2**;
2. sinalização até o cartório inadequada ou insuficiente > **M4**;
3. não há um atendimento inicial, o cliente é que deve retirar a senha > **M5**;
4. tempo de espera para o primeiro atendimento muito longo > **M6**;
5. tempo total do processo de obtenção muito longo com diversas esperas.

Elaboramos, na Tabela 4.5, o FMEA para serviços por meio de um formulário que contém todos os elementos de análise. Da análise realizada, além da identificação, a equipe de estudo do FMEA identifica o tipo, a causa e o efeito da falha potencial,

Tabela 4.5 – Formulário para a análise pelo FMEA

Análise do tipo e efeito da falha																	
Cód. serviço: 001 Serviço: Atendimento para solicitação de certidão Data: 10/01/2009 Folha n.: 001 de 001									Responsável: Engenheiro José Carlos Equipe: 1. Gerente de sistemas 2. Responsável atendimento						x FMEA de processo FMEA de produto		

Descrição do produto	Função(ões) do produto	Tipo de falha potencial	Efeito de falha potencial	Crítico S/N	Causa de falha potencial	Controles atuais	Índices iniciais				Ações de melhoria			Índices atuais			% de melhoria
							S	O	D	NPR	Ações recomendadas	Responsável/ prazo	Medidas implantadas	S	O	D	NPR
M2	Balcão de atendimento	Serviço não solicitado	Cliente irritado		Falta de informação sobre procedimentos	Sistema de reclamações	4	4	5	80	Informar por placas e na chegada do cliente ao balcão de identificação e realizar pesquisa	Supervisor de acesso	Informar por placas e na chegada do cliente ao balcão de identificação e realizar pesquisa	4	3	3	36	55,0%
M4	Sinalização no hall	Falta de sinalização para o cartório	Falta de informação		Não consideram o hall como área do cartório	Placas, avisos	5	4	6	120	Realizar a sinalização no balcão de acesso com minitotem indicando o cartório, acompanhar o cliente	Supervisor de acesso	Realizar a sinalização no balcão de acesso com minitotem indicando o cartório, acompanhar o cliente	4	2	4	32	73,3%
M5	Retirada da senha	Não há pré-atendimento pessoal	Cliente desinformado		Falta de pessoal para atendimento	Placas, avisos	3	8	6	144	Colocar um atendente de encaminhamento para a retirada da senha e reforço na sinalização	Supervisor de cartório	Reforço na sinalização e acompanhamento do cliente	2	5	5	50	65,3%
M6	Sala de espera	Tempo de espera muito longo	Cliente insatisfeito	S	Demanda maior do que a capacidade	Quantidade de reclamações	7	8	4	224	Contratação de pessoal (+2) para atendimento, controle pela teoria das filas	Gerente de atendimento	Contratação de pessoal (+1) para atendimento, controle pela teoria das filas	5	6	4	120	46,4%

Fonte: Adaptado de USA, 1980.

cuidando dos itens considerados críticos para a organização, pois estes devem ser tratados diferencialmente.

Nessa fase, ainda são identificados os controles utilizados para a realização das medidas em serviços. Foi calculado o número de prioridade de risco de cada um, identificando-se o momento (6) como o de maior impacto. Supondo que a meta da organização é aceitar um risco individual de 50 pontos, a equipe deve recomendar ações corretivas, dentro da disponibilidade de recursos da organização, para promover a redução do NPR até os limites desejados.

No exemplo apresentado, percebemos que, dos quatro momentos analisados, apesar de verificarmos uma substancial redução pela aplicação do plano, três deles ainda estão acima dos parâmetros definidos pela organização. Nesse caso, o procedimento é o de proceder a uma reanálise dos momentos e propor novas medidas sem que seja necessário descartar as medidas anteriores.

Houve melhora com relação a todas as falhas, entretanto, o objetivo NPR = 50 não foi atingido no processo. Apesar de nem todas as recomendações terem sido atendidas, houve uma boa análise das falhas e o estabelecimento de desempenho adequado.

Todos os documentos devem integrar o processo de análise, ficando a cargo da equipe permanente sua ordenação e guarda.

A utilização do FMEA para serviços fornece um método estruturado para a identificação dos tipos de falha.

4.4.5 Considerações finais sobre o FMEA

FMEA é um método muito bem estruturado e confiável para avaliação de produtos e processos, pois:

- o conceito e a aplicação são de fácil assimilação, mesmo por principiantes;
- a abordagem simplifica a avaliação de sistemas complexos.

Entretanto, pode haver problemas se não forem considerados em sua estruturação os seguintes pontos:

- o processo do FMEA pode ser cansativo e consumir muito tempo (tornando-se caro);
- a abordagem não é adequada para quantidades muito grandes de falhas;
- é fácil esquecer erros humanos na análise.

A análise de criticidade ou análise crítica é utilizada para a identificação de uma falha potencial que pode paralisar todo o sistema ou inviabilizar o serviço do cliente.

O FMEA é uma metodologia muito utilizada nas organizações. O modelo apresentado é uma regra geral, pois existem variações do FMEA adaptadas às organizações e aos *sofwares* que reescrevem seus modelos, mas com a mesma regra geral.

4.5 Representação: *Blueprint*

Por não ser trivial o estabelecimento de um fluxograma de serviços, os gestores têm dificuldades de representá-los. Por exemplo, o ambiente controlado de um sistema produtivo industrial tem todos os seus elementos sob controle, permitindo uma representação exata. Entretanto, a falta dessa visão geral da prestação dos serviços compromete todo o processo de desenvolvimento e controle dos serviços.

Um diagrama de serviços é uma figura ou um mapa que representa com precisão o sistema de serviços para todos os envolvidos. Pode representar os processos de fornecimento, os pontos de contato com o cliente e as evidências físicas proporcionadas a ele.

Os diagramas para serviços guardam características que são diferenciais de representação em um processo produtivo:

- apresentam o serviço de forma visual;
- descrevem simultaneamente o processo de fornecimento do serviço;
- têm pontos de contato do cliente;
- têm papéis de clientes e funcionários;
- apresentam elementos visíveis do serviço.

A Figura 4.6 representa a estrutura para a construção de um diagrama de serviços ou *blueprinting* de serviços.

Figura 4.6 – Modelo geral para elaboração do *blueprint*

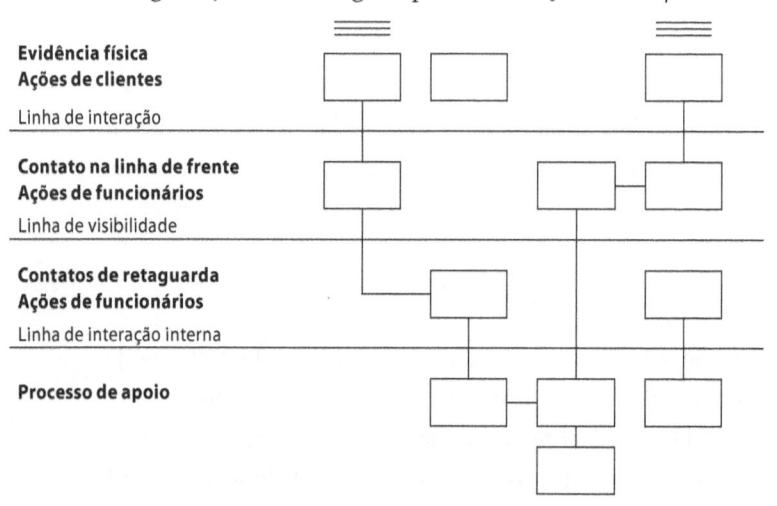

Evidência física
Ações de clientes
Linha de interação

Contato na linha de frente
Ações de funcionários
Linha de visibilidade

Contatos de retaguarda
Ações de funcionários
Linha de interação interna

Processo de apoio

Fonte: Adaptado de Zeithaml; Bitner, 2000, p. 194, tradução nossa.

No alto do diagrama, encontramos as evidências físicas, aquelas que são visíveis ao cliente. Devem ser registradas características tais como armários, balcões e acessórios visíveis que podem induzir ou alterar a percepção do cliente com relação ao ambiente da prestação de serviços. As atividades registradas nas caixas de execução terão, obrigatoriamente, o contato com o consumidor. O atendimento no balcão de uma lanchonete implica um relacionamento (interface) entre o cliente e o atendente. Existem diversos momentos durante a prestação de serviços em que o contato com o cliente é significativo e pode caracterizar um momento da verdade.

As linhas que ligam as ações do cliente com o contato na linha de frente implicam um contato direto do cliente com a organização. Abaixo da linha de interação e acima da linha de visibilidade do cliente, encontram-se as atividades executadas pelo pessoal de frente da organização. Devem ser muito bem planejadas, pois ficarão expostas ao cliente. Muitas organizações, ao perceberem a possibilidade, utilizam-na estrategicamente, permitindo propositalmente que o cliente vislumbre as atividades que são executadas nessa faixa. Como exemplo, podemos citar os restaurantes que permitem a visitação à sua cozinha.

Abaixo da linha de visibilidade, temos a representação dos serviços de retaguarda, que não são vistos pelo cliente. A seguir, temos a linha de interação interna, abaixo da qual temos os processos de apoio que suportam as ações dos funcionários de retaguarda.

Apresentamos, a seguir, um exemplo de *blueprint* para o processo de atendimento na máquina de autoatendimento de locação de filmes.

Figura 4.7 – *Blueprint* para o processo na máquina de autoatendimento

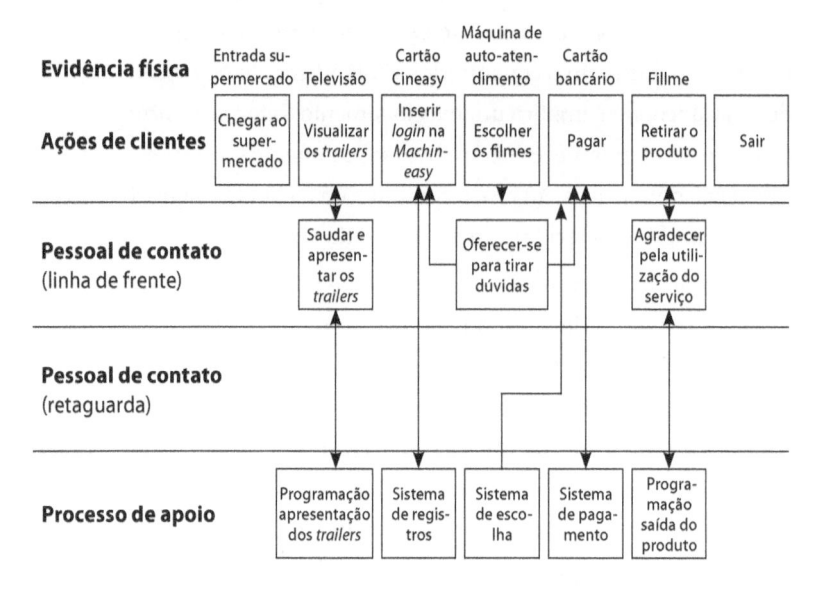

Evidência física	Entrada supermercado	Televisão	Cartão Cineasy	Máquina de auto-atendimento	Cartão bancário	Fillme	
Ações de clientes	Chegar ao supermercado	Visualizar os *trailers*	Inserir *login* na *Machineasy*	Escolher os filmes	Pagar	Retirar o produto	Sair
Pessoal de contato (linha de frente)		Saudar e apresentar os *trailers*		Oferecer-se para tirar dúvidas		Agradecer pela utilização do serviço	
Pessoal de contato (retaguarda)							
Processo de apoio		Programação apresentação dos *trailers*	Sistema de registros	Sistema de escolha	Sistema de pagamento	Programação saída do produto	

No exemplo apresentado, a cocriação ou coprodução do serviço reside na necessidade de o cliente desenvolver ações sem as quais o serviço não poderá ser prestado. O equipamento e o processo automatizados são disponibilizados pela organização.

De acordo com Fitzsimmons e Fitzsimmons (2005), os processos de serviços podem variar de diversas formas e, embora possam ser representados por meio de diagrama, não permitem a compreensão do nível de divergência na prestação do serviço, que representa a variabilidade ou a intensidade da realização da ação. Os serviços de baixa divergência podem ser considerados serviços padronizados; já os serviços de alta divergência são considerados serviços customizados. Dentro dessas categorias, o objeto do processo é identificado como *bens*, *informações* ou *pessoas*. Assim, é ideal que a taxonomia dos processos de serviços seja utilizada em conjunto.

Síntese

Neste capítulo, vimos que existem modelos para o projeto, o desenvolvimento e o controle de serviços criados e aperfeiçoados em função do estudo de diversos modelos. Entretanto, qualquer projeto de serviços somente poderá ter sucesso se pudermos estabelecer e internalizar organizacionalmente as necessidades do cliente. Como vimos, essa tarefa pode ser realizada por meio do QFD. Com poucas exceções, os serviços geram, na maioria das empresas, filas de espera para atendimento. Porém, verificamos que existem um "custo psicológico"[1] e um custo monetário associados à prestação do serviço que o prejudicam, razão por que devemos controlar o ambiente e o fluxo das filas nas organizações.

Analisamos ainda o FMEA, que proporciona uma análise das falhas apresentadas em um modelo estruturado com base em análise de riscos e sua ocorrência. Uma adequada utilização do FMEA colocará os riscos da organização sob controle e permitirá que a organização atue nos problemas mais significativos gerados aos clientes. Concluímos o capítulo apresentando uma ferramenta gráfica que nos ajuda a compreender e visualizar os elementos mais importantes na prestação de serviços, que são o cliente e o pessoal do *front office*.

Saiba mais

Você poderá aprofundar seus conhecimentos em QFD lendo os seguintes livros:

AKAO, Y. **Quality Function Deployment**: Integrating Customer Requirements into Product Design. Nova York: Productivity Press, 1990.

AKAO, Y.; MIZUNO, S. (Ed.). **QFD**: Customer-Driven Approach to Quality Planning and Deployment. Nova York: Taylor & Francis, 1994.

---

[1] Custo psicológico: o custo não monetário representado pela incerteza gerada no processo de fornecimento de serviço pelo prestador de serviço e que afeta o cliente. Pode ser representado pela incerteza quanto à qualidade da prestação, quanto ao tempo (espera) aguardado pela prestação e outros fatores.

Questões para revisão

1. Identifique e descreva as quatro etapas do modelo de projeto e desenvolvimento de serviços propostos por Mello (2005).

2. Qual é a finalidade do QFD idealizado por Shigeru Mizuno e Yoji Akao? Quais são as dimensões básicas de análise?

3. No que consiste o estudo da teoria das filas e por que ele é importante para a prestação de serviços?

4. O FMEA é um método muito bem estruturado e confiável para a avaliação de produtos e processos. Sobre esse tema, indique se as afirmativas são verdadeiras (V) ou falsas (F):

    ( ) O conceito e a aplicação são de fácil assimilação, mesmo por principiantes.
    ( ) A abordagem torna fácil a avaliação de sistemas complexos.
    ( ) O processo do FMEA pode ser cansativo e consumir muito tempo (tornando-se caro).
    ( ) A abordagem não é adequada para quantidades muito pequenas de falhas.
    ( ) Prioriza os erros humanos na realização da análise.

5. O *blueprint* é utilizado para a representação diferenciada de serviços. Sobre esse tema, identifique as afirmativas como verdadeiras (V) ou falsas (F):

    ( ) Apresenta o serviço de forma visual.
    ( ) Descreve alternadamente o processo de fornecimento do serviço.
    ( ) Representa os pontos de contato do cliente.
    ( ) Indica os papéis de clientes e funcionários.
    ( ) Mostra os elementos visíveis do serviço.

Questões para reflexão

1. Em muitos locais de prestação de serviços, quando o cliente não percebe o valor pelo serviço prestado e reclama ao funcionário, este, na maioria das vezes, concorda com o cliente. Por que isso acontece? Será que o valor do serviço é mesmo alto? Ou será que o funcionário que faz a entrega não percebe realmente seu valor? Pense a respeito.

2. Você é capaz de pagar um preço superior por um serviço que considera superior? Em que situações isso pode ocorrer? E se esse serviço fosse exclusivo e você não percebesse o valor pretendido, mas, ainda assim, ele fosse necessário? Pense a respeito.

EC 4
Estudo de caso: *blueprint* do serviço e análise de *gaps* da Zaztraz Car

etalharemos, neste ponto de nosso estudo de caso, a análise do *blueprint* do serviço para a Zaztraz Car por meio da figura da próxima página.

Nela, você verá que as **evidências físicas** consistem em tudo aquilo que é visível ao cliente, por exemplo: a área externa do lava-rápido, a recepção e as condições dos materiais envolvidos no processo. Já as **ações dos clientes** são as atividades realizadas por estes desde o momento em que entram no lava-rápido até o momento em que saem.

Os funcionários da linha de frente são aqueles que estão "sob os holofotes", ou seja, expostos aos clientes. Algumas responsabilidades desse tipo de funcionários são processos de registros, pagamentos, orientações aos clientes etc. Já os **funcionários de retaguarda** têm como funções lavar os carros e manobrá-los.

Figura EC 4.1 – *Blueprint* para a Zaztraz Car

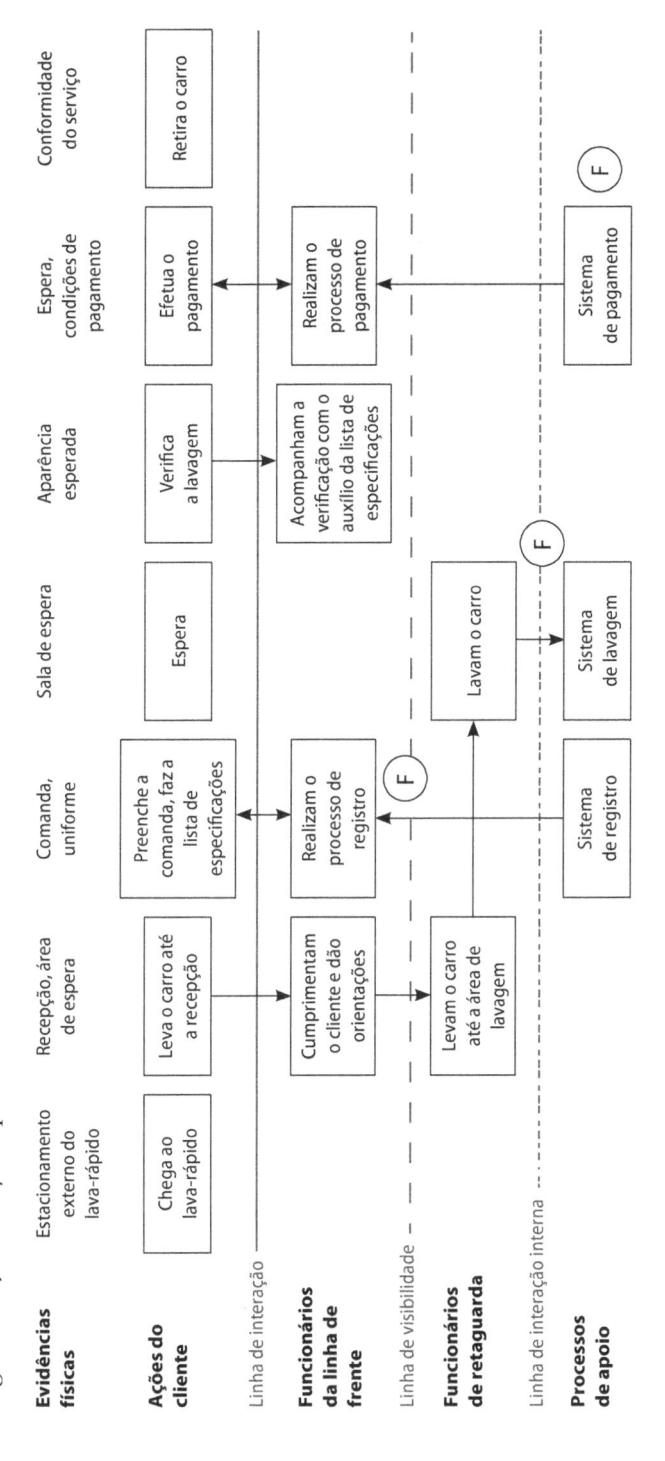

Evidências físicas	Estacionamento externo do lava-rápido	Recepção, área de espera	Comanda, uniforme	Sala de espera	Aparência esperada	Espera, condições de pagamento	Conformidade do serviço
Ações do cliente	Chega ao lava-rápido	Leva o carro até a recepção	Preenche a comanda, faz a lista de especificações	Espera	Verifica a lavagem	Efetua o pagamento	Retira o carro

Linha de interação ⎯⎯⎯

| **Funcionários da linha de frente** | | Cumprimentam o cliente e dão orientações | Realizam o processo de registro | | Acompanham a verificação com o auxílio da lista de especificações | Realizam o processo de pagamento | |

Linha de visibilidade ⎯ ⎯ ⎯

| **Funcionários de retaguarda** | | Levam o carro até a área de lavagem | | Lavam o carro | | | |

Linha de interação interna ⋯⋯⋯

| **Processos de apoio** | | | Sistema de registro | Sistema de lavagem | | Sistema de pagamento | |

(F) Possíveis pontos de falha

O registro das necessidades dos clientes na comanda e a lavagem do veículo constituem os principais pontos potenciais de falha, pois podem ser afetados por falhas na comunicação ou pelo processo de lavagem em si. O sistema de pagamento (máquinas de cartão de débito ou crédito, por exemplo) é essencial para a validação da compra do serviço, mas pode apresentar falhas. Assim, dependem de bom treinamento do pessoal.

Os **processos de apoio** são aqueles que auxiliam no melhor aproveitamento da capacidade do sistema, como os sistemas de registro e de pagamento e a lavagem.

EC 4.1
Roteiro de serviços

Para melhor compreensão das etapas dos serviços da Zaztraz Car, vamos elaborar um pequeno roteiro.

Primeiramente, um dos funcionários recebe o cliente, registra o serviço a ser contratado, coloca as descrições na comanda (que depois entregará a outro colaborador) e, por fim, entrega para o cliente uma via informando a placa do veículo, os horários de chegada e de finalização do serviço e o valor a ser cobrado. Além disso, oferece ao cliente um local para que aguarde o serviço ser realizado.

Em seguida, o colaborador que recebeu a comanda manobra o carro até a cabine de lavagem ou, caso esta esteja ocupada, estaciona o carro na fila de espera. Chegada a vez de o veículo ser lavado, o colaborador realiza o serviço de acordo com o pedido. Ao terminar, manobra novamente o carro para deixar na área de espera e comunica o colaborador da linha de frente que o serviço está finalizado.

Então, o funcionário da linha de frente telefona para o cliente informando a finalização da lavagem. Quando este chega, o colaborador o recebe novamente, e os dois fazem, juntos, uma verificação da lavagem com o auxílio de uma lista de especificações. Se tudo estiver certo, o funcionário encaminha o cliente para o pagamento. No entanto, encontrarem algum item discordante na lista, o serviço de lavagem do carro é retrabalhado até a completa satisfação do cliente. Só então ocorre o pagamento do serviço.

EC 4.2
Análise de *gaps*

Tendo como referência os modelos de *gaps* (a diferença entre o serviço esperado e o que realmente se recebe), fazemos uma análise das possíveis lacunas que possam ser encontradas no trabalho oferecido pela Zaztraz Car. Em seguida, a fim de diminuir a probabilidade de ocorrência desses *gaps*, podemos tomar medidas preventivas para cada um deles.

Com base em Zeithaml, Berry e Parasuraman (1990), podemos elencar os *gaps* do lava-rápido e suas respectivas soluções.

Para o **gap 1**, devemos sempre identificar o que o cliente deseja que seja prestado para ele. O *gap* nessa análise pode ser acarretado por: pesquisa insuficiente de *marketing* (sem foco na qualidade); falta de comunicação ascendente (falta de interação entre administração e clientes e entre níveis hierárquicos da empresa); foco insuficiente em relacionamento (foco somente em novos clientes e em transações); serviço de recuperação insuficiente.

Uma vez identificados os desejos do cliente, devemos buscar traduzi-los em serviços. O **gap 2**, nesse aspecto, ocorre quando o serviço prestado não corresponde à qualidade exigida pelo cliente. Isso pode ocorrer por vários motivos: fraco planejamento (planejamento indefinido, processo não sistemático); ausência de padrões definidos na perspectiva dos clientes (falta de administração da demanda); evidência física e cenário de serviço inadequados.

No *gap* 3, temos que evitar que a qualidade do serviço prestado caia, ou seja, sempre buscamos manter um nível de tolerância em que o cliente fique satisfeito. Ocorrendo o não cumprimento dos itens esperados (seja pela falta de especificação do serviço, seja pela própria má prestação deste), o serviço fica abaixo da zona de tolerância. Outros fatores mais genéricos que podem ocorrer são: deficiências nas políticas de recursos humanos (problemas no recrutamento, sistema de avaliação impróprio, perfil inadequado do funcionário para uso de tecnologias); falha na conciliação de oferta e demanda (não suavização de picos e baixas, preço como fator de controle da demanda); intervenções negativas de clientes (clientes que influenciam outros negativamente, falha no conhecimento dos clientes); problemas com intermediários dos serviços.

Também podemos observar que todas as especificações do serviço devem ser informadas ao cliente, a fim de que este saiba exatamente o que vai ser feito com seu veículo, evitando problemas de interpretação. Isso se estende à comunicação interna dos funcionários. O *gap* 4 tem relação com a interpretação e a comunicação e se origina pela falta de informações precisas repassadas ao cliente, o que pode ocorrer por: falta de comunicação de *marketing* (falta de *marketing* interno, tratar o *marketing* externo como independente); administração ineficaz das expectativas dos clientes (não educar clientes ao tratar das expectativas deste); promessas excessivas (propaganda, venda pessoal); comunicações horizontais inadequadas (falta de comunicação entre vendas e operações e entre propaganda e operações).

Por fim, consideramos que o *gap* 5 são todos os outros acarretados pela ocorrência de qualquer um dos *gaps* que mencionamos anteriormente. Alguns problemas que podem ocorrer são: não conhecimento das expectativas dos clientes; seleção de propostas e padrões de serviços não adequados; execução de serviços sem conforme com os padrões; não cumprimento do que foi prometido.

EC 4.3
Análise de riscos

No estágio de pré-compra do serviço, o consumidor avalia os riscos no fornecimento dos serviços mais importantes – avaliação esta que interfere em sua decisão de compra. Por isso, é fundamental que a empresa torne o risco controlável, isto é, que faça uma análise dos riscos da prestação do serviço a fim de minimizar seu impacto na decisão de compra do cliente.

De acordo com Lovelock e Wirtz (2006), os principais fatores de riscos percebidos pelos clientes no momento de encontro com o serviço são:

- **Funcionais** – Referem-se aos resultados insatisfatórios de desempenho do serviço. Dependem principalmente dos treinamentos oferecidos pela organização aos funcionários.
- **Financeiros** – Referem-se à perda de dinheiro ou custos inesperados.
- **Temporais** – Referem-se à perda de tempo, como atrasos na entrega do serviço.
- **Físicos** – Correspondem a danos pessoais e materiais ocasionados pela má execução do serviço.
- **Psicológicos** – Correspondem a medos e emoções pessoais que podem interferir na decisão de contração do serviço.
- **Sociais** – Referem-se à comparação do serviço com outros de má qualidade.
- **Sensoriais** – Referem-se a impactos indesejados nos cinco sentidos.

Para cada tipo de risco, devemos descrever uma ação para que evitá-lo ou, ao menos, minimizá-lo, reduzindo, assim, seu impacto negativo sobre o serviço.

O quadro a seguir mostra os principais riscos dos serviços da Zaztraz Car, bem como as medidas adotadas para minimizar seus impactos.

Quadro EC 4.1 – Análise de riscos para a Zaztraz Car

Riscos	Descrição	Medidas
Funcionais	• Serviços executados de maneira inadequada. • Prazo não cumprido. • Cliente recebido de maneira inadequada.	• Funcionário deve ser treinado para realizar o serviço corretamente. • Funcionário deve ser treinado para atender o cliente adequadamente.
Financeiros	• Retrabalho. • Custos emergenciais de compras de material de limpeza.	• Treinamento do funcionário para execução adequada do serviço. • Estoque mínimo de materiais para a execução dos serviços do dia.
Temporais	• Atraso nos serviços.	• Não liberação de funcionários para ausência no horário de trabalho. • Treinamento dos funcionários para execução das tarefas dentro do tempo-padrão de execução.
Físicos	• Danos no veículo. • Roubo do veículo. • Desaparecimento de objetos deixados no carro.	• As chaves dos veículos devem ficar no quadro de chaves, o qual permanece em um local seguro do estabelecimento. • Deve haver contrato de seguro para os veículos. • O funcionário deve sugerir ao cliente que retire itens valiosos do carro. • Quaisquer objetos de valor encontrados devem ser guardados em local seguro e entregues, posteriormente, ao cliente.
Psicológicos	• Medo, por parte do cliente, de entregar o carro para a empresa.	• Deve-se informar ao cliente que o serviço possui seguro contra danos ao veículo. • Deve-se entregar ao cliente um comanda obrigatória para retirada do carro.

(continua)

(Quadro EC 4.1 – conclusão)

Riscos	Descrição	Medidas
Sensoriais	• Instalações molhadas e sujas. • Funcionários com roupas molhadas e sujas.	• Os funcionários devem cuidar para que seus uniformes estejam sempre apresentáveis. • Os funcionários devem utilizar aventais, botas e luvas para proteção do corpo e do uniforme. • Deve haver bueiros nas instalações para que a água da lavagem escorra livremente.
Sociais	• Receio por parte do cliente em indicar a empresa para outras pessoas em função do que poderiam pensar ou como poderiam reagir.	• A gerência deve projetar a imagem de uma empresa com altos padrões de qualidade. • Deve-se estabelecer no mercado a imagem de confiabilidade e segurança com relação aos serviços prestados.

Uma vez mapeados os riscos, o projeto proposto pela organização ganha mais segurança, permitindo aos seus gestores a obtenção de melhores recursos, tanto financeiros quanto materiais.

EC 4.4
Prevenção de erros

A fim de diminuir a probabilidade de ocorrência das lacunas do serviço, ou seja, a diferença entre o que se espera e o que realmente se recebe, podemos tomar medidas preventivas para cada um dos *gaps*. Vamos conhecer cada uma delas:

GAP 1

⇨ **Definição** – Falha na comparação da expectativa do consumidor com a percepção gerencial.

⇨ **Ações para reduzir o impacto** – Devemos fazer uma pesquisa de mercado identificando o público-alvo, a fim de saber conhecer seu poder aquisitivo e outras características importantes que possam influenciar a prestação do serviço. Outras pesquisas devem identificar também a expectativa desses clientes, ou seja, que serviço procuram, quanto estão dispostos a pagar etc. Esse estudo pode ser realizado por meio de canais de comunicação diversos, como questionários formais e conversas impessoais. Além disso, devemos potencializar a comunicação entre a gerência e os funcionários da linha de frente, pois estes são os que têm contato direto com os clientes. Assim, informações pertinentes recolhidas pela gerência devem ser transmitidas aos funcionários.

GAP 2

⇨ **Definição** – Falha na comparação da percepção gerencial com a especificação da qualidade do serviço.

⇨ **Ações para reduzir o impacto** – Neste caso, devemos nos ater à análise do pacote de serviço, ou seja, observar o que estamos oferecendo de serviço aos clientes, se somos capazes de ofertar tudo de maneira adequada. Outro fator a ser analisado são os momentos da verdade, ou seja, os momentos em que o cliente pode mudar de ideia. O importante é sempre buscar aprimorar esses momentos, fazendo com que o cliente tome a decisão de adquirir o serviço em questão.

GAP 3

⇨ **Definição** – Falha na comparação da especificação do serviço com a prestação do serviço.

⇨ **Ações para reduzir o impacto** – A adequação do processo às expectativas dos clientes é o primeiro passo para evitar esse *gap*. Devemos analisar o serviço que está sendo prestado procurando adequá-lo ao que espera o cliente. Além disso, também podemos fazer um estudo das tecnologias envolvidas no processo procurando verificar se estas estão sendo usadas da maneira correta, evitando falhas. O uso de dispositivos à prova de falhas, como o *poka-yoke*, pode ser usado para certificar o uso das tecnologias. Outro aspecto importante é que os colaboradores do estabelecimento devem ser selecionados por especialistas na área, para que tenham o perfil exigido por um lava-rápido. Os funcionários devem estar sempre bem informados sobre todos os processos realizados e cumprir com os padrões estabelecidos pela empresa para gerar um serviço de qualidade.
Por fim, é possível medir o desempenho do serviço por meio de um *checklist* entregue ao cliente ao final, no qual ele poderá dar nota para o serviço e fazer sugestões.

GAP 4

⇨ **Definição** – Falha na comparação gerencial da prestação do serviço com a comunicação externa com o cliente.

⇨ **Ações para reduzir o impacto** – Devemos coordenar o *marketing* com as operações do serviço, fazendo com que os clientes conheçam seu exato funcionamento: o que cada um faz, para que servem os serviços, quanto tempo demoram, quanto custam, quais produtos são aplicados, entre outros. O cliente deve ser constantemente informado sobre o andamento do serviço; para isso, deve haver uma eficiente comunicação interna. Já a propaganda e a venda pessoal não devem ser realizadas de forma excessiva, sufocando os clientes.

GAP 5

⇨ **Definição** – Falha na comparação da expectativa do cliente com a percepção do cliente.

⇨ **Ações para reduzir o impacto** – Nesta etapa, devemos analisar cada momento da verdade para a possibilidade de o cliente desistir do serviço ser reduzida ao máximo.

A análise dos *gaps* proporciona ao gestor organizacional o refinamento da prestação dos serviços e deve se caracterizar pelo aumento da demanda em função da solução das falhas. A análise permite ajustarmos o serviço no aspecto organizacional, com atuação na estrutura gerencial e no cliente. Não devemos nos esquecer de que a melhoria no atendimento ao cliente traz benefícios de produtividade à organização, uma vez que reduz o tempo de atendimento e o consumo de recursos, refletindo em custos mais baixos.

Identificando indicadores em serviços

5

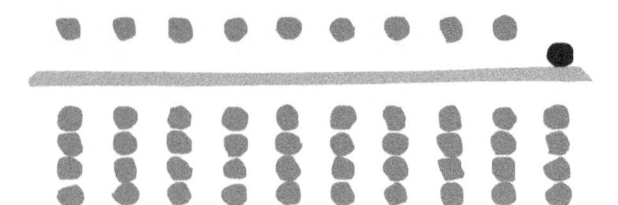

Conteúdos do capítulo:

- Planejamento do controle dos serviços.
- Dimensões de interface com o cliente.
- Medição com indicadores.
- Indicadores para a utilização em serviços.
- Modelos de expectativa do cliente de serviços.

Após o estudo deste capítulo, você será capaz de:

1. compreender os elementos do planejamento e controle de serviços;
2. identificar as dimensões de interface na prestação de serviços com o cliente;
3. reconhecer e construir indicadores em serviços;
4. compreender os modelos de expectativa do cliente de serviços.

Neste capítulo, proporcionamos uma visão geral dos elementos constitutivos dos indicadores e de suas origens, necessários para realizar a avaliação de serviços. Partindo do princípio geral de que os indicadores de interface com o cliente são aqueles que podem gerar os maiores benefícios organizacionais, você verá estruturas e exemplos que permitirão o planejamento de indicadores para o controle do resultado da prestação de serviços.

5.1 Planejamento do controle de serviços

Uma das classificações iniciais do administrador foi realizada por Fayol e se traduzia em planejar, organizar, liderar e controlar (Megginson; Mosley; Pietri, 1998). O enfoque dessa classificação é na função *controlar*, uma vez que sua intenção é manter os processos da prestação de serviços adequados aos clientes. *Controlar* envolve:

- estabelecer padrões de desempenho;
- determinar métodos de medir desempenho – indicadores de resultados;
- medir o desempenho real;
- comparar com padrões estabelecidos;
- empreender ação corretiva, quando necessário, para que o desempenho real se ajuste ao padrão.

Segundo Stoner e Freeman (1999, p. 440), "o controle é um processo de garantir que as atividades realizadas se igualem às atividades planejadas". Pode ser dividido nas etapas ilustradas na Figura 5.1 a seguir.

Figura 5.1 – Etapas básicas do processo de controle

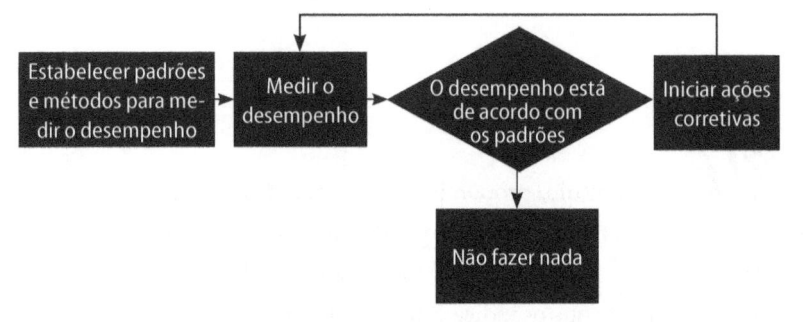

```
Estabelecer padrões    Medir o        O desempenho está      Iniciar ações
e métodos para me- →   desempenho  →  de acordo com      →   corretivas
dir o desempenho                      os padrões
                                           ↓
                                      Não fazer nada
```

Fonte: Adaptado de Stoner; Freeman, 1999, p. 440.

Nesse contexto, o controle torna-se necessário para adequar-se à mudança, criando ciclos mais rápidos de melhoria e acrescentando valor ao produzido. Permite unificar padrões de trabalho em uma só direção, independentemente de fatores pessoais, melhorando o desempenho da equipe.

Stoner e Freeman (1999) definem alguns tipos de métodos de controle. O primeiro é o **controle pré-ação**, que assegura que os recursos tenham sido orçados adequadamente. O segundo é o **controle de direção**, que permite a detecção de desvios em relação ao projetado, possibilitando a correção. O terceiro é o **controle de triagem**, que realiza a seleção dos procedimentos a serem seguidos, fundamentados em determinada condição. Finalmente, o quarto tipo é o **controle pós-ação**, que permite a medição de uma atividade completa.

Os controles de pré-ação e de pós-ação são destinados a medir, respectivamente, os insumos e os produtos/serviços acabados. Os controles de direção e triagem podem ser utilizados na interface ou no processamento do produto/serviço.

Ishikawa (1997, p. 98) destaca que "praticar um bom controle de qualidade é desenvolver, projetar, produzir e comercializar um produto de qualidade que é mais econômico, mais útil e sempre satisfatório para o consumidor". Esse autor considera a definição de acordo com os padrões industriais japoneses (PIJ): "Um sistema de métodos de produção que produzem economicamente bens e serviços de boa qualidade atendendo aos requisitos do consumidor"; e conclui: "O controle de qualidade moderno utiliza métodos estatísticos e é chamado de controle de qualidade estatístico" (Ishikawa, 1997, p. 9).

A colaboração de Whiteley (1999, p. 149) para a realização de medições na qualidade do produto e serviço se traduz em cinco princípios que devem ser seguidos:

1. Saiba por que está medindo.
2. Deixe os clientes lhe informarem que resultados finais medir.
3. Pergunte constantemente como está seu desempenho – e o de seus competidores.
4. Acompanhe os procedimentos internos, que devem produzir os resultados que os clientes desejarem – assim como os resultados finais.
5. Informe ao seu pessoal tudo que você constatar.

5.1.1 Componentes da administração integrada de serviços

Uma abordagem diferenciada para a administração de serviços é apresentada por Lovelock e Wright (2001, p. 21). Os autores indicam a utilização dos **8 Ps** para os serviços, originalmente do inglês: *product elements, place and time, process, productivity and quality, people, promotion and education, physical evidence, price and other costs of service*. A administração integrada de serviços retrata o "planejamento e a execução, coordenados das atividades de *marketing*, operações e recursos humanos, os quais são essenciais para o atendimento ao cliente e para o sucesso de uma organização de serviços" (Lovelock; Wright, 2001, p. 24).

A analogia com um barco a remo de oito integrantes caracteriza os 8 Ps para serviços, pois os elementos devem trabalhar de forma integrada, com harmonia e segurança. O vencedor traduz a liderança de mercado junto aos consumidores e clientes pela excelência no fornecimento dos serviços de forma integrada. Confira a seguir a apresentação dos 8 Ps para serviços.

Quadro 5.1 – Oito componentes da administração serviços

8 Ps	Características
Product elements Elementos do produto	Todos os componentes do desempenho do serviço que criam valor para os clientes
Place and time Lugar e tempo	Decisões gerenciais sobre como, quando e onde entregar os serviços aos clientes
Process Processo	Um método particular de operações ou séries de ações, normalmente envolvendo passos que precisam ser dados em uma sequência definida
Productivity and quality Produtividade e qualidade	Produtividade: o grau de eficácia com que os insumos e serviços são transformados em produtos que adicionam valor para os clientes Qualidade: o grau em que o serviço satisfaz os clientes ao atender às suas necessidades, desejos e expectativas

(continua)

(Quadro 5.1 – conclusão)

8 Ps	Características
People / Pessoas	Profissionais e outras pessoas envolvidas na produção do serviço
Promotion and education / Promoção e educação	Todas as atividades e incentivos de comunicação destinados a aumentar a preferência do cliente por determinado serviço ou fornecedor de serviços
Physical evidence / Evidência física	Pistas visuais ou outras pistas tangíveis que fornecem evidência da qualidade do serviço
Prices and other costs / Preços e outros custos	Despesas em dinheiro, tempo e esforço que os clientes incorrem ao comprar e consumir serviços

FONTE: Elaborado com base em Lovelock; Wright, 2001, p. 21-24.

Originariamente, sete dos oito componentes já constavam da literatura, sendo incorporadas a eles o componente *produtividade e qualidade*, além de critérios de velocidade e direção no fornecimento de serviços.

5.1.2 Mapas de zonas de tolerância

Zeithaml e Bitner (2003) fornecem como modelo de apresentação gráfica o mapa de zonas de tolerância, utilizado para representar os resultados obtidos das seis dimensões de qualidade, que traduzem a importância que o consumidor dá a cada uma delas. A Figura 5.2 a seguir representa um exemplo de mapa de zonas de tolerância.

Figura 5.2 – Importância relativa da dimensão de serviços

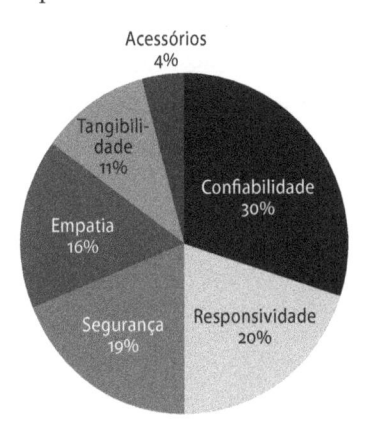

- Acessórios 4%
- Tangibilidade 11%
- Confiabilidade 30%
- Empatia 16%
- Segurança 19%
- Responsividade 20%

Conforme o gráfico, das dimensões apresentadas, a confiabilidade apresentou o maior percentual, representando ser a dimensão mais importante, com 30%. Logo a seguir, a responsividade registrou 20%, seguida da segurança com 19%, empatia com 16% e tangibilidade, com apenas 11%, restando aos acessórios o percentual de 4%.

5.1.3 Métodos de controle

De acordo com Megginson, Mosley e Pietri (1998), há dois métodos gerais de controle:

1. **Métodos não quantitativos** – Utilizam-se de técnicas para controlar e avaliar o desempenho em áreas que não podem ser mensuradas de forma numérica, permitindo controle por observação, por inspeção local, por relatórios e por avaliações de desempenho.

2. **Métodos quantitativos** – Utilizam-se de técnicas que empregam dados específicos e critérios mensuráveis para avaliar a quantidade e a qualidade da produção.

Conforme Montgomery (2004), a resolução de métodos de controle quantitativos para controle do processo ocorre quando há diversas variáveis de saída, como na prestação de serviços. O autor propõe cenários que usam muitas variáveis relacionadas e, por isso, necessitam de um controle de processo multivariado. Nesse caso, é importante o monitoramento simultâneo ou o controle de duas ou mais características de qualidade relacionadas. Ainda sobre esse mesmo enfoque, para Johnston e Clark (2002), há quatro propósitos de acordo com a adoção de medições: comunicação, motivação, controle e melhoria.

Schulmann (2001), citado por Silva, Santos e Santos (2006), apresenta três razões fundamentais para a implementação de um sistema de medidas de desempenho direcionado ao ambiente de serviços compartilhados: a estratégia da organização; a relação entre os diversos elementos, a qual não deve ser do tipo cliente-fornecedor, mas fundamentada em parcerias; e um conjunto de medidas para avaliar o resultado final após a implementação.

De acordo com Gaither e Frazier (2002), o controle da qualidade no setor de serviços utiliza-se dos gráficos de controle para monitorar diversas variáveis na prestação de serviços.

5.2 Dimensões de interface com o cliente

Conforme Téboul (1999), o serviço é desempenhado diante do cliente, ou, como o autor diz, "no proscênio", proporcionando à empresa uma direção para o atendimento ao cliente, entretanto, não considerando efetivamente a entrega ou o resultado esperado. Segundo esse autor, há duas dimensões de interface: a de resultado e a de intensidade de interação.

Podemos observar na Figura 5.3, a seguir, denominada *matriz de intensidade de serviço*, que o posicionamento ideal se encontra sobre a diagonal (correlação normal). Consideramos, analogamente, a obtenção do resultado da interação como o produto a ser fornecido ao cliente. Esse produto pode variar de personalizado a padronizado. A experiência obtida pela constante interação define se o produto será fornecido com um atendimento sob medida (forte implicação) ou se será utilizado o autosserviço. A correlação nesse caso se traduz na experiência obtida pela organização com a necessária flexibilidade de fornecimento do serviço.

Figura 5.3 – Matriz de intensidade de serviço

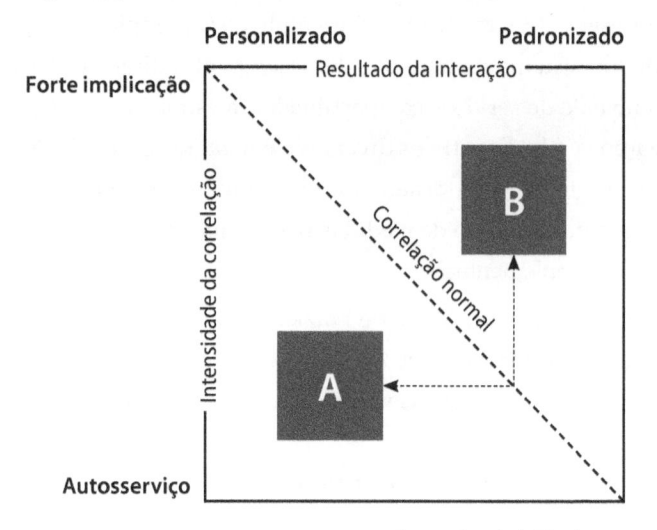

```
                 Personalizado           Padronizado
Forte implicação ┌──── Resultado da interação ────┐
                 │ ╲                               │
                 │  ╲                              │
                 │   ╲                   ┌─────┐   │
                 │    ╲                  │  B  │   │
                 │     ╲  Correlação     └─────┘   │
                 │      ╲    normal         ↑      │
                 │       ╲                  │      │
                 │     ┌─────┐ ╲            │      │
                 │     │  A  │ ←────────────┘      │
                 │     └─────┘     ╲               │
                 │                  ╲              │
Autosserviço     └───────────────────╲─────────────┘
```

Intensidade da correlação

FONTE: Adaptado de Téboul, 1999, p. 22.

A matriz apresentada é um modelo comum que pode ser adaptado para diversos serviços. No entanto, Téboul (1999) alerta que os serviços a serem posicionados devem identificar com clareza o cliente e ter uma proposta de valor.

5.2.1 Grau de interação

Corrêa e Corrêa (2004) afirmam que os esforços devem se concentrar no momento da interação do cliente com o processo fornecedor do serviço; já quando o grau de interação é tênue, o cliente tende a concentrar o valor ou a avaliação da qualidade no resultado; já quando o grau de interação é grande, tende a avaliar a prestação de forma equilibrada. Confira o grau de interação na Figura 5.4.

Figura 5.4 – Intensidade e extensão no tempo de interação com o cliente

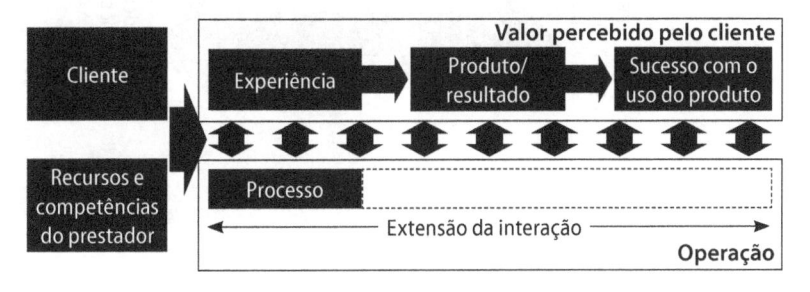

		Valor percebido pelo cliente		
Cliente	Experiência	Produto/resultado	Sucesso com o uso do produto	
Recursos e competências do prestador	Processo			
	← Extensão da interação →			Operação

FONTE: Adaptado de Corrêa; Corrêa, p. 142.

Observe que o cliente estabelece seu critério de valor pelo que percebe do processo de fornecimento; assim, o que ele não vê não impacta na percepção de qualidade do serviço. O grau de intensidade é interpretado como a troca de informações entre o cliente e o processo e indica o grau de customização do serviço ao cliente.

5.3 Medindo com indicadores

Indicadores são "índices para medir certa grandeza de um processo fabril ou administrativo, para determinar se está inserido nos parâmetros aceitáveis" (Martins; Laugeni, 2005).

Sob a ótica de Slack et al. (2008, p. 455):

> a medição de desempenho é um pré-requisito para julgar se uma operação é boa, ruim ou indiferente. [...] um sistema de medição do desempenho que não forneça informações das melhorias em curso é parcialmente eficaz. A medição do desempenho como abordada aqui, diz respeito a três questões genéricas.
> Quais fatores incluir como indicadores de desempenho?
> Quais são os indicadores de desempenho mais importantes?
> Quais indicadores detalhados devem ser utilizados?

Os indicadores de desempenho podem ter diferentes níveis de associação, como demonstrado na Figura 5.5 a seguir.

Figura 5.5 – Níveis de agregação para indicadores de desempenho

	Objetivos estratégicos gerais				
Indicadores estratégicos gerais					
Indicadores estratégicos funcionais		Objetivos estratégicos de mercado	Objetivos estratégicos de operações		Objetivos estratégicos financeiros
Indicadores mistos de desempenho		Satisfação do cliente	Agilidade		Resiliência
Indicadores genéricos de desempenho de operações	Qualidade	Confiabilidade	Velocidade	Flexibilidade	Custo
Indicadores de desempenho detalhados	• Defeitos por unidade • Nível de reclamações do cliente • Nível de refugo	• Tempo médio entre as falhas • Reclamações atrasadas	• Tempo de questionamento do cliente • Tempo de fabricação do pedido • Tempo de processamento	• Tempo para o mercado • Variedade do produto	• Custos da transação • Produtividade da mão de obra • Eficiência da máquina

Alta agregação e relevância estratégica ⟷ Alto poder diagnóstico e frequência de medição

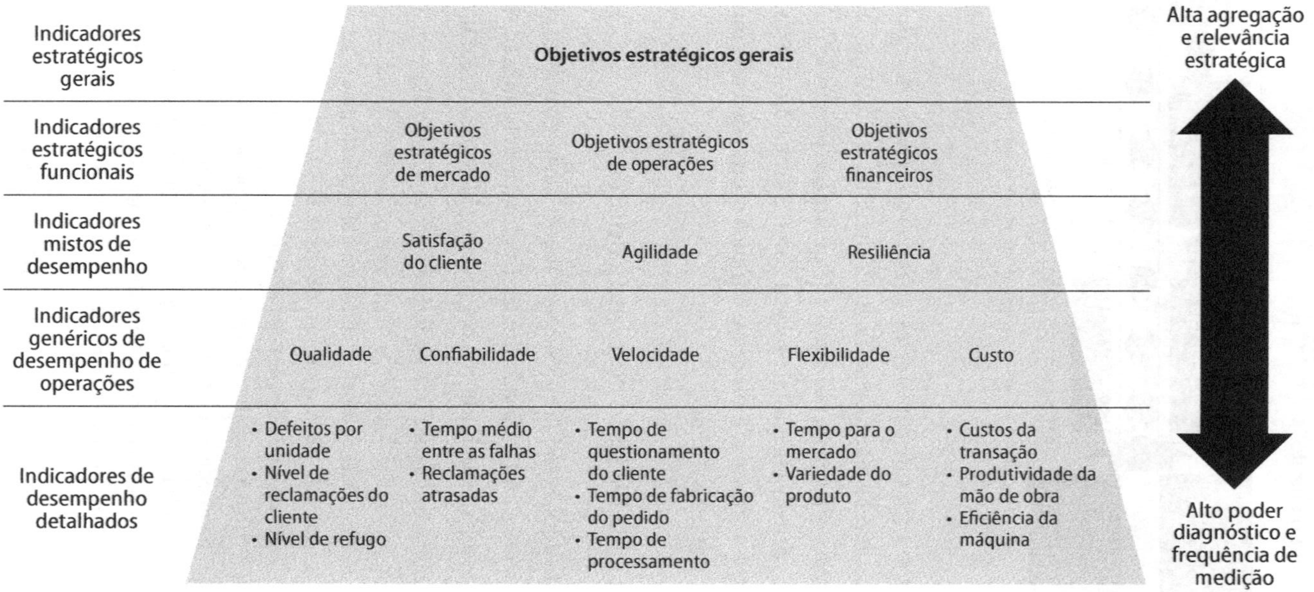

Fonte: Adaptado de Slack et. al., 2008, p. 442.

É essencial analisarmos a escolha de indicadores-chave que devem integrar a estratégia maior da organização e seguir por essa direção. A Figura 5.5 ilustra os níveis para a elaboração de indicadores. A empresa deve elaborar, numa formulação estratégica, os indicadores estratégicos gerais, funcionais, mistos de desempenho, genéricos de desempenho de operações e de desempenho detalhados. Os indicadores de serviços restringem mais os níveis, em decorrência de o processo produtivo ser realizado com o fornecimento do serviço.

5.3.1 Referenciais de qualidade

Alguns referenciais de qualidade podem ser utilizados para realizar medições em serviços. Conforme apresentado no Quadro 5.2, Paladini (2002) aborda oito referenciais, cujo conhecimento é fundamental para caracterizar a avaliação. O oitavo referencial destaca os elementos básicos que direcionam as ações obtidas com a avaliação da qualidade.

Quadro 5.2 – Referenciais da qualidade

	Referenciais
Referência 1	Facilidade de operação dos mecanismos de avaliação
Referência 2	Inserção da avaliação de características de processo ou de produto em um modelo abrangente de avaliação que envolva toda a organização
Referência 3	A avaliação baseia-se em mecanismos mensuráveis
Referência 4	A avaliação deve ser contínua
Referência 5	A avaliação da qualidade enfatiza as atividades-fim (efeitos) das organizações, considerando-as como consequência da forma como se desenvolvem as atividades-meio (causas)
Referência 6	A avaliação baseia-se em informações representativas
Referência 7	A avaliação da qualidade utiliza mecanismos que sejam, por excelência, eficientes
Referência 8	Os elementos básicos para os quais a avaliação da qualidade direciona suas ações são: clientes e consumidores; objetos da empresa; processo produtivo; mão de obra; e suporte ao processo

Fonte: Elaborado com base em Paladini, 2002, p. 22-23.

A avaliação enfocada no oitavo referencial se divide em cinco direcionadores, sendo que os clientes sendo que os consumidores são considerados os mais importantes dos cinco que foram propostos. Esse referencial visa avaliar o nível de satisfação do consumidor, considerando o grau de ajuste do serviço à demanda; o que o consumidor espera e o que é oferecido. Num contexto dinâmico, esses únicos direcionadores tornam-se mais complexos em função da quantidade de variáveis.

Outro elemento básico para serviços remete à avaliação com base nos processos. Nesse caso, o consumidor de serviços integra o processo, tornando-se um elemento importante e complexo. A avaliação do processo acontece com a eliminação de perdas, a otimização do processo e a inserção da avaliação do processo nos objetivos globais da organização (Paladini, 2002). A mão de obra interage diretamente com o consumidor na produção e no fornecimento do serviço, com uma ênfase adequada:

> Os indicadores de qualidade e produtividade devem ser embasados em informação, as quais requerem preliminarmente sua coleta, seu registro e sua representatividade, com características de: objetividade; clareza; precisão; viabilidade; representatividade; visualização; ajuste; unicidade; alcance e resultados. (Paladini, 2002, p. 38-39)

5.3.2 Estrutura dos indicadores

Conforme Paladini (2002), a estrutura de um indicador deve conter três componentes básicos:

1. **Elemento** – O contexto, a situação, o assunto ou a natureza que o caracteriza.
2. **Fator** – A combinação de componentes em um mesmo contexto.
3. **Medida** – Unidade com a qual se medem os fatores.

Ainda sob essa mesma ótica, ao se estabelecer a relação do indicador com o ambiente de avaliação, devem ser observadas algumas informações básicas, que justificam sua utilização:

- **Objetivo** – Significa para que servirá no futuro → o que será feito.
- **Justificativa** – Determinação da importância de se realizar a avaliação → o porquê de fazê-lo.
- **Ambiente** – *In-line*, *off-line* e/ou *on-line*.
- **Padrão** – Referencial utilizado para verificar a variação no processo.

A afirmação dos indicadores considera uma avaliação específica, observando se não há indicadores redundantes ou que permitam interpretações ambíguas.

5.4 Indicadores para utilização em serviços

Considerando que a interface entre o consumidor e o prestador dos serviços tem fundamental importância no processo de atendimento às necessidades, Téboul (1991) explica que existem duas lógicas no que se refere à prestação de serviços. A primeira delas é a lógica da interface e de personalização; a segunda é a de suporte e padronização. A resultante indica o esforço proporcionado para o atendimento e a prestação dos serviços, o que é caracterizado pela intensidade do serviço.

> Intensidade = (Custo da interface)/(custo total do sistema)

O Quadro 5.3 traduz a lógica apresentada por Téboul (1991), evidenciada aqui para subsidiar a criação e a utilização de indicadores de interface, que representam a gestão da qualidade na interface, considerando somente os serviços puros.

É possível dividir dois grandes grupos de análise:

1. Qualidade da conformidade: o desenvolvimento da oferta – lógica do suporte e de padronização.
2. Posicionamento do serviço e qualidade da concepção – lógica da interface e da personalização.

Quadro 5.3 – Gestão da qualidade na interface

Gestão da qualidade na interface (serviço puro, intangível)	A. Posicionamento do serviço e qualidade da concepção – Lógica da interface e de personalização	1. Necessidades e funções a serem satisfeitas	1.1 Qualidade do resultado	Q1 – Desempenho e características funcionais
			1.2 Qualidade dentro do processo	Q2 – Tempo de resposta
				Q3 – Facilidade de acesso
				Q4 – O que é tangível
			1.3 Qualidade de conformidade	
			1.4 Qualidade de interação	Q5 – Confiabilidade, regularidade
				Q6 – Disponibilidade, responsabilidade
				Q7 – Consideração
			1.5 Qualidade afetiva e de bem-estar	Q8 – Segurança
				Q9 – Experiência positiva
		2. Dimensões importantes e dimensões determinantes	Importantes	Que devem existir
			Determinantes	Que criam diferença
		3. Estratégias de ajuste	3.1 Estratégia de concepção da oferta para melhorar o valor recebido	1º princípio: focalizar o processo
				2º princípio: obter fórmula global e coerente
				3º princípio: jogar com a interface e o suporte
				4º princípio: descentralizações e flexibilidade de adaptação
				5º princípio: análise do valor e redução do custo da interface
			3.2 Estratégia de preparação das expectativas e ajuste da demanda	Utilização de mídia tradicional
				Preço
				Utilização da experiência anterior e da informação boca a boca
				Localização
				Ajuste da demanda

(continua)

(Quadro 5.3 – conclusão)

Gestão da qualidade na interface (serviço puro, intangível)	A. Posicionamento do serviço e qualidade da concepção – Lógica da interface e de personalização	3. Estratégias de ajuste	3.3 Estratégia de ampliação (ajuste) da percepção	Levar em consideração o mapa perceptivo
				Reduzir a percepção de riscos e incerteza
				Ter cuidado especial com a primeira impressão e a reputação
				Não esquecer que a percepção é global: prestar atenção em todos os detalhes
				Reforçar a percepção tornando o serviço tangível
				Forçar a participação do cliente ou a margem de ajuste do funcionário
	B. Qualidade da conformidade: o desenvolvimento da oferta – lógica do suporte de padronização	1. Construir e planejar a qualidade	1.1 Experiências-piloto	
			1.2 A análise da coerência e da capacidade do serviço	
			1.3 Papel específico da "linha de frente"	
			1.4 Importância da seleção e da formação do pessoal	
			1.5 Importância da seleção e da formação dos clientes	
		2. Realizar e controlar a qualidade	2.1 Controle do processo	
			2.2 Controle, filtragem e orientação dos clientes na entrada	
			2.3 Controle da qualidade por meio do enquadramento e do autocontrole	
			2.4 Controle exercido diretamente pelo cliente	
			2.5 Controle feito pelos colegas e pares	
			2.6 Pesquisas e auditoriais	
		3. Aperfeiçoar	3.1 Círculos de qualidade com os funcionários de interface	
			3.2 Validação da rede	

FONTE: Elaborado com base em Téboul, 1991.

Originários da estrutura do Quadro 5.3, os indicadores idealizados foram estabelecidos e devem ser utilizados no acompanhamento e aperfeiçoamento do processo de produção e fornecimento de serviços indicados pelo método ora proposto. Devem ser utilizados, também, para o controle e a tomada de decisão dos gestores do processo, os fornecedores do serviço, que tem a capacidade para realizar ajustes em direção à melhoria do processo. Os indicadores foram desenvolvidos considerando-se a estrutura proposta no modelo "elemento, fator e medida". Os indicadores devem identificar:

1. **O objetivo da medida** – Justificar sua utilização e indicar o ambiente de análise.

2. **O padrão a ser seguido** – É a referência na qual o valor do indicador deve se basear para oportunizar a tomada de decisão do gestor de serviços e depende das metas da organização.

3. **O elemento a ser medido** – É um dos elementos necessários (junto com o fator e a medida) para caracterizar um indicador em que a medida é uma equação a ser formulada. A medida é a unidade representativa do fator, por exemplo, "entregas/mês".

A classificação do ambiente de análise diz respeito aos ambientes da qualidade propostos por Paladini (2002). O primeiro deles é o ambiente da qualidade *in-line*, o qual é medido por indicadores de desempenho. Trata-se do ambiente de produção e da razão da prestação pela organização. Em serviços, esse ambiente pode compor o processo de interface com o consumidor quando considerados os serviços mistos, ou seja, serviços de frente e de retaguarda.

O ambiente da qualidade *off-line* é relativo às atividades de suporte da produção; portanto, todas as atividades que sejam internas à organização, com exceção da produção, são atividades de suporte. Há os serviços de manutenção, serviços de recursos humanos e outros enquadrados nessa categoria.

O ambiente de qualidade *on-line* caracteriza, de forma direta ou indireta, o relacionamento da organização com o mercado.

Será direta quando se relaciona com o cliente e mede por meio dele a qualidade da relação; e indireta quando a resposta é genérica e ocorre por meio da percepção do mercado. Nesse caso, é também levada em conta a capacidade de resposta da organização em ajustar seu sistema de produção às necessidades do cliente.

Neste livro, consideramos os indicadores de qualidade *on-line* como fundamentais para o processo de ajuste metodológico no fornecimento e na criação dos serviços. O Quadro 5.4 foi elaborado com exemplos da construção de diversos indicadores de interface que podem ser utilizados pelas organizações prestadoras de serviços para medir seu desempenho com o cliente.

Quadro 5.4 – Gestão da qualidade na interface

	Aspecto de avaliação: interface				Estrutura		
Indicador	Objetivo	Justificativa	Ambiente	Padrão	Elemento	Fator	Medida
1	Avaliar o interesse do funcionário em resolver o problema	Avaliar se o funcionário está comprometido com o cliente e com a organização	On-line	Deve ser considerado como padrão o nível mínimo de serviço que a organização está disposta a ou tem condições de oferecer ao mercado	Funcionário	Funcionário comprometido	Percentual de funcionários comprometidos
2	Avaliar se o serviço foi executado corretamente da primeira vez	Avaliar se o funcionário conhece os procedimentos e tem capacidade de resolvê-los	On-line		Conhecimento	Conhecimento do funcionário	Percentual de conhecimento do funcionário sobre o processo
3	Avaliar se o serviço foi executado no prazo prometido	Verificar se o cliente tem noção do tempo exato para a prestação do serviço	On-line		Conhecimento	Conhecimento do cliente sobre o tempo gasto no serviço	Percentual do conhecimento do cliente sobre o tempo gasto no serviço
4	Avaliar se o cliente foi bem informado	Avaliar o grau de informação transferido ao cliente	On-line		Cliente	Conhecimento do cliente sobre a prestação do serviço	Nível de informação do cliente
5	Avaliar o tempo de atendimento do cliente	Avaliar qual o tempo total de atendimento do cliente	On-line		Tempo	Tempo total de atendimento por cliente	Tempo de atendimento por cliente

(continua)

(Quadro 5.4 – conclusão)

Indicador	Aspecto de avaliação: interface				Estrutura		
	Objetivo	Justificativa	Ambiente	Padrão	Elemento	Fator	Medida
6	Avaliar a disposição do funcionário em ajudar	Avaliar o grau de iniciativa do funcionário em resolver os problemas do cliente	On-line	Deve ser considerado como padrão o nível mínimo de serviço que a organização está disposta a ou tem condições de oferecer ao mercado	Problemas	Iniciativa em resolver problemas	Problemas resolvidos por funcionário por cliente
7	Avaliar o tempo do primeiro atendimento	Avaliar o tempo de espera do cliente no atendimento do serviço	On-line		Tempo	Tempo de espera	Tempo de espera por cliente
8	Avaliar quantas vezes o cliente retornou pelo serviço	Verificar o nível de contatos com o cliente	On-line		Contatos	Contato com o cliente	Quantidade de contatos por cliente
9	Avaliar o cumprimento do serviço	Verificar o grau de resolução dos serviços	On-line		Serviços	Quantidade efetivamente resolvida	Quantidade de resoluções dos serviços
10	Avaliar o grau de conhecimento do cliente sobre o processo	Verificar o nível de expectativas do cliente com a prestação de serviço	On-line		Conhecimento	Conhecimento do cliente sobre o processo	Nível de conhecimento do cliente
11	Avaliar as horas de treinamento do funcionário	Verificar o nível de especialização do funcionário para o serviço	On-line		Treinamento	Treinamento do funcionário	Horas de treinamento do funcionário
12	Avaliar o atendimento individual da prestadora	Verificar a relação funcionário/cliente Local como critério diferenciador	On-line		Atendimento	Atendimento individual	Quantidade de funcionário por cliente
13	Avaliar o local de interface	Verificar as condições físicas de atendimento ao cliente	On-line		Local de interface	Ambiente de atendimento agradável	Nível de aceitação do ambiente da prestação
14	Avaliar a facilidade do horário de atendimento do cliente	Verificar a disponibilidade do cliente para o atendimento	On-line		Facilidade de horário	Horário de atendimento do cliente	Quantidade de atendimento por período

5.5 O modelo de expectativas do cliente de serviços

O modelo de expectativas do cliente indica preliminarmente a existência de zonas de tolerância. Estas, por sua vez, são diferentes para serviços prestados pela primeira vez e para uma recuperação de serviços. Na primeira vez, a tolerância tende a ser maior pelo desconhecimento do processo, permitindo à organização atender os clientes em um nível mais baixo. Tanto os serviços desejados quanto os serviços adequados têm fontes de expectativas próprias.

Na Figura 5.6, os intensificadores permanentes de serviço são fatores individuais e estáveis que levam o cliente a ter uma sensibilidade maior dos serviços. O cliente pode ter a expectativa de obter serviços derivados ou acreditar que conhece a forma de prestar serviço – filosofias pessoais de serviço.

Figura 5.6 – Determinantes-expectativas do cliente em relação a serviços

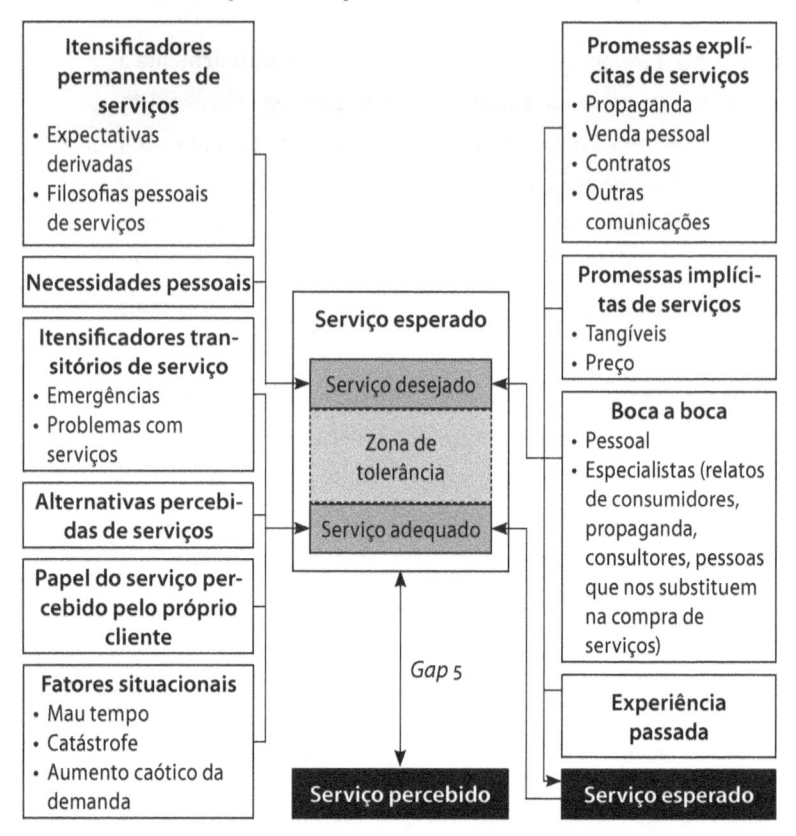

Itensificadores permanentes de serviços		Promessas explícitas de serviços
• Expectativas derivadas • Filosofias pessoais de serviços		• Propaganda • Venda pessoal • Contratos • Outras comunicações

Necessidades pessoais		Promessas implícitas de serviços
Itensificadores transitórios de serviço • Emergências • Problemas com serviços	**Serviço esperado** Serviço desejado Zona de tolerância Serviço adequado	• Tangíveis • Preço
Alternativas percebidas de serviços		**Boca a boca** • Pessoal • Especialistas (relatos de consumidores, propaganda, consultores, pessoas que nos substituem na compra de serviços)
Papel do serviço percebido pelo próprio cliente		
Fatores situacionais • Mau tempo • Catástrofe • Aumento caótico da demanda	Gap 5 **Serviço percebido**	**Experiência passada** **Serviço esperado**

Fonte: Adaptado de Zeithaml; Bitner, 2003, p. 183.

Um novo grupo de itens afeta de forma diferente a expectativa dos serviços adequados, sendo representado pelos seus intensificadores transitórios, os quais tornam o cliente mais consciente da necessidade da prestação de serviços. Estes podem ser urgentes ou exigir reparos e/ou recuperação. As alternativas percebidas de serviços tratam da concorrência e da quantidade de prestadores daquele serviço.

O terceiro item, papel do serviço percebido pelo próprio cliente, representa o grau de especificação exigido para a prestação do serviço. Os fatores situacionais são as condições percebidas pela clientela, as quais reforçam a necessidade da prestação. Finalmente, o serviço esperado é o fator que traduz qual nível de serviço os clientes esperam receber.

As fontes de expectativas para os serviços desejados e para os esperados iniciam-se com as promessas explícitas de serviços, as quais traduzem o que a organização afirma que vai entregar ao cliente na prestação. As promessas implícitas podem ser manifestadas por preços altos na expectativa de o cliente receber um excelente serviço. Nesse caso, o cliente infere sobre a qualidade do serviço pela consideração do preço. Indicações de terceiros são representadas pela comunicação "boca a boca", e uma experiência de recebimento de serviço anterior forma um experimento passado do cliente, podendo ser adequado ou não.

5.5.1 Aplicação do modelo ServQual

O ServQual, proposto por Zeithaml, Parasuraman e Berry (1990), é um modelo conceitual representado pela aplicação de questionários de percepções e expectativas de clientes sobre serviços. É uma escala de múltiplos itens destinada a medir as percepções e expectativas dos clientes nas dimensões já estudadas anteriormente: confiabilidade, responsabilidade, segurança, empatia e aspectos tangíveis. Nessa lista, podem ser incluídos outros parâmetros de análise, como o preço e o prazo de atendimento, se considerados relevantes. As questões podem levar em consideração, além das dimensões, os elementos definidos no pacote de serviços a ser oferecido pela organização.

O estudo proporcionado por Zeithaml, Parasuraman e Berry (1990) foi realizado e composto parcialmente por questionários. Apresentamos um modelo de perguntas que integram um questionário que pode ser utilizado para cumprir os requisitos do ServQual no Quadro 5.5.

Quadro 5.5 – Relação entre as perguntas e as características da qualidade

Item	Pergunta formulada	Característica
01	O cumprimento do serviço prometido	Confiabilidade
02	O interesse em resolver o problema	
03	O serviço executado corretamente na primeira vez	
04	A execução do serviço no prazo prometido	
05	A informação de quando o serviço será executado	
06	A informação precisa em tempo útil sobre o serviço	
07	O atendimento realizado imediatamente	Responsividade
08	A disposição dos funcionários em ajudar	
09	A disponibilidade dos funcionários para o atendimento	
10	O tempo de espera para o atendimento	
11	A confiança transmitida pelos funcionários no atendimento	Segurança
12	A segurança no atendimento e de suas solicitações	
13	A cortesia dos funcionários no atendimento	
14	A atitude do funcionário no atendimento	
15	O conhecimento necessário para responder às suas perguntas	
16	O treinamento profissional dos funcionários	
17	O *status* proporcionado pelo serviço	
18	O atendimento individual pela prestadora	Empatia
19	A atenção individualizada pelos funcionários	
20	O nível de interesse pelos seus problemas	
21	A sensação de bem-estar	
22	A compreensão pelos funcionários de suas necessidades específicas	
23	A utilização de equipamento com aparência moderna	Tangíveis
24	A instalação da prestadora de serviços com apelo visual	
25	Apresentação e aparência dos funcionários	
26	O apelo traduzido pelos materiais promocionais	
27	O horário de atendimento conveniente	
28	A localização da prestação dos serviços	
29	A adequação do *layout* das instalações	
30	A facilidade na utilização de equipamentos	

O questionário deve ser usado tanto para as expectativas quanto em relação às percepções e pode ser aplicado separadamente ou em conjunto, devendo ser associado a escalas contínuas que serão devidamente analisadas estatisticamente para a formulação das respostas à organização. Apresentamos um modelo de estrutura das questões na Figura 5.7.

Figura 5.7 – Modelo de um questionário de expectativas do cliente

Parte A: Expectativas do cliente
A1. A XYZ possui equipamentos modernos.
Discordo totalmente   1☐ 2☐ 3☐ 4☐ 5☐ 6☐ 7☐   Concordo totalmente
A2. As instalações físicas da XYZ são visualmente atraentes.
Discordo totalmente   1☐ 2☐ 3☐ 4☐ 5☐ 6☐ 7☐   Concordo totalmente
A3. Os funcionários da XYZ vestem-se bem e têm boa aparência.
Discordo totalmente   1☐ 2☐ 3☐ 4☐ 5☐ 6☐ 7☐   Concordo totalmente

Verifique que o questionário é especialmente estruturado e construído com base nas dimensões de análise e de acordo com o modelo que compõe a escala de Likert, com sete níveis de avaliação, variando entre *discordo totalmente* e *concordo totalmente*. Apresentamos, analogamente à figura anterior, o modelo para as percepções do cliente, na Figura 5.8 a seguir.

> A escala de Likert é um tipo de escala de resposta utilizada em questionários para obter respostas a pesquisas de opinião.

Figura 5.8 – Modelo de questionário de percepção do cliente

Parte B: Afirmação sobre percepção na dimensão *confiabilidade*							
B1. Quando a empresa XYZ promete fazer algo em um determinado momento, ela realmente o faz.							
Discordo totalmente	1☐	2☐ 3☐ 4☐ 5☐ 6☐ 7☐					Concordo totalmente
B2. Quando você tem um problema, a empresa XYZ mostra um interesse sincero em resolvê-lo.							
Discordo totalmente	1☐	2☐ 3☐ 4☐ 5☐ 6☐ 7☐					Concordo totalmente
B3. A empresa XYZ executa o serviço corretamente já na primeira vez.							
Discordo totalmente	1☐	2☐ 3☐ 4☐ 5☐ 6☐ 7☐					Concordo totalmente

O confronto entre os resultados dos questionários nos permitirá avaliar os serviços da organização nas dimensões analisadas, verificando em que posição a organização está situada em relação ao cliente.

Síntese

Como vimos, é essencial que os gestores desempenhem um papel controlador sobre as operações de serviços. Preliminarmente, identificamos alguns métodos de controle que subsidiam o planejamento, iniciando com o controle pré-ação, que assegura os recursos iniciais, até atingirmos o controle pós-ação, que permite a medição completa da prestação. Apresentamos uma estrutura por meio dos oito componentes da administração de serviços que deve ser realizada de forma integrada. Mostramos ainda os mapas de tolerância que são uma representação da proporcionalidade do impacto das dimensões e os métodos de controle, as dimensões de interface propostas por Téboul (1999) e a análise da matriz de intensidade de serviços. Corrêa e Corrêa (2004) apresentam a análise da intensidade e extensão no tempo de interação com o cliente. Indicadores organizacionais, que vão desde o nível operacional até o estratégico, revelam a possibilidade de agregação de valor à estrutura de medição. Complementamos o tópico com os referenciais de qualidade e a estrutura dos indicadores, subsidiando os indicadores para utilização em serviços propostos por Téboul (1999), que analisa a intensidade representada pelo esforço na prestação. Apresentamos também uma estrutura geral de indicadores de qualidade na interface e desenvolvemos diversos indicadores do ambiente *on-line* a fim de melhorar a compreensão sobre sua elaboração. Por último, mostramos o modelo ServQual, no qual o diagnóstico sobre as expectativas e sobre as percepções pode ser obtido por meio de um questionário especialmente estruturado para isso.

Saiba mais

Não deixe de ler o seguinte livro:

DISNEY INSTITUTE. **O jeito Disney de encantar clientes**: do atendimento excepcional ao nunca parar de crescer e acreditar. São Paulo: Saraiva, 2011.

Nesse livro, você encontrará muitos exemplos de um serviço de excelência, quer em seu projeto, quer em sua execução, trabalhando com o atendimento ao cliente, dimensionando os processos, construindo o elenco e o cenário e proporcionando sua integração. Tudo isso levou a compor o estilo Disney. O livro fará com que você queira aprender mais.

Questões para revisão

1. Os 8 Ps para serviços propostos por Lovelock e Wright (2001) representam os componentes da administração integrada de serviços. Quais são eles?

2. O que é um mapa de zona de tolerância? Por que ele é importante?

3. Quais são as dimensões de interface identificadas por Téboul (1999)?

4. Quando a intenção é manter os processos da prestação de serviços adequados aos clientes, você deve realizar o controle e isso envolve atuar. Sobre isso, identifique as afirmativas verdadeiras (V) e as falsas (F):

( ) Estabelecer padrões de desempenho.
( ) Determinar métodos de medir desempenho – indicadores de resultados.
( ) Medir o desempenho real.
( ) Comparar com padrões estabelecidos.
( ) Empreender ação corretiva, quando necessário, para que o desempenho real se ajuste ao padrão.

5. No que diz respeito à gestão da qualidade na interface, relativamente a um serviço puro, quanto ao posicionamento do serviço e à qualidade da concepção, identifique as afirmativas a seguir como verdadeiras (V) ou falsas (F). São elementos integrantes desse modelo:

( ) Dimensões importantes e dimensões determinantes.
( ) Aperfeiçoamento.
( ) Estratégias de ajuste.
( ) Realização e controle da qualidade.
( ) Necessidades e funções a serem satisfeitas.

Questões para reflexão

1. Como você projetaria uma fila para tornar aceitável pelos clientes a espera projetada? Reflita sobre a espera e verifique, em um outro momento, o que você consideraria aceitável.

Não se esqueça de incluir condições especiais para idosos, gestantes e outras pessoas protegidas pela lei. Pense a respeito.

2. Como você se sentiria se uma atendente na prestação dos serviços no atendimento em uma farmácia não olhasse em seus olhos durante a prestação ou até mesmo interrompesse ou dividisse o atendimento com outro cliente? Pense a respeito.

EC 5
Estudo de caso: determinação das expectativas dos clientes da Zaztraz Car

*N*esta parte de nosso estudo de caso, vamos examinar como se dá a relação entre o **cliente** e o **serviço** e compreender como isso ocosse na Zaztraz Car.

Na perspectiva do atendimento ao cliente, Téboul (1999) considera haver duas dimensões de interface entre o serviço e o cliente: a dimensão *resultado* – que se divide em *padronizado* ou *personalizado* – e a dimensão *intensidade de interação* entre o cliente e o serviço – que vai de *autosserviço* a *interação pessoal com o prestador*. A correlação de ambas as dimensões traduz a experiência obtida pela organização com a necessária flexibilidade de fornecimento do serviço.

Com base nessa definição proposta por Téboul (1999), podemos elaborar a matriz de intensidade do serviço para a lavagem de carro da Zaztraz Car, como mostra a figura a seguir.

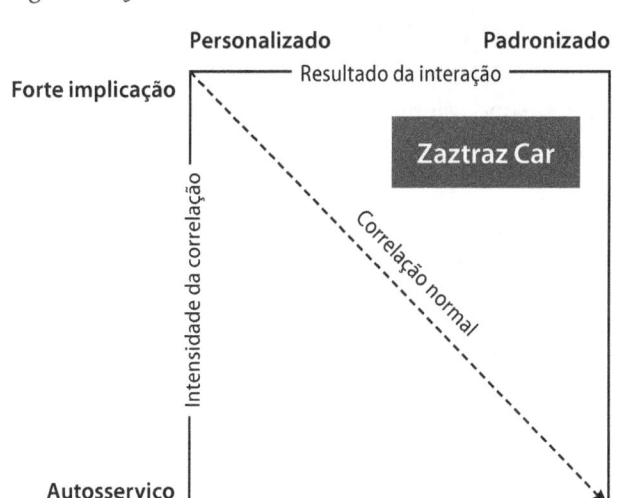

Figura EC 5.1 – Dimensão de interface da Zaztraz Car

```
                    Personalizado              Padronizado
  Forte implicação  ┌────── Resultado da interação ──────┐
                    │                                    │
                    │                       ┌──────────┐ │
                    │                       │Zaztraz Car│ │
   Intensidade      │                       └──────────┘ │
   da correlação    │              ╲                     │
                    │                ╲ Correlação normal │
                    │                  ╲                 │
                    │                    ╲               │
                    │                      ╲             │
                    │                        ╲           │
  Autosserviço      └──────────────────────────╲─────────┘
```

Como podemos ver na matriz, a intensidade da interação entre o cliente e o serviço prestado na Zaztraz Car é média. Isso porque o cliente participa do serviço apenas no momento de requisitá-lo e no momento receber seu veículo de volta. Dessa maneira, o cliente tende a concentrar a avaliação da qualidade e o valor percebido apenas no resultado final do serviço.

Em relação ao resultado do serviço prestado na Zaztraz Car, podemos classificá-lo como *padronizado*, porque as operações executadas no processo são padronizadas de maneira geral. Embora o cliente possa escolher entre uma variedade de serviços oferecidos e agregar serviços extras, não existe a possibilidade de determinar a seu gosto como a execução deve ser feita.

A análise das expectativas dos clientes visa, portanto, minimizar os efeitos da zona de tolerância, fazendo com que a organização perceba antecipadamente o que fazer para que as expectativas dos clientes sejam atendidas.

No caso da da Zaztraz Car, podemos avaliar essas expectativas utilizando o método do ServQual em conjunto com a análise dos momentos da verdade. Para isso, elaboramos questionários com base no modelo-padrão do método, conforme se vê no quadro a seguir. As respostas às afirmações dadas têm como base a escala Likert invertida – a escala varia de 1 a 7, em que 1 significa "discordo totalmente" e 7 significa "concordo totalmente".

Quadro EC 5.1 – Análise ServQual para identificação das expectativas dos clientes

Questionário de expectativas –ServQual		
Aspectos tangíveis	1.	As empresas devem ter equipamentos modernos.
	2.	Suas instalações físicas devem ser visualmente atraentes.
	3.	Seus funcionários devem estar bem vestidos e ter boa aparência.
	4.	A aparência das instalações físicas dessas empresas deve ser mantida de acordo com o tipo de serviço oferecido.
Confiabilidade	5.	Quando essas empresas prometerem fazer algo em um prazo determinado, devem cumpri-lo.
	6.	Quando os clientes enfrentam problemas, essas empresas devem ser solidárias e prestativas.
	7.	Essas empresas devem ser confiáveis.
	8.	As empresas devem fornecer seus serviços no prazo prometido.
	9.	As empresas devem manter seus registros atualizados.
Presteza	10.	Não se deve esperar que as empresas comuniquem aos clientes exatamente quando os serviços estarão concluídos.
	11.	Não é realista os clientes esperarem serviço imediato dos funcionários dessas empresas.
	12.	Seus funcionários nem sempre precisam estar dispostos a ajudar os clientes.
	13.	Não há problema se os funcionários estiverem muito ocupados para responder prontamente às solicitações dos clientes.
Segurança	14.	Os clientes devem poder confiar nos funcionários dessas empresas.
	15.	Os clientes devem se sentir seguros em suas transações com os funcionários dessas empresas.
	16.	Seus funcionários devem ser gentis.
	17.	Seus funcionários devem receber o apoio adequado de suas empresas para executar bem as suas tarefas.

(continua)

(Quadro EC 5.1 – conclusão)

Questionário de expectativas –ServQual	
Empatia	18. Não deve ser esperado que essas empresas deem atenção individual aos clientes.
	19. Não deve ser esperado que os funcionários deem atenção personalizada aos clientes.
	20. Não é realista esperar que os funcionários saibam quais são as necessidades de seus clientes.
	21. Não é realista esperar que essas empresas estejam profundamente interessadas no bem-estar do cliente.
	22. Não se deveria esperar que essas empresas operassem em horários convenientes para todos os seus clientes.

FONTE: Fitzsimmons; Fitzsimmons, 2010.

A nota de avaliação de cada item, assim como na escala Likert, varia de 1 a 7 e representa o grau de importância de cada critério na qualidade da empresa de lava-rápido, segundo o julgamento do cliente. As notas entre as extremidades, com exceção da nota 4, representam as características que os clientes gostariam que a empresa tivesse, porém não chegam a ser critérios decisivos para a contratação do serviço. Já a nota 4 refere-se ao item que o cliente considera indiferente, ou seja, que não influencia sua decisão de compra.

A nota final de cada afirmativa (nota geral da questão) é obtida por meio da média ponderada das respostas dada. Logo:

$$\text{Nota} = \frac{\sum \text{Escala} \cdot \text{Quantidade}}{\text{Número de respostas}}$$

No total, a Zaztraz Car realizou 15 entrevistas com clientes. As notas gerais de cada item segundo a opinião dos entrevistados estão mostradas no quadro a seguir.

Quadro EC 5.2 – Conclusões da análise ServQual para a Zaztraz Car

Questão	Dimensão	Nota	Conclusão
Q5	Confiabilidade	7	O prometido deve ser cumprido.
Q6	Confiabilidade	7	A empresa deve ser solidária e prestativa.
Q7	Confiabilidade	7	A empresa deve ser confiável.
Q8	Confiabilidade	7	O prazo deve ser cumprido.
Q14	Segurança	7	Os funcionários devem ser confiáveis.
Q15	Segurança	7	A empresa deve transmitir segurança.
Q16	Segurança	7	Os funcionários devem ser gentis.
Q17	Segurança	7	A empresa deve dar apoio ao funcionário para que este execute bem suas tarefas.
Q4	Aspectos tangíveis	6	A aparência das instalações deve ser adequada.
Q2	Aspectos tangíveis	5	A aparência das instalações deve ser preferencialmente atraente.
Q3	Aspectos tangíveis	5	Os funcionários devem estar bem vestidos e ter boa aparência, preferencialmente.
Q9	Confiabilidade	5	Os registros devem estar sempre atualizados, preferencialmente.
Q1	Aspectos tangíveis	4	É indiferente a empresa possuir equipamentos modernos.
Q20	Empatia	4	É indiferente os funcionários saberem as necessidades dos clientes.
Q11	Presteza	3	O serviço deve, preferencialmente, ser imediato.
Q13	Presteza	3	Os funcionários devem, preferencialmente, dar atenção ao cliente, mesmo que esteja ocupado.
Q22	Empatia	3	Os horários devem ser, preferencialmente, convenientes aos clientes.
Q10	Presteza	2	A empresa deve informar quando o serviço estiver concluído.
Q18	Empatia	2	A empresa deve dar atenção individual aos clientes.

(continua)

(Quadro EC 5.2 – conclusão)

Questão	Dimensão	Nota	Conclusão
Q19	Empatia	2	Os funcionários devem dar atenção individual aos clientes.
Q21	Empatia	2	A empresa deve promover o bem-estar dos clientes.
Q12	Presteza	1	Os funcionários devem sempre estar dispostos a ajudar os clientes.

Como podemos observar, os clientes estão mais preocupados com os itens que abordam as dimensões de confiabilidade e segurança, pois estas receberam nota máxima. Portanto, são características que devem ser atendidas sempre pela organização. As características que receberam nota 1 ou 7 devem ser priorizadas pela empresa pois interferem diretamente no momento de decisão de contratação do serviço. Os itens que receberam nota 3 ou 6 também são importantes para os clientes, mas são características que a empresa deve atender apenas preferencialmente. Já os itens que receberam nota 2 ou 5 representam as características consideradas de menor importância pelo cliente, mas isso não significa que a empresa não deva buscar atendê-las.

6

Gerenciando funcionários de alto contato e de apoio

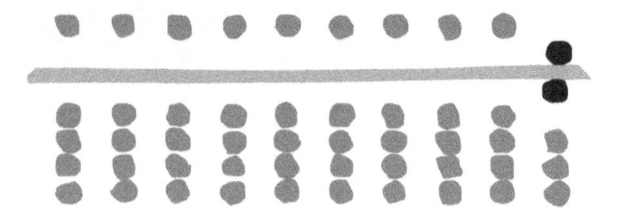

Conteúdos do capítulo:

- Trabalhando com o funcionário na interface.
- Atuação do funcionário de alto contato e apoio.
- Processo de seleção de funcionários.
- Funcionário como agente de mudança organizacional.
- OLE – *Overall Labor Effectiveness*, ou eficiência global do trabalho.

Após o estudo deste capítulo, você será capaz de:

1. entender o esforço realizado pelo funcionário de alto contato;
2. reconhecer as estratégias dos funcionários para a prestação de serviços;
3. identificar quais são os passos necessários para selecionar funcionários;
4. reconhecer os critérios que fazem do funcionário o agente de transformação;
5. aplicar o modelo *Overall Labor Effectiveness* (OLE).

𝒩este capítulo, apresentaremos um estudo sobre as estratégias para a seleção e a manutenção de funcionários de alto contato. Vamos caracterizar o trabalho e o impacto do funcionário de alto contato da prestação de serviços, mostrando os critérios para a realização da seleção desse tipo de funcionário. Finalmente, vamos colocá-lo na equação da mudança organizacional, como agente de mudança, apresentando um modelo para a avaliação de seu desempenho.

6.1   Trabalhando com o funcionário na interface

A realização de uma interface que cative o cliente é muito importante para a organização. É na interface que se presta o serviço ao cliente, com a possibilidade de superar suas expectativas e fidelizá-lo, de tentar recuperá-lo trazendo-o de volta à organização em caso de uma falha. Dos elementos constantes da interface, o funcionário de alto contato é o mais importante. Do ponto de vista da organização, ele é o representante; já do ponto de vista do cliente, ele é confundido com a própria empresa.

Deve ser atribuição do funcionário de alto contato o gerenciamento das expectativas dos clientes na prestação dos serviços, fazendo o possível para que o *gap* 1 – falha na comparação da expectativa do consumidor com a percepção gerencial – do modelo para analisar falhas de qualidade em serviço apresentado por Zeithaml, Parasuraman, e Berry (1990) seja reduzido. Para tanto, o funcionário de alto contato deve aprender a dominar determinadas situações que são deixadas sob sua execução e seu controle. Muitos estudos indicam que a qualidade dos serviços, ou seja, o atendimento às dimensões da qualidade, está diretamente vinculada ao funcionário prestador.

6.1.1 Trabalho emocional

Lovelock e Wirtz (2006, p. 260) indicam que "o termo trabalho emocional foi idealizado por Arlie Hochschild em seu livro *The Management Heart*" e surgiu da constatação de que existe diferença entre o que o funcionário de alto contato sente internamente e o que deve apresentar diante do cliente. Do funcionário de linha de frente são exigidas características que demonstrem cordialidade, sinceridade, responsividade às necessidades dos clientes e a suas emoções.

Repousa sobre a responsabilidade do funcionário o sucesso organizacional. Vale dizer que o "peso" que carrega o funcionário de alto contato torna o trabalho altamente estressante e requer habilidades emocionais muito desenvolvidas. No trabalho de Zeithaml e Bitner (2003), são listadas fontes de conflito para as quais os funcionários devem ser preparados.

A primeira fonte é o **conflito entre pessoas e papéis**. Muitas vezes, as organizações exigem uma forma de atendimento que não condiz com os sentimentos ou as crenças dos funcionários. A organização deve avaliar a capacidade do funcionário de adaptar-se à função de funcionário de alto contato para a realização do serviço conforme projetado.

Outro conflito enfrentado pelo funcionário de alto contato o coloca na posição de mediar o **conflito entre a organização e o cliente**. Essa situação é caracterizada por aquilo que o cliente espera dos serviços em contraponto com o que a organização oferece. Muitas vezes, é do funcionário de alto contato a responsabilidade de promover ou não a entrega dos serviços.

Em certas situações, o funcionário deve atender muitos clientes ao mesmo tempo. Isso indica que teremos clientes atendidos em tempos diversos, o que pode causar a percepção entre os clientes de que estão sendo preteridos no atendimento, uma vez que outro "passa à sua frente", gerando uma situação de **conflito entre os clientes**. Tentar ajustar essas necessidades entre os clientes para um só formato de atendimento desgasta o funcionário de alto contato.

A última situação de conflito apresentada diz respeito às decisões entre **qualidade e produtividade**, em que o funcionário deve corresponder às necessidades de realizar determinada quantidade de atendimentos/serviços para que a operação seja satisfatória. Dessa forma, ele se vê pressionado a prestar o serviço com um padrão de qualidade inferior ao planejado. Na maioria das vezes, essa situação ocorre por uma incapacidade da organização em projetar adequadamente os tempos de serviços ou por não capacitar o funcionário de alto contato na realização dessa tarefa.

6.2 Atuação do funcionário de alto contato

A organização de serviços não pode esperar que o mercado de trabalho lhe entregue pessoas competentes no momento em que necessita. Não raro, o pessoal necessário não pode ser encontrado no mercado porque o serviço prestado apresenta um diferencial competitivo que deve ser transmitido ao pessoal da linha de frente.

Os funcionários de serviços devem estar aptos a compreender as necessidades organizacionais na prestação dos serviços. O *gap* 3 indica uma falha de percepção dos funcionários quanto à verdadeira oferta de serviços que a organização quer proporcionar ao cliente. Uma proposta para minimizar os efeitos é apresentada na Figura 6.1.

Figura 6.1 – Estratégias de recursos humanos para eliminação do *gap* 3

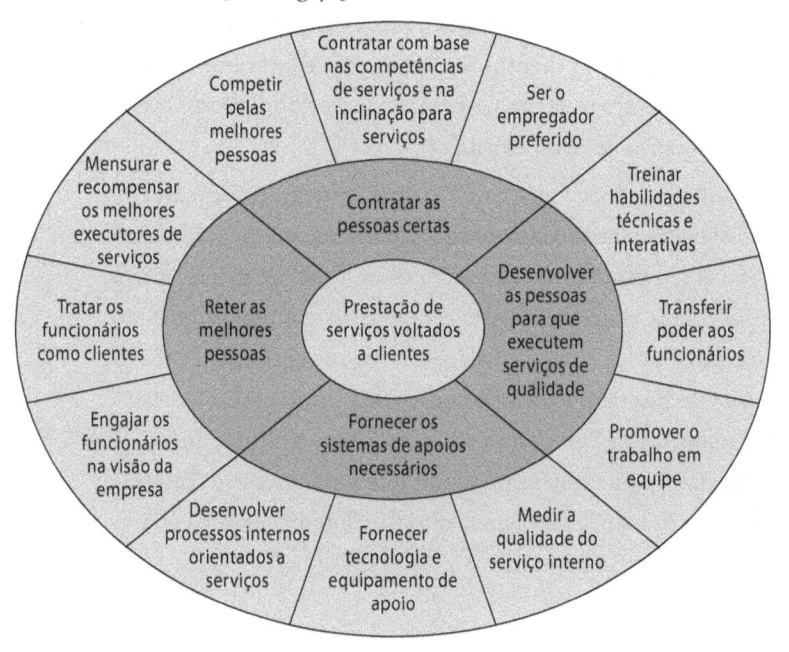

Contratar com base nas competências de serviços e na inclinação para serviços
Competir pelas melhores pessoas
Ser o empregador preferido
Mensurar e recompensar os melhores executores de serviços
Contratar as pessoas certas
Treinar habilidades técnicas e interativas
Tratar os funcionários como clientes
Reter as melhores pessoas
Prestação de serviços voltados a clientes
Desenvolver as pessoas para que executem serviços de qualidade
Transferir poder aos funcionários
Engajar os funcionários na visão da empresa
Fornecer os sistemas de apoios necessários
Promover o trabalho em equipe
Desenvolver processos internos orientados a serviços
Fornecer tecnologia e equipamento de apoio
Medir a qualidade do serviço interno

Fonte: Adaptado de Zeithaml; Bitner, 2003, p. 267.

A prestação de serviços voltados a clientes enseja um tratamento diferenciado do funcionário que realiza suas tarefas sem a presença daqueles. Para aumentar as chances de sucesso, a organização deve realizar internamente quatro grandes tarefas: contratar as pessoas certas para o serviço, realizar o desenvolvimento em direção da qualidade, fornecer os elementos necessários à prestação dos serviços e estabelecer estratégias de retenção dos melhores funcionários.

6.2.1 Contratar as pessoas certas

A contratação de pessoas para o fornecimento de serviços deve considerar a natureza do próprio serviço. Isso exige pessoas mais capacitadas em determinada área de atuação. Não raramente nos deparamos com funcionários mal treinados, com baixos salários e que reclamam diretamente ao cliente, tornando deturpado o recebimento do serviço. Os funcionários deverão ter as qualificações técnicas e emocionais necessárias ao desenvolvimento dos serviços que deverão executar, ou seja, devem ser pessoas que transmitam a confiança necessária pretendida pela organização junto aos seus clientes, bem como demonstrem segurança no atendimento. Vejamos algumas estratégias da organização para contratar as pessoas certas.

6.2.1.1 Competir pelas melhores pessoas

Envolve estratégias que atraiam as pessoas com as habilidades diferenciais. As organizações podem se utilizar de seu pessoal interno para realizar o recrutamento, fazendo publicações em veículos específicos. Por exemplo, na contratação de garçons, a divulgação será feita em escolas próprias. É possível ainda realizar uma quantidade significativa de entrevistas a fim de achar o candidato correto e até mesmo elevar o nível de exigência da tarefa para obter funcionários com maior qualificação e, então, efetuar a escolha.

6.2.1.2 Contratar com base nas competências de serviços e na inclinação para serviços

Como apresentado na seção 6.1, o funcionário de alto contato está sujeito a situações exclusivas de prestação de serviços. Deve ter tanto competências em serviços quanto a inclinação para a realização da tarefa. As competências em serviços são as habilidades e os conhecimentos necessários ao trabalho. A inclinação para a realização da tarefa está ligada ao seu interesse em executar um trabalho relacionado à prestação de serviços. As organizações estão cada vez mais utilizando a ciência e a tecnologia para verificar o desempenho dos candidatos antes de contratá-los. Além disso, testes de competência e testes de personalidade são realizados para verificar a adequação dessas pessoas para a realização das tarefas.

6.2.1.3 Ser o empregador preferido

O que você faria se, ao procurar um emprego, se deparasse com a oportunidade de trabalhar em uma das empresas consideradas melhores para o funcionário? Os bons funcionários buscam as empresas tidas como melhores para se trabalhar, pois a reputação remete o empregado às melhores situações que ele poderia encontrar para a execução de seu trabalho. É evidente que o salário tem importância significativa, entretanto, não podemos descartar outros elementos de decisão analisados, como o ambiente social, o ambiente técnico do trabalho, a localização do serviço e outros benefícios sociais (planos de saúde, capitalização conjunta e outros).

6.2.2 Desenvolver pessoas para que executem serviços de qualidade

Para que o fornecimento do serviço seja consistente, é necessário desenvolver as pessoas para que executem serviços com a qualidade desejada. As organizações devem compreender que os funcionários "não nascem prontos" para o trabalho para o qual foram contratados. Existem diversos níveis de exigência que dependem das características da organização e da prestação de serviços em relação às exigências de habilidade técnica e interativa, ao limite de atuação do funcionário e ao grau de individualidade na execução da tarefa. Vejamos, a seguir, algumas ações que devem ser realizadas pela organização para ajustar e auxiliar o funcionário de alto contato na realização de suas tarefas.

6.2.2.1 Treinar habilidades técnicas e interativas

Entre as exigências requeridas pela organização, está o domínio de determinada técnica, metodologia ou ferramenta que integre o fornecimento dos serviços. O funcionário deve compreender a necessidade e a importância de reconhecer a finalidade de uso, ou seja, qual o papel desempenhado pela habilidade técnica aprendida que a torna significativa. Também podem ser treinadas as habilidades interativas do funcionário. Dizemos muitas vezes que o funcionário deve ter "empatia" com o cliente, procurando colocar-se na posição do cliente para sentir o que ele sente. Entretanto, não dizemos de que forma o funcionário deve fazer isso, o que cria uma lacuna de interpretação do serviço. Por isso, devemos treiná-lo em situações muito próximas do real para que possa compreender quais são as necessidades do cliente. Assim como reconhecemos uma expressão de dor no rosto de uma pessoa, podemos treinar nossos funcionários para perceber as necessidades do cliente sem que este as verbalize.

6.2.2.2 Transferir poder aos funcionários

Se analisarmos o ambiente industrial de uma fábrica, vamos verificar que a maior exigência que se faz em relação ao funcionário é que ele desempenhe a tarefa com a menor variação possível e que qualquer alteração no processo seja realizada com prévia autorização da supervisão ou gerência. Ora, no caso do funcionário de alto contato, o momento da prestação se dá com o cliente no sistema produtivo e, muitas vezes, não há a possibilidade de se realizar uma consulta para uma tomada de decisão. Assim, é necessária a transferência de poder aos funcionários de alto contato para que estes possam solucionar pequenos problemas oriundos da prestação diante do cliente. A literatura específica, nesse caso, utiliza o termo *empoderamento*. É preciso empoderar o funcionário para a execução de suas tarefas.

6.2.2.3 Promover o trabalho em equipe

Uma das vantagens do trabalho em equipe é, sempre que possível, a troca de ideias quando o funcionário se encontra na linha de frente, em que a organização não tem como planejar todas as situações de ocorrências, uma vez que estas são muitas vezes imprevisíveis. Uma das forças do funcionário de alto contato para melhorar a qualidade da tomada de decisão e da prestação dos serviços é a interatividade proporcionada pela realização do trabalho em equipe, a qual poderá resultar na experiência requerida para uma situação imprevista. Para a organização, o trabalho em equipe é mais valorizado do que o individual, pois, apesar de controlar o sistema individualmente, a organização busca as metas gerais que devem ser atingidas pela equipe. Assim, a decisão da realização do trabalho em equipe pela organização exige um planejamento diferenciado pelo gestor.

6.2.3 Fornecer os sistemas de apoio necessários

É essencial que a organização disponibilize sistemas eficientes de apoio aos funcionários de alto contato, de tal forma que sirvam para ajudá-los na prestação dos serviços. Muitas organizações relegam a segundo plano o projeto e a análise dos sistemas de apoio, sofrendo o impacto por não se adequarem à prestação do serviço. Outras organizações dependem desses sistemas para prover os funcionários de informações relevantes. Já outras utilizam os sistemas de apoio como uma avaliação para premiação conjunta, em que a interface do ambiente da prestação com os serviços de apoio é essencial.

6.2.3.1 Medir a qualidade do serviço interno

Como vimos anteriormente, uma forma de estimular os serviços e sistemas de apoio a trabalhar com eficiência e produtividade é realizar uma medição para premiação. Assim, por parâmetros claros e definidos, os funcionários poderão verificar a bonificação. O estimulo à atividade implicará, preliminarmente, em satisfação do funcionário e o estimulará na prestação do serviço. Para a organização, auditorias podem ser realizadas para verificar o padrão e a consistência da prestação das atividades da linha de frente.

6.2.3.2 Fornecer tecnologia e equipamento de apoio

Às vezes, o funcionário não possui o equipamento adequado, ou o próprio equipamento faz com que ele falhe na prestação do serviço. A tecnologia e os equipamentos não se limitam a equipamentos eletroeletrônicos ou mecânicos, podem também ser os arranjos físicos do local de trabalho, bem como a disposição equilibrada dos móveis e o *design* do ambiente de prestação. Um ambiente bem planejado pode levar ao aumento da produtividade do funcionário e estimular favoravelmente a interface com o cliente.

6.2.3.3 Desenvolver processos internos orientados a serviços

Algumas empresas têm seus processos internos orientados por regras específicas, muitas vezes tradicionais, com base na eficiência de custos ou por necessidades próprias. Processos internos orientados a serviços indicam que os funcionários e o ambiente têm capacidade de se adaptar à medida que o perfil do cliente muda. A flexibilidade deve ser uma regra no momento do planejamento dos processos.

6.2.4 Reter as melhores pessoas

Nas organizações, é necessário que os serviços sejam prestados por pessoas que os conheçam, saibam realizá-los e que tenham certa especialização na área. A rotatividade de pessoal não permite que os serviços da organização sejam prestados de forma consistente e contínua, pois, a cada mudança de funcionários, pequenos ajustes são feitos no sistema. Assim, devem ser considerados os meios existentes para promover a retenção desses funcionários como uma estratégia organizacional para o fornecimento adequado dos serviços.

6.2.4.1 Mensurar e recompensar os melhores executores em serviços

Uma empresa que deseja escolher e manter os melhores funcionários para a prestação dos serviços deve saber medir e recompensar, com base nessas medidas, os melhores funcionários que respondam pela prestação dos serviços. As recompensas podem ser oferecidas em diversos formatos, já vistos anteriormente. A medida da recompensa é essencial para o equilíbrio, o valor que se dá ao prêmio e à efetividade possibilita o reconhecimento dos padrões pelos funcionários não listados. Um cuidado plausível é que os resultados dos critérios de avaliação sejam divulgados preliminarmente para o avaliado.

6.2.4.2 Tratar os funcionários como clientes

Apesar da confusão que pode ser feita em função do termo *clientes*, a organização deve considerar que os processos devem responder a um padrão, a ser assimilado pelos funcionários em atividades em que existam ações interdependentes. Tratar o funcionário como cliente, nesse caso, diz respeito à possibilidade de fornecer um serviço interno da mais alta qualidade. Um ambiente adequado tem a vantagem de tornar o funcionário (cliente) mais satisfeito com o local de trabalho, aumentando sua produtividade. Para determinar o nível de satisfação dos funcionários, a organização poderá realizar questionários para o desenvolvimento e o acompanhamento do nível interno de satisfação.

6.2.4.3 Engajar os funcionários na visão da empresa

As organizações procuram fazer com que seus novos funcionários assimilem a visão da empresa para poderem percorrer o restante do caminho. Qual é a visão da empresa em serviços? Para respondermos a essa pergunta, devemos desenvolver os trabalhos constantes no Capítulo 3, que trata das estratégias para a mudança de cultura organizacional. Quando as metas e a direção são claras e motivadoras, é mais provável que os funcionários permaneçam na empresa, uma vez que isso diz respeito à possibilidade de eles "vestirem a camisa", pois percebem que os parâmetros organizacionais, na maioria das situações, correspondem aos seus, criando, então, uma identidade com a organização.

6.3 Selecionando o funcionário certo

Seleção, nesse caso, é a escolha, em um conjunto de candidatos em potencial, de uma pessoa com características específicas para determinado cargo. Como regra geral, a seleção é realizada com base em um histórico apresentado pelo candidato. Entretanto, à medida que as exigências do cargo ou posto de trabalho são elevadas, as necessidades de informação sobre as características do candidato se elevam.

6.3.1 O que deve ser analisado preliminarmente

De acordo com Megginson, Mosley e Pietri (1998), é impossível saber exatamente o que procurar em um empregado em potencial, mas existem recomendações que diminuem a possibilidade de erro e parecem afetar a produtividade do candidato. Por exemplo:

- antecedentes da pessoa;
- aptidão e interesses;
- atitudes e necessidades;
- habilidade analítica e de elaboração;
- habilidades técnicas e destreza;
- saúde, energia e resistência.

Antes de continuarmos, é interessante salientar que as organizações muitas vezes se valem de empresas especializadas em recrutamento e seleção de pessoal a fim de usufruírem das melhores técnicas para essa contratação. Devemos salientar também que o processo de seleção se encerra com a admissão do empregado; entretanto, o processo de avaliação não se encerra aí, devendo ser consistente e contínuo, de acordo com as necessidades de desempenho da organização.

Outras organizações se valem de centros de avaliação, internos ou externos, onde as pessoas são avaliadas para determinar se serão bem-sucedidas, por exemplo, na posição de linha de frente ou como apoio à linha de frente. Os centros de avaliação internos têm a vantagem de monitorar continuamente o funcionário e realizar uma adequação mais acurada ao local e ao posto de trabalho.

As etapas para o processo de seleção de empregados em potencial listadas a seguir têm a finalidade de traçar um perfil mais detalhado do candidato. Megginson, Mosley e

Pietri (1998) listam sete etapas que podem ser seguidas, como veremos no Quadro 6.1.

Quadro 6.1 – Processo de seleção de empregados

Etapas do processo	Característica restritiva a procurar
1. Entrevista preliminar	Obviamente inadequado pela aparência e conduta
2. Inventário biográfico	Não tem o nível de instrução e desempenho adequados
3. Testes – de inteligência	Não tem padrão mínimo de agudeza mental
– de aptidão	Sem capacidade para adquirir conhecimentos ou habilidades específicos
– de proficiência	Incapaz de demonstrar capacidade para a função
– de interesses	Carece do interesse vocacional necessário
– de personalidade	Não tem as características pessoais necessárias à função
4. Entrevista em profundidade	Não tem a capacidade, a ambição ou outras qualidades necessárias
5. Verificação de referência de desempenho passado	Passado de realizações negativas ou desfavoráveis
6. Exame físico, inclusive teste de uso de drogas	Fisicamente inadequado
7. Julgamento pessoal	Competência e capacidades gerais para se encaixar na organização

FONTE: Megginson; Mosley; Pietri, 1998, p. 295.

Os testes são a única base objetiva para obtermos informações sobre os candidatos. Por meio dos testes, podemos avaliar a capacidade do candidato em realizar o trabalho. Megginson, Mosley e Pietri (1998, p. 296) apresentam um estudo publicado na revista *Personnel Administrator* sobre as formas mais comuns de teste para o emprego, que são: testes físicos (42%), de drogas (25%), de personalidade (19%) e de aptidão (14%). Note que a característica de personalidade deve ser salientada quando trabalhamos na interface, por isso devemos dar maior ênfase a esse requisito durante o processo de seleção.

6.4 A mudança organizacional passa pelo funcionário

Muito dissemos sobre as possibilidades de a organização alterar o comportamento do funcionário por meio de treinamentos, muitas vezes exaustivos e com custos elevados. Entretanto, por que a postura do funcionário não pode mudar? Respondendo a essa pergunta, Covey (1996), autor de inúmeras publicações sobre comportamento, afirma que, para que as organizações possam ser transformadas, torna-se necessário fazer o mesmo com cada pessoa. Considera ainda que não é plausível que a cultura organizacional mude se os funcionários não mudarem, pois, assim, fica claro que a mudança organizacional pretendida não acontece. A transformação organizacional tem início no momento em que cada pessoa se compromete a transformar-se individualmente – uma coisa acompanha a outra.

Covey (1996) acrescenta que "nada vai mudar do jeito que gostaríamos que mudasse em nossas famílias, organizações e nações até que nós mesmos mudemos e nos tornemos parte da solução que buscamos". Devemos, portanto, fazer parte da solução, e não do problema. Assim, Covey (1996) propõe dez chaves-mestras para a transformação, que funcionam em qualquer lugar e a qualquer momento. Elas estão representadas a seguir:

1. A transformação começa com a **consciência** da necessidade de mudar. Precisamos ter consciência cada vez maior de onde estamos em relação a onde queremos estar. Não podemos negar a necessidade de transformação ou o tipo de engajamento e esforço que ela exigirá.
2. O passo seguinte é entrar num processo de "**missões conjuntas**", alinhando sua missão pessoal com a missão de sua organização. Esse processo de "juntar as missões" pode ser melhor realizado por meio do envolvimento e da participação.

As pessoas têm de decidir por si sós que impacto as transformações exercerão sobre elas e sua esfera de influência. Quando seu pessoal compartilhar a mesma missão você terá um reforço natural na cultura para ajudar a perpetuar as transformações.

3. Construa um senso de **segurança interior**. Quanto menos segurança interior as pessoas têm, menos elas conseguem adaptar-se à realidade externa. Elas precisam ter algum sentimento de que a terra não irá se mover sob seus pés. As pessoas não irão mudar por conta própria a não ser que tenham segurança interior. Se aquilo que lhes dá segurança é algo que está fora delas, elas enxergarão as mudanças como ameaças. Precisamos de um sentimento de permanência e segurança. Viver sobre um chão sempre instável é como vivenciar um terremoto todos os dias.

4. A seguir você precisa **legitimar** as transformações a nível pessoal. Se você oferecer às pessoas uma experiência de aprendizado profundo sobre ouvir com empatia, por exemplo, no dia seguinte elas poderão fazer algo a respeito. Sem isso, elas se revoltarão. Podem dizer, por exemplo: "O que você está tentando fazer? O que há de errado com o nosso jeito?". As pessoas precisam reconhecer: "Preciso de uma coisa que ainda não tenho". E elas sabem que não vão conseguir essa coisa se apenas ficarem esperando por ela e imaginando-a. É preciso proceder a uma mudança de mentalidade e de conjunto de habilidades. Para conseguir o que querem elas precisam pagar o preço em termos de processo de desenvolvimento.

5. Assuma **responsabilidade pessoal** pelos resultados. Executivos e funcionários muitas vezes discutem a questão de "até que ponto esse desenvolvimento deve

caber à organização e até onde deve ir o papel e a responsabilidade do indivíduo". Acho que, em última análise, cabe ao indivíduo ser competente. O indivíduo deve dizer: "Para mim, a organização é um recurso. Posso lançar mão desse recurso ou buscar outros. Se a organização mostrar não ser um recurso para mim, então terei de adquirir o conhecimento, as habilidades e o treinamento por conta própria". Mas se olharmos o treinamento do ponto de vista da direção da empresa, eu diria: "Sim, em última instância o responsável é o indivíduo, mas precisamos criar um ambiente que dê apoio a ele e fornecer alguns recursos que ajudem as pessoas a desenvolver as competências de que precisamos para sermos competitivos".

6. **Enterre o velho**. Frequentemente é necessário haver um "batismo" – um enterro simbólico do corpo antigo para assumir um novo corpo, nome, posição, lugar, linguagem e espírito. Isso simboliza não apenas a rejeição do que é velho, mas o fato de que você está construindo com base no velho e avançando em direção ao novo. Já vi isso ser realizado de maneira muito bem-sucedida quando as pessoas se reúnem e enterram as práticas antigas e toda a carga de culpa associada a elas. O processo se transforma num momento de transição. Em seu livro Passagens, Gail Sheeley escreve: "Como a lagosta, nós também precisamos nos libertar de uma estrutura protetora a cada passagem de uma etapa do crescimento para outra. Isso nos deixa expostos e vulneráveis, mas também nos devolve a condição de embrião, que possibilita o crescimento e nos capacita a nos esticar de maneiras antes desconhecidas".

7. Abrace o novo caminho com **espírito de aventura**. O próprio processo de transformação precisa se transformar.

Em primeiro lugar, a organização precisa ser centrada em leis naturais e princípios duradouros. Não se pode transformar um local de trabalho politizado numa cultura de qualidade, a não ser com base em princípios. Caso contrário não se terá o fundamento necessário para dar suporte às iniciativas de reforma. Os líderes centrados em princípios criam uma visão comum e procuram reduzir as forças limitadoras. Os líderes centrados nos lucros frequentemente tentam aumentar as forças motrizes. Eles podem conseguir implementar melhorias temporárias, mas elas criam tensões – e essas tensões se transformam em novos problemas, que por sua vez requerem novas forças motrizes. À medida que as pessoas ficam cansadas e se tornam cínicas, o desempenho cai. O gerenciamento por impulsos leva ao gerenciamento de crises.

8. Esteja **aberto a novas opções**. As grandes transformações requerem um espírito de aventura, já que você pisa em território desconhecido. Vamos começar tendo em mente a meta final. O objetivo é que encontremos uma solução melhor do que a que qualquer um de nós está propondo agora. Não sabemos qual será essa meta final. É algo que precisamos encontrar juntos. O que buscamos é a sinergia. O fato de mantermos um espírito aberto nos dará mais imunidade ao pensamento à base de dicotomias, o pensamento ou-isso-ou-aquilo. Assim, da próxima vez que surgir um problema entre nós, poderemos buscar algo melhor – uma terceira alternativa.

9. Busque **sinergia** com outros interessados no processo. Outro dia eu estava fazendo uma visita ao principal executivo de uma empresa, ajudando-o a preparar um discurso importante no qual ele queria tratar dos

"relacionamentos deteriorantes" no interior de sua organização. Sugeri a ele que relacionamentos tensos muitas vezes são sintomáticos de males maiores no interior da cultura – males tais como o espírito de contenção e o espírito de antagonismo na maneira com que as pessoas resolvem os problemas. Mostrei ao executivo como os hábitos de interdependência, empatia e sinergia representam uma forma de lidar com questões difíceis e continuar mantendo bons relacionamentos de trabalho. Ele disse: "Outro dia me encontrei com um adversário e disse a ele: Vamos deixar que o espírito de sinergia seja o espírito de nossa interação mútua. Ele concordou, e nosso encontro teve bons resultados! Fiquei muito satisfeito, mas agora já voltamos a nossas posições antagônicas anteriores". Quando não existe confiança suficiente para uma sinergia, pelo menos se pode chegar a um meio-termo respeitoso. Quando a diversidade é apreciada surge lugar para a sinergia, e a sinergia cria transformações. Quando as pessoas se sentem compreendidas e valorizadas, elas podem transformar-se a seu próprio modo em vez de mudar seguindo alguma norma, algum clone ou algum mandado.

10. O fator-chave é o **propósito transcendental**. Hoje em dia vivemos tão soterrados debaixo de interesses particulares e especiais que não compartilhamos um propósito transcendental. Outro dia, quando me reuni com um grupo de generais, observei que era muito mais difícil para eles afirmar sua missão em tempos de paz do que em tempos de guerra. Eles são muito mais centrados quando têm um inimigo a combater. Mas a maioria das batalhas territoriais bloqueia as transformações, porque você fica preocupado demais em proteger seus interesses especiais para poder ter o incentivo

> e a motivação para se transformar. Quando você enxerga o mundo em termos de "nós contra eles", você entra num processo de transações, não de transformações. Os líderes efetivos "transformam" pessoas e organizações. Promovem transformações em suas mentes e seus corações, ampliam sua visão e sua compreensão, esclarecem as metas, tornam os comportamentos congruentes com as crenças, os princípios e os valores e implementam transformações permanentes, que se autoperpetuam e cujo ímpeto é cada vez maior.
> Quando você enxerga o mundo em termos de "nós contra eles", você entra num processo de transações, não de transformações. Os líderes efetivos "transformam" pessoas e organizações. Promovem transformações em suas mentes e seus corações, ampliam sua visão e sua compreensão, esclarecem as metas, tornam os comportamentos congruentes com as crenças, os princípios e os valores e implementam transformações permanentes, que se autoperpetuam e cujo ímpeto é cada vez maior.

FONTE: Covey, 1996, grifo nosso.

Fica claro que Covey (1996) propõe a modificação, ou pelo menos um ajuste, das relações e responsabilidades entre a organização e o funcionário. O autor considera o funcionário como parte da estrutura organizacional – mas não uma parte qualquer, e sim uma parte capaz de induzir a mudanças, desde que perceba a possibilidade de execução das dez chaves, que, realizadas em conjunto com a organização, poderão promover a mudança.

6.5 Overall Labor Effectiveness (OLE)

O OLE – *Overall Labor Effectiveness*, ou seja, a eficiência global do trabalho, pode ser obtido pela realização de medidas de um conjunto de indicadores. Segundo Kronos (2009), otimizar o desempenho da força de trabalho exige uma nova visão. Atingir esse *insight* obriga as empresas a estabelecer métodos de quantificação, de realização de diagnóstico e, em última análise, a predizer o desempenho de sua força de trabalho – um dos elementos mais importantes e altamente variáveis da produção.

Pense na prestação de serviços em que a força de trabalho tem impacto significativo e fundamental. Nesse caso, a utilidade de elementos de diagnóstico torna-se fundamental, e estes podem ser fornecidos pelo indicador de eficiência geral do trabalho (OLE).

O OLE consiste na análise do efeito cumulativo de três fatores, que adaptamos para refletir as características da prestação de serviços.

- **Disponibilidade** – A percentagem de tempo que o trabalhador gasta fazendo contribuições efetivas.
- **Performance** – A quantidade de produto ou serviço concluído.
- **Qualidade** – A percentagem de serviço entregue de forma perfeita.

Um prestador pode melhorar a produtividade da organização e, portanto, o nível de rentabilidade por meio da compreensão da interdependência e de *trade-offs* desses três fatores, gerenciando-os em tempo real. Entre as vantagens do OLE, citamos as seguintes:

- Fornece a capacidade de analisar o impacto do trabalho na operação, no departamento, na planta e, até mesmo, corporativamente, nos níveis da organização.

- Pode expor a interação das variáveis interdependentes. As alterações feitas para melhorar uma área podem ter impacto negativo em outros lugares. Por exemplo, um processo de mudança faz com que seja mais rápido conseguir um bem acessório, mas, por outro lado, compromete a prestação dos serviços, atrasando-a.
- Indica tendências que são muito pequenas para serem notadas e somente aparecem em efeito cascata sobre o desempenho total.

Podemos exemplificar a utilização do OLE analisando o Quadro 6.2, no qual, com base em indicadores parciais, são calculadas a disponibilidade, a *performance* e a qualidade.

Quadro 6.2 – Exemplificação do cálculo do OLE

Categoria	Desempenho individual	Total	OLE (acumulado)
Disponibilidade Absenteísmo (+) Tempo ocioso (+)	88% 87,5%	77%	65,8% de uso eficaz do trabalho
Performance Atendimentos efetivos realizados	90%	90%	
Qualidade Velocidade e presteza	95%	95%	

O resultado indica que o trabalhador ou a equipe de trabalho tem sua eficiência global calculada em 65,8% como resultado da ponderação dos percentuais para disponibilidade, *performance* e qualidade. Note que os grandes grupos de indicadores podem e devem ser compostos de indicadores secundários que reflitam as necessidades organizacionais e que estejam enquadrados em uma das três categorias. Essa situação permite a rastreabilidade daqueles fatores que impactam de forma mais negativa no fornecimento, permitindo que o gestor atue na causa-raiz da baixa eficiência no trabalho.

Síntese

Apresentamos, neste capítulo algumas características relacionadas aos funcionários de organizações de prestação de serviços que trabalham na linha de frente e nas atividades de apoio incluídas na linha de visibilidade do cliente. Verificamos que o trabalho do funcionário na interface é considerado exaustivo e estressante, uma vez que ele deve gerenciar o processo de relacionamento com o cliente e ainda medir as necessidades organizacionais, ficando sempre em uma posição de conflito. Identificamos, na literatura, quatro situações: conflito entre pessoas e papéis, conflito entre a organização e o cliente, conflito entre os clientes e decisões entre qualidade e produtividade. Nesse âmbito, tratamos da importância do funcionário e verificamos as ações estratégicas necessárias para maximizar o desempenho na prestação de serviços. Assim, contratar as pessoas certas, fornecer os sistemas de apoio necessários, desenvolver pessoas para que executem serviços de qualidade e reter as melhores pessoas são todas estratégias da organização voltadas ao funcionário. Com a intenção de identificar o melhor funcionário para o posto, apresentamos um processo de seleção e suas etapas. As abordagens até então consideram a organização como agente de mudança, o que não é integralmente verdade, pois as mudanças necessariamente passam pelos funcionários. Assim, a iniciativa e a disponibilidade de mudança são apresentadas por meio das chamadas *dez regras*, que incluem o funcionário na equação da decisão de mudança. Encerrando o capítulo, detalhamos o modelo OLE (*Overall Labor Effectiveness*) para a medição do desempenho do funcionário, indicando os fatores analisados representados pela disponibilidade, *performance* e qualidade, adaptados para serviços.

Saiba mais

Consulte o seguinte *site*:

EXAME. **As melhores empresas para você trabalhar – 2014.** Disponível em: <http://exame.abril.com.br/revista-voce-sa/melhores-empresas-para-trabalhar/2014>. Acesso em: 11 ago. 2015.

Veja nesse *site* os critérios utilizados para a escolha da melhor empresa. Você poderá navegar pela página e separar as empresas por setores, classificando-as para verificar quais são consideradas melhores.

Questões para revisão

1. Qual é o significado de *trabalho emocional* quando se confronta o trabalhador no atendimento à prestação de serviço organizacional? Quais são as características exigidas desse trabalhador na linha de frente?

2. Quais são as estratégias na prestação de serviços voltadas a contratar funcionários competentes e que possam reduzir o *gap* que indica uma falha de percepção dos funcionários na prestação de serviços?

3. Quais são as dez chaves-mestras para a transformação de nações, organizações e famílias que devemos seguir para termos soluções para problemas?

4. Relacione as colunas identificando as estratégias de recursos humanos na eliminação do *gap* 3 e suas ações.

I. Fornecer os sistemas de apoio necessário ( ) Tratar os funcionários como clientes, mensurar e recompensar os melhores executores de serviços.

II. Desenvolver as pessoas para realizar serviços de qualidade ( ) Competir pelas melhores pessoas, ser o empregador preferido.

III. Contratar pessoas certas ( ) Medir a qualidade do serviço interno, desenvolver processos internos orientados a serviços.

IV. Reter as melhores pessoas ( ) Treinar habilidades técnicas e interativas, transferir poder aos funcionários.

5. O OLE (*Overall Labor Effectiveness*), ou seja, a eficiência global do trabalho, pode ser obtido pela realização de medidas de um conjunto de indicadores. Com relação ao tema, identifique as afirmativas verdadeiras (V) e as falsas (F) relacionadas aos grupos dos indicadores que medem a eficiência:

( ) Disponibilidade: a percentagem de tempo que o trabalhador gasta fazendo contribuições efetivas.

( ) *Performance*: a quantidade de produto ou serviço concluído.

( ) Qualidade: a percentagem de serviço entregue de forma perfeita.

( ) Velocidade: a velocidade com que os funcionários da linha de frente atendem os clientes.

( ) Precisão: a completude com que os serviços devem ser prestados na linha de frente.

Questão para reflexão

1. Como você pode medir a qualidade dos serviços de educação se quando é aluno não consegue perceber o valor registrado nos conteúdos dos professores ou mesmo distingui-los dos outros que estão no mesmo nível? Pense a respeito.

EC 6
Estudo de caso: estratégias de comunicação, recursos humanos e participação de clientes da Zaztraz Car

*N*esta parte do nosso estudo de caso sobre a Zaztraz Car, definiremos e desenvolveremos as estratégias de comunicação interna e externa da empresa, as políticas de recursos humanos e o tipo de participação dos clientes.

EC 6.1
Estratégias de comunicação

> **Comunicação** é o processo pelo qual uma mensagem é enviada por um emissor por meio de determinado canal e, em seguida, é entendida por um receptor. O sistema de comunicação, por sua vez, é a rede que permite o funcionamento da estrutura de comunicação de forma integrada e meio da qual fluem as informações.

O sistema de comunicação permite entender o que deve ser comunicado, como, quando, por que e quanto, de onde deve partir a informação e para onde ela deve ir.

Como a capacidade de influência de empresa depende, em parte, de seus **processos de comunicação**, devemos estabelecer estratégias para torná-los eficientes. Tais estratégias têm por objetivo comunicar de forma clara e compreensiva a proposta de valor da empresa, ou seja, o que a empresa, por meio de seus produtos e serviços, tem para oferecer a seus clientes.

Neste particular, vamos analisar a comunicação interna e a comunicação externa:

- **Comunicação interna** – Tem como finalidade viabilizar toda interação possível entre a organização e seus empregados, cumprindo assim com um papel fundamental na cultura colaborativa. A empresa ajuda a desenvolver um ambiente em que as pessoas participam juntas e se envolvem nos processos de mudança; estimula-se o sentido de pertencer, o que gera comprometimento por parte dos empregados. Assim, um efetivo sistema de comunicação interna contribui para que a empresa se torne mais competitiva.
- **Comunicação externa** – É uma ferramenta que permite à empresa dialogar com a sociedade, prestar contas de seus atos e conhecer expectativas de potenciais clientes; é um instrumento fundamental para construir e solidificar a imagem empresarial. Uma política de comunicação externa clara e definida também é reconhecida como fator estratégico para o sucesso da corporação.

Neste tópico, definiremos e desenvolveremos as estratégias de comunicação interna e externa da Zaztraz Car, as políticas de recursos humanos e a participação dos clientes.

EC 6.1.1 Comunicação interna

Vamos elaborar uma estratégia de comunicação interna eficiente para a Zaztraz Car, tanto para a comunicação vertical quanto para a horizontal.

A **comunicação vertical** – aquela realizada entre níveis diferentes da empresa, mas de mesma área de atuação – deve dispor de maneiras que permitam que mensagens cheguem sem alterações a todos os níveis organizacionais. Para potencializar esse tipo de comunicação, divulgaremos a missão, visão e valores da empresa, os objetivos organizacionais e os feitos do lava-rápido e dos colaboradores. Assim, estimulamos também o sentido de pertencimento dos funcionários.

A **comunicação horizontal** – aquela realizada entre unidades organizacionais diferentes, mas do mesmo nível hierárquico –, por sua vez, é caracterizada por maior rapidez na transmissão da mensagem. Uma vez que a agilidade na lavagem dos carros é um diferencial esperado no serviço da Zaztraz Car, a empresa deve a comunicação horizontal entre os funcionários das diversas áreas da lavagem com o objetivo de abreviar a entrega do carro. Jantares e almoços para convívio, confraternizações e jogos de futebol para funcionários e amigos são boas estratégias para se alcançar esse tipo de comunicação.

EC 6.1.2 Comunicação externa

Em relação à comunicação externa, podemos enumerar vários fatores estratégicos de melhoria.

Para a **divulgação** da Zaztraz Car, devemos formar uma imagem sobre a empresa, informando suas características diferenciadas, as vantagens de utilização do serviço, seus preços, qualidade do atendimento, as condições de uso e a localização.

Para isso, podem ser distribuídos panfletos informativos na Universidade Federal do Paraná, nas residências da redondeza e nos pontos mais frequentados do bairro, como o Shopping Jardim das Américas. Também é possível fazer parcerias com empresas que prestem serviços automotivos na região, com o objetivo de atingir o público-alvo em comum.

Além disso, como hoje em dia muitas pessoas estão expostas à internet, faremos a divulgação da empresa em um *site* contendo todas as informações de interesse ao consumidor, como descrição dos tipos de lavagem, valores, horários de funcionamento, localização e formas de contato.

A propaganda feita pelos próprios clientes, conhecida como *boca a boca*, também pode ter influência positiva na divulgação da empresa. Mas, como nem sempre é possível contar com a boa vontade dos clientes, é necessário adotarmos os outros meios mencionados.

Para desenvolver e acelerar as vendas de lavagens, incentivaremos a **promoção de vendas**. Dessa maneira, os clientes poderão comprar os serviços através de promoções. Estas terão prazo de validade definido de acordo com as variações de demanda do lava-rápido.

Como já mencionamos, deve haver parcerias com outras empresas que prestem serviços automotivos. Assim, acontece também a propaganda visual da Zaztraz Car nessas empresas e vice-versa. Quais benefícios o cliente receberia com essa parceria é um ponto a ser discutidos pelos dois estabelecimentos, com a possibilidade de descontos nos valores.

A ideia de um cartão-fidelidade a ser entregue para todos os clientes contribui com a promoção de vendas. A cada lavagem o cartão será carimbado e, após 10 carimbos, o cliente ganhará um serviço gratuito, a ser definido conforme a demanda.

Também é possível oferecer, em *sites* de compras coletivas, a lavagem interna e externa do veículo com desconto especial, uma vez que o grande número de compradores viabiliza o preço reduzido. Assim, esperamos popularizar o estabelecimento e garantir um mínimo de atendimentos mesmo em períodos de baixa demanda.

Como as promoções de *sites* de compra coletiva não poderão ser oferecidas frequentemente, ofereceremos o serviço de cera líquida na finalização da lavagem do carro em períodos de baixa demanda (como quarta e quinta-feira, conforme vimos no Capítulo 3). Essa promoção é um meio atrativo de vendas para esse período, ou seja, reverte os picos de demanda reduzida.

As **garantias dos serviços** são outra inteligente estratégia. Após cada lavagem, os carros são devidamente inspecionados, com a presença do cliente, para a confirmação do padrão de qualidade do serviço. Esse processo é feito com o auxílio da comanda inicial, onde estarão discriminadas todas as exigências e observações do cliente para a lavagem. Caso o veículo não esteja de acordo com as exigências, será novamente lavado, desta vez com prioridade; além disso, ofereceremos um desconto ao cliente insatisfeito. Em caso de perdas e outros problemas, a Zaztraz Car ressarcirá o cliente prejudicado.

Só é possível garantirmos esses procedimentos se os funcionários estiverem devidamente capacitados e comprometidos com o sucesso da empresa. Voltaremos a abordar essa questão posteriormente, na seção EC 6.2, "Estratégias de recursos humanos".

Em relação à **administração das expectativas dos clientes**, a Zaztraz Car deve ter, na recepção, a estratificação dos valores de todos os serviços oferecidos e sua caracterização básica.

Na sala de espera, além de revistas de entretenimento, deve haver catálogos maior detalhamento de cada serviço, mostrando como é feito, quais produtos são utilizados, qual expectativa tem como objetivo atender, qual seu nível de eficácia em comparação aos outros serviços oferecidos, além de informações a respeito do lava-rápido e de seus picos de demanda, por exemplo. Esse catálogo ficará à disposição também dos funcionários da empresa, especialmente os da recepção, para usarem como explicação ilustrativa caso um cliente tenha dúvidas sobre algum serviço.

Caso um cliente não se interesse por um serviço, o funcionário deve oferecer alternativas semelhantes, mostrando sempre a revista com fotos ilustrativas do serviço. Se, por outro lado, o cliente possui uma expectativa irreal sobre o serviço, o funcionário deve analisar a situação e demonstrar, com base na revista-catálogo, a verdadeira função do serviço.

Esse tipo de situação nos leva também à estratégia de **melhorar a educação dos clientes**. Os funcionários da linha de frente recebem treinamento para informar a clientela sobre dias de pico de demanda para procurar evitá-los, bem como sobre as promoções dos dias de menor pico. Essa informação deve constar também na revista-catálogo. Os funcionários têm a missão de preparar os clientes para o processo do serviço, explicitando vantagens e desvantagens a fim de desfazer expectativas irreais, além de esclarecer as expectativas sobre o serviço após a venda.

EC 6.2
Estratégias de recursos humanos

Como desejamos uma organização que realmente valorize a qualidade e o serviço ao cliente, adotaremos algumas estratégias de recursos humanos, as quais são especificadas nas seções a seguir.

EC 6.2. Contratar as pessoas certas

Inicialmente, o lava-rápido deverá contar com oito funcionários, dos quais quatro serão as próprias sócias, que trabalharão na parte administrativa, incluindo funções como contratação de pessoal, *marketing*, financeiro e atendimento a clientes. Para a limpeza dos carros, deve haver quatro funcionários com experiência no mercado e, se possível, que morem na região do estabelecimento. Esses profissionais deverão ter indicação de antigos contratantes, já que responsabilidade e confiança serão fundamentais para a execução do serviço, visto que se trata de uma atividade em um bem alheio.

Para a contratação, faremos uma análise criteriosa dos candidatos, com base em suas competências e inclinações para o serviço proposto.

A eficiência da contratação dos funcionários será assegurada pelos benefícios sociais garantidos pela carteira de trabalho, pelas boas condições do ambiente de trabalho, além da boa remuneração, avaliada em torno de R$ 800,00. Também procuraremos atender a necessidades diversas dos funcionários, com o objetivo de mantê-los sempre satisfeitos com a empresa.

Além disso, à medida que a Zaztraz Car for crescendo, haverá mais possibilidade de progresso na carreira dos funcionários da limpeza, os quais poderão passar a atuar na linha de frente (na recepção, por exemplo).

EC 6.2.2 Reter os melhores funcionários

Para reter os melhores funcionários, vamos não só realizar ajustes periódicos nos salários, mas também manter o funcionário engajado e envolvido nos objetivos, na missão e nos valores da Zaztraz Car. Esse envolvimento tem como finalidade estreitar laços entre a empresa e o funcionário e, assim, alcançar a satisfação deste.

Outro artifício para reter os melhores funcionários será o sistema de recompensas, que incentiva o colaborador a fazer contribuições positivas ao lava-rápido ao mesmo tempo que incrementa seu desempenho organizacional. Como exemplos, podemos citar o oferecimento de folgas semanais e a diminuição da carga horária em datas comemorativas.

EC 6.2.3 Fornecer os sistemas de apoio necessários

Como os funcionários da Zaztraz Car estarão submetidos a determinadas condições de insalubridade, a empresa obedecerá às normas reguladoras de segurança e medicina ocupacional estabelecidas pelo Ministério do Trabalho.

Assim, disponibilizará sistemas de apoio, tecnologias e equipamentos que facilitem o trabalho, como instalações e vestimentas apropriadas para o desenvolvimento do serviço, aperfeiçoando as condições ergonômicas das tarefas realizadas, evitando riscos ao trabalhador e melhorando o desempenho, o conforto e o bem-estar dos funcionários.

Podemos medir a qualidade e a produtividade dos serviços de retaguarda – ou seja, aqueles em que não existe contato direto com os clientes – por meio de indicadores de desempenho nos pontos-chave desses serviços. Tais indicadores não só focam no desempenho e na capacidade do processo em atender os requisitos exigidos, mas também medem como o serviço é percebido pelos usuários.

Por meio do quadro a seguir, podemos observar alguns dos indicadores a serem usados para avaliar a qualidade nos serviços internos:

Quadro EC 6.1 – Indicadores de qualidade dos serviços de retaguarda

Elemento	Fator	Medida
Otimização do espaço	Espaço livre/Espaço total	Percentual de espaço livre por área total
Limpeza	Número total de limpezas/dia	Número de limpezas por dia
Lavagem de carros	Número total de lavagens/mês	Número de carros lavados por mês
Tempo médio de atendimento	Tempo total de atendimentos/Número total de atendimentos	Tempo por unidade de atendimento
Tempo de entrega	Tempo previsto/Tempo realizado	Entrega no prazo

É indispensável desenvolver os funcionários para que executem serviços de qualidade. E, uma vez que essa qualificação demanda um alto investimento, devemos analisar as consequências de perder um profissional já capacitado.

EC 6.2.4 Estabelecer o papel de cada funcionário

Os funcionários da Zaztraz Car desempenharão funções específicas na empresa: os sócios serão responsáveis pela parte administrativa e receptiva, enquanto os outros quatro funcionários executarão a limpeza dos carros.

Todo funcionário do lava-rápido deverá ter perfil condizente com os valores da empresa, como ter experiência, inspirar confiança, apresentar postura proativa e ser comunicativo, a fim de facilitar os processos da prestação de serviço.

Além dos treinamentos, é possível estender o papel dos funcionários da empresa a um nível mais educativo, que possibilite uma boa interação com os clientes, o que refletirá na satisfação destes.

EC 6.3
Estratégias de participação dos clientes

Diante do aumento da competitividade do mercado – e, consequentemente, aumento da exigência dos clientes –, muitas empresas estão reestruturando seus orçamentos a fim de direcionar uma maior parcela dos recursos para estratégias de *marketing* defensivo, ou seja, para ampliar as taxas de retenção e de lealdade de clientes (Patterson; Spreng, 1990).

Assim, várias iniciativas têm sido adotadas por meio de medidas e estratégias voltadas para ampliar a participação do cliente na prestação de serviços. Essas serão especificadas e discutidas a seguir, com enfoque nas estratégias da prestação de serviços da Zaztraz Car.

EC 6.3.1 Tipos de participação do cliente na prestação do serviço

Para estabelecer as estratégias de ampliação na participação dos clientes, inicialmente devemos delinear precisamente o nível de participação desejável e o papel deles na prestação do serviço.

No caso da Zaztraz Car, os clientes têm participação média na prestação do serviço: estão presentes somente no momento de organizá-lo, ou seja, ao fornecerem informações sobre suas necessidades e preferências. Essa etapa permite orientar os funcionários sobre a forma desejada de lavagem do veículo, a inclusão de determinados serviços extras e o horário de retirada do veículo, por exemplo.

Definido o nível de participação do cliente, vamos agora definir seu papel na Zaztraz Car. Conforme vimos no estudo de caso do Capítulo 3, os principais papéis desempenhados pelos clientes são: clientes como recursos produtivos, clientes como colaboradores na qualidade e na satisfação e clientes como concorrentes. Na Zaztraz Car, o cliente pode ser definido como concorrente, já que não é considerado um funcionário parcial da organização (recursos produtivos) e não assume responsabilidades relativas aos colaboradores da empresa. Além disso, é considerado um potencial concorrente porque pode decidir realizar o serviço oferecido pela Zaztraz Car por conta própria, ou seja, lavar o veículo em casa.

Segundo Guadalupe (2016), a decisão de o cliente realizar o serviço por conta própria leva em conta alguns fatores, como:

6) Capacidade de conhecimento – a probabilidade de produzir o serviço internamente é ampliada se o domicílio ou a empresa possuem as habilidades e o conhecimento necessários para realizá-lo.

7) Capacidade de recursos – para decidir produzir um serviço internamente, o domicílio ou a empresa devem ter os recursos necessários, incluindo pessoas, espaço, dinheiro e materiais.

8) Capacidade de tempo – o tempo é um fator fundamental nas decisões de troca interna e externa. Domicílios e empresas com capacidade de tempo adequada terão maior probabilidade de produzir serviços internamente que aqueles grupos com limitações de tempo.

9) Recompensas econômicas – os custos monetários efetivos das duas opções serão fatores que influenciarão a decisão.

10) Recompensas físicas – [a] natureza não econômica tem o potencial de influenciar profundamente as decisões de trocas. Consiste em grau de satisfação, prazer, gratificação ou alegria que estejam associados às trocas externas ou internas.

11) Confiança – nível de autoconfiança versus confiança nos outros.

12) Controle – as entidades que desejem e possam implementar um alto nível de controle sobre a tarefa terão maior probabilidade de envolver-se com trocas internas.

Os clientes da Zaztraz Car certamente possuem conhecimento e recursos, ainda que inferiores aos do lava-rápido, para realizar uma lavagem no veículo. Porém, nossa empresa pretende "ganhar" os clientes-concorrentes por meio do oferecimento de um serviço rápido, de qualidade e que proporciona maior satisfação. Além disso, temos a questão da boa relação com os clientes, alcançada com o treinamento dos funcionários, que influenciará positivamente na confiança entre as partes.

Quanto às recompensas físicas e econômicas, pretendemos atendê-las com o estabelecimento de preços acessíveis, além das promoções já mencionadas anteriormente, que fortalecem o vínculo entre o cliente e a empresa.

EC 6.3.2 Papel dos clientes

Como primeiro passo para o estabelecimento de estratégias para ampliar a participação do cliente, devemos definir as tarefas realizadas por eles.

A principal e única tarefa do cliente, no caso da Zaztraz Car, é a de promover a empresa, conforme comentamos no plano de *marketing*. Essa tarefa é muito relevante, já que, como os clientes depositam muita confiança nas propagandas boca a boca na hora de decidir qual serviço contratar, eles se tornam mais interessados ao receberem a recomendação de alguém que tenha efetivamente experimentado o serviço da Zaztraz Car.

Assim, apoiaremos e estimularemos a propaganda boca a boca por parte dos clientes, mas sempre considerando que nem todos eles participarão dessa tarefa, por motivos próprios de cada um.

Para iniciar o processo de educação e socialização dos clientes em relação a seus papéis, a Zaztraz Car deve atrair os clientes certos. Faremos essa seleção tendo em vista o público-alvo do negócio e as características do serviço prestado, como qualidade, preço e rapidez, que atrairão determinada parcela da população.

Para garantir que os clientes executem seus papéis de forma eficaz, devemos recompensá-los por suas contribuições. Como mencionamos anteriormente, temos uma promoção do plano de *marketing* para incentivar o cliente: a concessão do cartão-fidelidade, que recompensa os usuários assíduos, fundamentais para o lava-rápido.

Um outro ponto fundamental é buscar maneiras de evitar resultados negativos da participação inadequada de clientes – por exemplo, com exigências de uso de determinados produtos (como um tipo de sabão para automóveis) –, pois isso que não condiz com a qualidade ofertada pela empresa. Para isso, contaremos com funcionários bem treinados que não deixem que seu trabalho seja influenciado por esse tipo de participação inadequada. Assim, tentaremos evitar que os clientes atrasem o processo e afetem negativamente tanto os seus próprios resultados quanto os resultados da empresa, bem não como evitar que os clientes executem seus papéis com eficácia, interferindo na qualidade técnica e de processo realizada pelos funcionários e prometidas pela organização.

Dessa maneira, por meio das estratégias citadas, pretendemos aumentar a satisfação do cliente e, simultaneamente, reduzir suas ações não previsíveis.

Estudo de caso: análises complementares sobre a Zaztraz Car

Nesta parte do estudo de caso, trataremos de assuntos que são relevantes para o sucesso da organização frente ao projeto e à proposta de serviços de sucesso ao cliente. Assim, apresentaremos itens relevantes no estudo de recuperação de clientes e serviços, capacidade produtiva, análise de demanda e precificação.

Aliados a técnicas e métodos já apresentados, esses aspectos permitem que o gestor tenha maior segurança na proposta e no fornecimento de serviços ao mercado.

Recuperação de clientes e serviços

> Entendemos a **recuperação de clientes** como as atividades que uma empresa realiza para ouvir reclamações, resolver problemas e mudar a atitude e a opinião de clientes insatisfeitos, tendo em vista que as falhas no serviço podem ter impacto sobre a participação do mercado, a satisfação dos clientes, a fidelização e a rentabilidade do negócio (Figueiredo; Ozório; Arkader, 2002).
>
> Para que o processo seja eficiente, os empregados necessitam compreender as diferentes formas de recuperação de serviços.

Assim, o treinamento deve ser a primeira ação da empresa no sentido de minimizar ou até mesmo eliminar os problemas encontrados na prestação de serviço (Fitzsimmons; Fitzsimmons, 2010).

De acordo com Fitzsimmons e Fitzsimmons (2010), existem quatro abordagens básicas para a recuperação de serviços:

- **Caso a caso** – Abordagem de baixo custo e de fácil implantação, consiste em lidar com a reclamação de cada cliente individualmente.
- **Resposta sistemática** – Trata-se de uma resposta planejada com base na identificação das falhas críticas do serviço, consistindo em um protocolo seguido pelos funcionários para lidar com as reclamações dos clientes.
- **Intervenção inicial** – Corresponde a intervenção e consequente solução da falha diretamente no processo, evitando que problemas ocorram.
- **Recuperação substituta do serviço** – Refere-se a casos nos quais se exploram as falhas dos serviços concorrentes, de maneira que o serviço prestado torne-se, na opinião do cliente, de maior qualidade. Consequentemente, ele será escolhido pelo cliente na hora da contratação.

Elaboraremos a estratégia para a recuperação de clientes e serviços na Zaztraz Car de acordo com essa proposta, com a finalidade de medir a satisfação dos clientes e encontrar as falhas no serviço observadas por eles.

Para isso, utilizaremos um questionário em que os clientes poderão expressar suas opiniões, reclamações e sugestões a respeito dos serviços prestados. Isso nos permitirá não só localizar os problemas da empresa de maneira mais pontual, mas também adotar uma política de melhoria contínua.

Entre as estratégias de recuperação que podemos desenvolver, estão:

- **Aceitação do erro e pedido de desculpas** – Segundo essa estratégia, se de fato algum problema acontece no serviço, o funcionário deve concordar com o cliente, assumindo a culpa e a responsabilidade pelos danos. Além disso, deve pedir desculpas. Contudo, essa ação deve ser combinada com outros modos de recuperação, dependendo da gravidade da falha.

- **Correção** – Essa estratégia caracteriza-se pela simples correção do erro cometido. Dependendo da gravidade da falha, também deve estar aliada a outras estratégias.

- **Desconto** – Essa estratégia de recuperação consiste na oferta de um desconto como forma de compensar o cliente por problemas ocorridos.

- **Intervenção do gerente** – Essa estratégia refere-se a situações de recuperação em que é necessária a intervenção do gerente ou de outro funcionário para que o problema possa ser resolvido.

- **Correção com algo mais** – Essa estratégia inclui situações nas quais a recuperação vai além da simples correção, incluindo também algum tipo de compensação adicional ao cliente.

- **Reembolso** – Essa estratégia envolve a iniciativa de oferecer um reembolso dependendo do problema ocorrido.

As estratégias descritas serão adotadas de acordo com a falha e com a intensidade da mesma. Para a tomada de decisão, portanto, devemos nos orientar pelo seguinte protocolo:

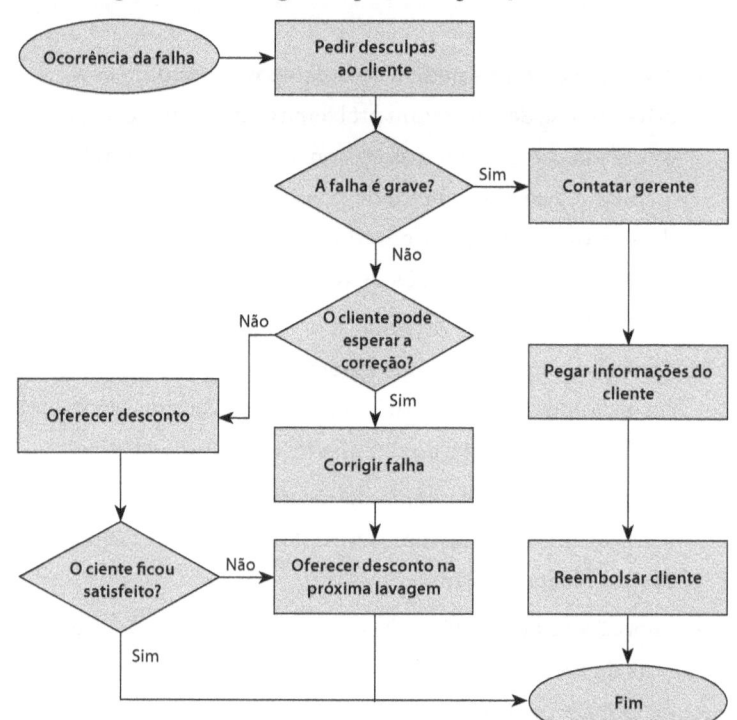

Figura A – Fluxograma para recuperação de clientes

```
Ocorrência da falha → Pedir desculpas ao cliente
                           ↓
                    A falha é grave? —Sim→ Contatar gerente
                           ↓ Não                  ↓
           Não      O cliente pode         Pegar informações
        ←———————    esperar a correção?      do cliente
        ↓              ↓ Sim                      ↓
  Oferecer desconto  Corrigir falha        Reembolsar cliente
        ↓              ↓                          ↓
  O cliente ficou —Não→ Oferecer desconto na
  satisfeito?           próxima lavagem
        ↓ Sim              ↓                      ↓
        →————————————————→ Fim ←—————————————————
```

Além da recuperação do serviço, é importante investigar e analisar os problemas para que não ocorram novamente. Por isso o treinamento dos funcionários na utilização de técnicas da qualidade é de extrema importância para correção e melhoria da prestação do serviço. Podemos citar como exemplos: o *checklist*, que permite listar os problemas ocorridos; o diagrama de causa e efeito, que identifica a fonte do problema; e a análise de falhas, utilizada para prevenir ou analisar não conformidades no processo de prestação do serviço.

Capacidade produtiva

É importante sabermos que capacidade produtiva é o valor máximo que define as saídas do processo produtivo por unidade de tempo, ou seja, é a taxa máxima de produção dos recursos instalados. Para tanto, fizemos os estudos da demanda prevista e da demanda projetada, conforme os itens a seguir.

Demanda prevista

Conforme analisamos no estudo de caso do Capítulo 3, seção EC 3.3.4, "Determinação da fatia do mercado", nossa população a ser atendida é de 31.279 pessoas. Vimos também que, conforme mostram os dados econômicos, 50% da população de Curitiba se enquadram nas classes sociais A, B e C, a serem absorvidas pelo lava-rápido. Por fim, sabemos que 50% da população curitibana possuem automóvel.

Como resultado da relação entre os dados expostos, temos o número de pessoas contempladas pela demanda prevista: 7.820 pessoas.

Demanda projetada

Como a Zaztraz Car é uma empresa pequena, precisamos saber quantos carros ela consegue atender por dia.

Para obtermos essa informação, começaremos considerando a capacidade de um funcionário. Partimos do dado de que 75% dos serviços consistirão em lavagens completas, as quais totalizam, em média, 35 minutos para serem executadas. Já as lavagens interna e externa representarão 5% e 10% do total, tendo um gasto de 20 e 15 minutos para sua execução, respectivamente.

A lavagem de aparência representa 3% dos serviços e leva 7 minutos para ser prestada. Os outros 7% correspondem aos serviços opcionais (pretinho, cera líquida, secagem e hidratação dos bancos), os quais podem variar de 5 a 40 minutos para serem realizados, ou seja, em média demandam 15 minutos.

Considerando um turno de trabalho das 8h00 às 18h00, teríamos um total de 10 horas; porém, segundo a Consolidação das Leis do Trabalho (CLT), cada funcionário deve ter uma jornada de 8 horas, o correspondente a 480 minutos.

Sendo assim, a lavagem completa corresponde à utilização de 360 minutos (480 · 0,75), tempo suficiente para atender 10 veículos (360 / 35). Já as lavagens internas e externas, correspondentes a 5% e a 10% do total do tempo dos funcionários, utilizam 24 minutos (480 · 0,05) e 48 minutos (480 · 0,1), respectivamente, tempo suficiente para prestar o serviço a 4 veículos (24 + 48 / 17,5).

A lavagem de aparência corresponde a 3% da demanda, totalizando 14 minutos sua para execução (480 · 0,03), tempo suficiente para prestar o serviço em 2 carros (14 / 7).

Por fim, temos os serviços opcionais, que correspondem a 7% dos serviços prestados. O tempo necessário para eles é de 33 minutos (480 · 0,07), que em média atende a 2 automóveis (33 / 15).

A seguir, temos uma tabela resumindo a capacidade de um funcionário da Zaztraz Car para a demanda projetada.

Tabela A – Demanda projetada

Demanda projetada				
8 horas (= 480 min.)				
Serviços	%	Tempo de execução	Tempo disponível (min.)	Veículos
Lavagem completa	75	35	360	10
Lavagem interna	5	10	24	4
Lavagem externa	10	20	48	
Lavagem de aparência	3	7	14	2
Outros	7	15	33	2
				18

Portanto, a mão de obra de apenas um trabalhador é capaz de suprir 18 veículos por dia. Como a Zaztraz Car tem 4 funcionários, então a capacidade máxima projetada é de 72 veículos por dia.

Sazonalidade

A demanda do serviço de lava-rápido é afetada por diversos fatores externos, como as condições climáticas e os dias da semana. O estudo realizado com os concorrentes e a pesquisa com o público indicaram a presença de sazonalidade mensal, sazonalidade semanal e sazonalidade diária da demanda.

A sazonalidade mensal demonstra que os meses de maior concentração da prestação do serviço são março, abril, novembro e dezembro. Em contrapartida, os meses de menor movimento são janeiro, fevereiro, junho e julho, em razão do período de férias e das condições climáticas (frio).

A sazonalidade semanal, por sua vez, é atrelada aos dias da semana. Identificamos que há maior movimento na segunda, terça e sexta-feira, por representarem a volta de viagens de final de semana (segunda e terça-feira) e a entrada para o final de semana (sexta-feira).

Por fim, a sazonalidade diária está ligada à variação da demanda ao longo das horas do dia. Verificamos que os momentos de pico de recebimento de veículos são entre 8 e 9 horas e entre 11 e 13 horas.

Avaliação da capacidade

Para a avaliação da capacidade e, consequentemente, a análise de filas de clientes, podemos utilizar o *software* Arena®. Esse programa apresenta um ambiente gráfico que nos permitirá fazer simulações do processo de atendimento da Zaztraz Car, prevendo situações que poderão ocorrer no momento de um atendimento real.

Porém, como a versão gratuita disponível é a de estudantes, existem algumas limitações para o uso desse *software*. Por exemplo, o modelo obtido por meio dessa versão do Arena® representará um único posto de trabalho para a execução do serviço. Assim, todas as conclusões que obtivermos serão multiplicadas pelo número de postos de trabalho existentes na Zaztraz Car, ou seja, quatro.

Para a simulação, vamos utilizar as porcentagens da capacidade produtiva que já estimamos anteriormente. Para o tempo de execução de cada atividade, vamos considerar sempre uma variação de até 3 minutos, para mais ou para menos. A frequência de chegada dos clientes é estimada em cerca de 30 minutos, também com variações para mais ou para menos.

Finalizada a simulação no Arena®, observamos que, para 1 posto de trabalho, o número de carros atendidos é igual a 11. Consequentemente, considerando que a Zaztraz Car tem 4 postos de trabalho, o número de clientes atendidos diariamente seria de 44.

Observamos também que a quantidade máxima na fila de clientes esperando a realização serviço é de 5 carros, com tempo de espera de no máximo 1h30. Porém, lembremos que a distribuição obtida na simulação é a ideal. Na realidade, a quantidade de carros em espera pode ser ainda maior, dependendo de fatores como o horário do dia, o dia da semana, a época do ano etc.

Além desses resultados, os relatórios oferecidos pelo próprio Arena® possibilitam conhecer o nível de ocupação dos funcionários. Nossa simulação demonstrou que a ocupação dos funcionários foi, em média, de 95% do tempo de serviço.

Precificação

Para colocarmos preço em algum produto ou serviço, existem algumas estratégias a serem seguidas, como a de custos, de concorrentes e de valor para o cliente.

No caso da Zaztraz Car, primeiramente vamos utilizar a estratégia de precificação baseada na concorrência. É fundamental que uma empresa esteja atenta às ações de seus concorrentes, pois muitas vezes eles dispõem dos mesmos produtos e de produtos alternativos ou substitutos, afetando assim a demanda pelos produtos e serviços da nossa empresa. Além disso, quando os clientes podem escolher entre mais de um fornecedor, abre-se a oportunidade de optarem pela alternativa de maior valor. Assim, é importante que nossa empresa analise o posicionamento da concorrência, identificando o tipo de comportamento competitivo e definindo uma posição específica.

Os profissionais de *marketing* devem, portanto, considerar como oferecer valor superior aos clientes e definir preços abaixo, acima ou no mesmo nível dos da concorrência para ampliar esse valor. Dessa maneira formamos nosso preço de venda com base nos preços praticados pelos concorrentes.

Entretanto, essa estratégia tem suas limitações. Como não inclui informações sobre custos, ela deixa em aberto interrogações sobre a geração de lucro sobre um dado preço. Se os custos de uma empresa forem mais altos que os custos dos concorrentes, ela não poderá fixar um preço abaixo ou no mesmo nível deles; caso contrário, corre o risco de não sobreviver. Além disso, a precificação baseada na concorrência não explora diretamente o valor para os clientes.

Isso nos leva a concluir que a atribuição de preços baseada na concorrência é eficiente, porém exige uma análise a mais: a do valor para o cliente. Nossa estratégia de valor para o cliente levará em conta que o valor que este pagará deve estar de acordo com o resultado alcançado. Como consequência, torna-se necessário priorizarmos o treinamento dos funcionários no sentido de que expliquem o serviço da maneira mais correta e completa para o cliente, a fim de mostrar o valor percebido.

Portanto, com base nessas duas estratégias e analisando os preços praticados pelos concorrentes (apresentados na Tabela EC 3.1, no estudo de caso do Capítulo 3), vamos atribuir os valores para cada serviço prestado pela Zaztraz Car, os quais podem ser observados na tabela a seguir.

Tabela B – Preços dos serviços prestados

Serviço	Preço (R$)	
	Carro pequeno	Carro grande
Lavagem interna	15,00	20,00
Lavagem externa	7,00	10,00
Lavagem completa	20,00	25,00
Polimento	80,00	100,00
Lavagem de aparência	5,00	7,00
Higienização	130,00	150,00
Aplicação de pretinho	3,00	5,00
Aplicação de cera líquida	3,00	5,00
Secagem	3,00	5,00
Hidratação de bancos de couro	25,00	32,00

Fica evidente a necessidade de conhecermos os custos e quanto os clientes estão dispostos a pagar pela prestação dos serviços. Uma análise mais aprofundada indicará se devemos ajustar o preço ao valor percebido pelo cliente (quando este é maior) ou até mesmo retirar um serviço de nossa lista.

Síntese

Você pôde perceber, ao longo do estudo de caso e ao longo do livro, que a gestão das operações em serviços aborda temas diversificados na integração de um projeto de sucesso. Ao definirmos o que é serviço e como este se caracteriza, nosso intuito era fazer com que você tenha a exata percepção da abrangência do tema.

Nosso estudo sobre o lava-rápido Zaztraz Car evidenciou o que a proposta de valor representa e quais são as necessidades de um cliente. Apresentamos a matriz de decisão e os procedimentos em sua construção. Verificamos que, para que os serviços atinjam seus melhores resultados, devemos perceber exatamente o que o cliente vê e, com base nisso, atuar de forma positiva nos chamados *momentos da verdade*. Projetamos também o pacote de serviços, isto é, o que será oferecido ao cliente quando de sua chegada, incluindo as instalações de apoio, os bens facilitadores, as informações obtidas dos clientes e os serviços explícitos e os implícitos.

Na análise ambiental da Zaztraz Car, projetamos a organização, sua missão, visão e valores, bem como elementos que dão suporte estratégico à empresa: mercado, concorrentes e ambiente dos potenciais clientes.

O diagrama de representação do fornecimento dos serviços nos permitiu conhecer os processos de fornecimento, considerando a natureza dos serviços e o forte impacto que o cliente tem na produção. Entretanto, devemos considerar que o cliente e a organização nem sempre têm a mesma percepção com relação aos serviços. Daí a necessidade de analisarmos as possíveis divergências entre eles – isso foi possível com a análise de *gaps*, que, complementada pelo "fale com o cliente" viabilizado pelo ServQual, permitiu estreitar as divergências.

A partir daí, começamos a "refinar" nosso projeto, estabelecendo sistemas de comunicação entre organização, cliente e funcionários; criando estratégias para a contratação e manutenção dos recursos humanos; identificando preceitos de qualidade exigidos pela empresa; e estabelecendo atividades para a recuperação de clientes.

Finalizamos nosso estudo de caso abordando elementos complementares da engenharia de produção na avaliação da demanda e da capacidade produtiva, bem como estabelecendo estratégias de preços, visando ajustá-los para a aceitação pelo cliente. Assim, proporcionamos a você, leitor, uma abordagem completa sobre os elementos essenciais à gestão da operação em serviços.

Para concluir...

Ao chegarmos ao final deste livro, percebemos que ainda temos muito o que aprender sobre o fornecimento de serviços de qualidade. Devemos imaginar por que eles ainda não estão sob controle dos processos. Podemos presumir que a qualidade se dá em função da relação entre o prestador de serviços e o cliente.

É certo que uma grande parcela das prestações está vinculada ao relacionamento na interface. O projeto da prestação deve, sim, considerar treinamentos em seu fornecimento, bem como retreinamentos periódicos dos prestadores. Muitas situações surgem sem que o prestador tenha sido treinado ou saiba como agir para promover uma solução.

Neste livro, apresentamos uma estrutura para análise e mensuração do relacionamento entre prestador e cliente na interface, bem como um conjunto de indicadores que pretende medir os resultados nessa área. A organização deve prestar muita atenção ao projetar os serviços, compreendendo que o cliente já chega até a prestação, na maioria das vezes, com uma "primeira impressão". Entretanto, como ele a obteve?

O projeto e a análise dos momentos da verdade podem responder a essas e a outras questões relevantes. Por essa razão, oferecemos um modelo de interação que poderá ser trabalhado pelo projetista no sentido de perceber não somente as necessidades do cliente, mas as do funcionário de alto contato e suas condições de fornecimento.

O projeto deve considerar, além do cliente e do prestador, as condições ambientais para o fornecimento dos serviços, a atmosfera, o arranjo físico agradável e, até mesmo, o acesso às dependências da prestação, o que significa, não necessariamente, um ambiente que consuma muitos recursos da organização, mas que satisfaça às necessidades do atendimento.

Apresentamos diversas ferramentas para auxiliar você no planejamento, na execução e no controle da criação e do fornecimento dos serviços. Entre elas, destacamos o QFD (*Quality Function Deployment*), que tem a finalidade de transferir para dentro da organização aquilo que o cliente considera relevante na prestação, ao menor custo organizacional possível. Outras ferramentas, como o ServQual, permitem a avaliação das perspectivas e expectativas dos clientes, entre outras questões.

Vimos também modelos de interpretação de falhas (ou *gaps*), que são muito úteis quando se quer ajustar ou corrigir os serviços já existentes para padrões mais elevados e sob controle. Assim, com o diagnóstico realizado, podemos projetar soluções efetivas para solucionar os problemas encontrados.

Dada a diversidade de possibilidade de modelos para a pesquisa, apresentamos, em um apêndice, um modelo para a realização de pesquisas em serviços. O modelo engloba outras ferramentas de pesquisa, que devem ser utilizadas de acordo com as necessidades da organização prestadora dos serviços.

Finalizamos afirmando que o equilíbrio entre os serviços, a agricultura e a indústria ainda não foi estabelecido; entretanto, é fato que a proporção não deverá se alterar significativamente, tendo os serviços a responsabilidade pela maior parcela de geração de riqueza.

Referências

ABNT – Associação Brasileira de Normas Técnicas. **NBR ISO 9000**: sistemas de gestão da qualidade – fundamentos e vocabulário. Rio de Janeiro, 2005. Disponível em: <https://qualidadeuniso.files.wordpress.com/2012/09/nbr-iso-9000-2005.pdf>. Acesso em: 16 dez. 2015.

AKAO, Y. **Manual de aplicação do desdobramento da função qualidade:** introdução ao desdobramento da qualidade. Tradução de Zelinda Tomie Fujikawa e Seiichiro Takahashi. Belo Horizonte: Fundação Cristiano Ottoni, 1996.

_____. **QFD – Quality Function Deployment**: Integrating Customer Requirements into Product Design. Cambridge: Productivity Press, 1990.

ALBRECHT, K. **Revolução nos serviços**: como as empresas podem revolucionar a maneira de tratar os seus clientes. 5. ed. São Paulo: Pioneira, 1998.

ALBRECHT, K.; BRADFORD, L. J. **Serviços com qualidade**: a vantagem competitiva. São Paulo: Makron Books, 1992.

ANSOFF, H. I. **Estratégia empresarial**. São Paulo: McGraw-Hill, 1977.

BARROS, F. G. N.; AMIN, M. M. Água: um bem econômico de valor para o Brasil e o mundo. **Revista Brasileira de Gestão e Desenvolvimento Regional**, Taubaté, v. 4, n. 1, jan.-abr. 2008, p. 75-108.

BAXTER, M. **Projeto de produto**: guia prático para o *design* de novos produtos. São Paulo: Edgard Blücher, 1998.

BRASIL. Decreto n. 7.708, de 2 de abril de 2012. **Diário Oficial da União**, Poder Executivo, Brasília, DF, 3 abr. 2012. Disponível em: <http://www.planalto.gov.br/ccivil_03/_ato2011-2014/2012/Decreto/D7708.htm>. Acesso em: 1º dez. 2015.

_____. Ministério do Desenvolvimento, Indústria e Comércio Exterior. **NBS e NEBS**. Disponível em: <http://www.mdic.gov.br/sitio/interna/interna.php?area=4&menu=3412>. Acesso em: 11 ago. 2015.

BRONSON, R. **Pesquisa operacional**. São Paulo: McGraw-Hill, 1985.

CARDOSO, O. R. **Foco da qualidade total de serviços no conceito do produto ampliado**. 402 p. Tese (Doutorado em Engenharia de Produção) – Universidade Federal de Santa Catarina, Florianópolis, 1995.

CARLZON, J. **A hora da verdade**. Tradução de M. L. Silveira. São Paulo: Sextante, 2005.

CARVALHO, M. M. et al. (Org.). **Gestão de serviços**: casos brasileiros. São Paulo: Atlas, 2013.

CHENG, L. C.; MELO FILHO, L. D. **QFD**: desdobramento da função qualidade na gestão de desenvolvimento de produtos. São Paulo: Blücher, 2007.

CHIMENDES, V. C. G; MELLO, C. H. P.; PAIVA, A. P. de. Análise de modelo para projeto e desenvolvimento de serviços: uma pesquisa-ação em uma empresa de transporte rodoviário de passageiros. **Gestão & Produção**, São Carlos, v. 15, n. 3, p. 491-505, set./dez. 2008.

CORRÊA, H. L.; CAON, M. **Gestão de serviços**: lucratividade por meio de operações e de satisfação dos clientes. São Paulo: Atlas, 2002.

CORRÊA, H. L.; CORRÊA, C. A. **Administração de produção e operações**: manufatura e serviços – uma abordagem estratégica. São Paulo: Atlas, 2004.

COVEY, S. As dez chaves para uma era de mudanças. **Exame**, Rio de Janeiro, n. 609, abr. 1996. Disponível em: <http://exame.abril.com.br/revista-exame/edicoes/609/noticias/as-dez-chaves-para-uma-era-de-mudancas-m0054147>. Acesso em: 14 dez. 2015.

CROSBY, P. B. **Qualidade é investimento**. 6. ed. Rio de Janeiro: José Olympio, 1994.

____. **Quality is Free**: the Art of Making Quality Certain. São Paulo: Mentor Books, 1992.

DALE, B.; COOPER, C. **Total Quality and Human Resources**: an Executive Guide. Cambridge: Blackwell Business, 1992.

DETRAN-PR – Departamento de Trânsito do Paraná. **Anuário estatístico do trânsito**. 2009. Disponível em: <http://www.detran.pr.gov.br/arquivos/File/estatisticasdetransito/anuario/2009/anuario2009.pdf>. Acesso em: 30 jan. 2016.

____. **Frota de veículos cadastrados no Estado do Paraná**: posição em março 2011. Disponível em: < http://www.detran.pr.gov.br/arquivos/File/estatisticasdetransito/frotadeveiculoscadastradospr/2011/frota_marco_2011.pdf>. Acesso em: 30 jan. 2016.

DEMING, W. E. **Qualidade**: a revolução da administração. Rio de Janeiro: Saraiva, 1990.

ECCLES, R. G. **Beyond the Hype**. Cambridge: Harvard University Press, 1992.

EM 2014, nova classe média será formada por 114 milhões de brasileiros. **Uol**, [s.l.], 8 ago. 2011. Disponível em: <http://economia.uol.com.br/ultimas-noticias/infomoney/2011/08/08/em-2014-nova-classe-media-sera-formada-por-114-milhoes-de-brasileiros.jhtm>. Acesso em: 10 fev. 2016.

FEIGENBAUM, A. V. **Controle da qualidade total**: estratégias para o gerenciamento e tecnologia da qualidade. São Paulo: Makron Books, 1994. v. 2.

____. **Total Quality Control**. 3. ed. New York: McGraw-Hill, 1983.

FIGUEIREDO, K. F; OZÓRIO, G. B.; ARKADER, R. Estratégias de recuperação de serviço no varejo e seu impacto na fidelização dos clientes. **Revista de Administração Contemporânea**, Curitiba, v. 6, n. 3, set.-dez. 2002. Disponível em: <http://www.scielo.br/scielo.php?pid=S1415-65552002000300004&script=sci_arttext>. Acesso em: 20 jan. 2016.

FITZSIMMONS, J. A.; FITZSIMMONS, M. J. **Administração de serviços**: operações, estratégia e tecnologia da informação. Porto Alegre: Bookman, 2005.

_____. **Administração de serviços**: operações, estratégia e tecnologia da informação. Tradução de Lene Belon Riabeiro. 22. ed. Porto Alegre: Bookman, 2010.

GAITHER, N.; FRAZIER, G. **Administração da produção e operações**. 8. ed. São Paulo: Pioneira Thomson Learning, 2002.

GARVIN, G. A. What Does "Product Quality" Really Mean? **Sloan Management Review**, 15 out. 1984. Disponível em: <http://sloanreview.mit.edu/article/what-does-product-quality-really-mean>. Acesso em: 11 ago. 2015.

GIANESI, I. G.; CORRÊA, H. L. **Administração estratégica de serviços**. São Paulo: Atlas, 1994.

GRÖNROOS, C. **Marketing**: gerenciamento e serviços. Rio de Janeiro: Campus, 1995.

GUADALUPE, E. **Aula 13**: papéis dos clientes na prestação do serviço. Disponível em: <http://eduguadalupe.blogspot.com/2007/11/aula-13-papis-dos-clientes-na-prestao.html>. Acesso em: 20 jan. 2016.

HAMMER, M.; CHAMPY, J. **Reengenharia**: revolucionando a empresa em função dos clientes, da concorrência e das grandes mudanças da gerência. 22. ed. Rio de Janeiro: Campus, 1994.

IBGE – Instituto Brasileiro de Geografia e Estatística. **Censo demográfico 2010**: aglomerados subnormais – primeiros resultados. Disponível em: <http://biblioteca.ibge.gov.br/visualizacao/periodicos/92/cd_2010_aglomerados_subnormais.pdf>. Acesso em: 10 fev. 2016a.

IBGE – Instituto Brasileiro de Geografia e Estatística. **Contas nacionais trimestrais**. Disponível em: <http://www.ibge.gov.br/home/estatistica/pesquisas/pesquisa_resultados.php?id_pesquisa=4>. Acesso em: 11 ago. 2015.

_____. **Demografia das empresas 2012**. Rio de Janeiro, 2014.

_____. **Indicadores sociais municipais**: uma análise dos resultados do universo do censo demográfico 2010. Disponível em: <http://biblioteca.ibge.gov.br/visualizacao/livros/liv54598.pdf>. Acesso em: 10 fev. 2016b.

_____. **Sinopse do censo demográfico 2010**. Disponível em: <http://www.ibge.gov.br/home/estatistica/populacao/censo2010/tabelas_pdf/Parana.pdf>. Acesso em: 20 jan. 2016c.

IPEA – Instituto de Pesquisa Econômica Aplicada. **Dados estatísticos**. Disponível em: <http://www.ipeadata.gov.br>. Acesso em: 3 fev. 2015.

ISHIKAWA, K. **Controle de qualidade total**: à maneira japonesa. Rio de Janeiro: Campus, 1997.

_____. **What is Total Quality Control?** The Japanese Way. New Jersey: Prentice Hall, 1985.

JENKINS, N. E.; GRZYWACZ, D. Quality Control of Fungal and Viral Biocontrol Agents: Assurance of Product Performance. **Biocontrol Science and Technology**, v. 10, p. 753-777, 2000.

JOHNSTON, R.; CLARK, G. **Administração de operações de serviço**. São Paulo: Atlas, 2002.

JURAN, J. M.; GRYNA, F. **Controle da qualidade**: conceitos, políticas e filosofia da qualidade. São Paulo: Makron Books-McGraw-Hill, 1991.

KANO, N. et al. Attractive Quality and Must-be Quality. **Hinshitsu – The Journal of the Japanese Society for Quality Control**, Tokyo, v. 14, n. 2, p. 147-156, 1984.

KETTINGER, W. J.; LEE, C. C.; LEE, S. Global Measures of Information Service Quality: a Cross-National Study. **Decision Sciences**, v. 26, p. 569-588, 1995.

KON, A. **Economia de serviços**: teoria e evolução no Brasil. Rio de Janeiro: Elsevier, 2004.

KOTLER, P. **Administração de marketing**. 10. ed. São Paulo: Prentice Hall, 2000a.

_____. **Administração de marketing**: análise, planejamento, implementação e controle. 9. ed. São Paulo: Atlas, 1998.

_____. **Administração de marketing**: a edição do novo milênio. 19. ed. Tradução de Bazán Tecnologia e Linguística. São Paulo: Prentice Hall, 2000b.

KRONOS, I. **Overall Labor Effectiveness (OLE)**: Achieving a Highly Effective Workforce. 2009. Disponível em: <http://www.kronos.com/showAbstract.aspx?id=1509&rr=1&sp=y&LangType=1033&ecid=ABEA-56QT5S>. Acesso em: 15 set. 2015.

KWASNICKA, E. L. **Introdução à administração**. 6. ed. rev. e ampl. São Paulo: Atlas, 2004.

LIMA, R. **O ABC da empresa de serviços**. São Paulo: Futura, 2006.

LÖFGREN, M.; WITELL, L. Kano's Theory of Attractive Quality and Packaging. **The Quality Management Journal**, v. 12, n. 3, p. 7, 2005.

LOVELOCK, C.; WIRTZ, J. **Marketing de serviços**: pessoas, tecnologia e resultados. Tradução de Arlete Simille Marques. São Paulo: Pearson Prentice Hall, 2006.

LOVELOCK, C.; WRIGHT, L. **Serviços**: marketing e gestão. São Paulo: Saraiva, 2001.

MARANHÃO, M. **ISO Série 9000**: manual de implementação. 7. ed. Rio de Janeiro: Qualitymark, 2005.

MARTINEZ, S. **Economia política**. 8. ed. Coimbra: Almedina, 1998.

MARTINS, P. G.; LAUGENI, F. P. **Administração da produção**. 2. ed. São Paulo: Saraiva, 2005.

MEGGINSON, L. C.; MOSLEY, D. C.; PIETRI JUNIOR, P. H. **Administração**: conceitos e aplicações. São Paulo: Harbra, 1998.

MELLO, C. H. **Modelo para projeto e desenvolvimento de serviços**. 317 f. Tese (Doutorado em Engenharia da Produção) – Escola Politécnica da Universidade de São Paulo, São Paulo, 2005.

MINTZBERG, H. **Criando organizações eficazes**: estruturas em cinco organizações. 2. ed. São Paulo: Atlas, 2003.

MONTGOMERY, D. C. **Introdução ao controle estatístico da qualidade**. 4. ed. Rio de Janeiro: LTC, 2004.

O'HANLON, T. **Auditoria da qualidade**: com base na ISO 9001: 2000 – conformidade agregando valor. São Paulo: Saraiva, 2005.

OLIVEIRA, D. de. **Estratégia empresarial**: uma abordagem empreendedora. São Paulo: Atlas, 1988.

____. **Planejamento estratégico**: conceitos, metodologia e práticas. 21. ed. São Paulo: Atlas, 2004.

OLIVIER, R. L. **Satisfaction, a Behavioral Perspective on the Consumer**. 2. ed. New York: M. E. Sharp, 2010.

PALADINI, E. P. **Avaliação estratégica da qualidade**. São Paulo: Atlas, 2002.

____. **Gestão da qualidade no processo**. São Paulo: Atlas, 1995.

____. **Gestão da qualidade**: teoria e prática. 2. ed. São Paulo: Atlas, 2004.

PATTERSON, P. G.; SPRENG, R. A. Modeling the Relationship between Perceived Value, Satisfaction and Repurchase Intentions in a Business-To-Business, Services Context: an Empirical Examination. **International Journal of Service Industry Management**, [s.l.], v. 8, n. 5, p. 414-434, 1990.

PFEFFER, J. Managing with Power. Politics and Influence in Organizations. In: ECCLES et al. **Beyond the Hype**: Rediscovering the Essence of Management. Boston: HBS Press, 1992.

PITT, L. F.; WATSON, R. T.; KAVAN, C. B. Service Quality: a Measure of Information Systems Effectiveness. **MIS Quarterly**, v. 19, n. 2, p. 173-187, 1995.

PORTER, M. E. **Estratégia competitiva**: técnicas para análise de indústrias e da concorrência. 7. ed. Rio de Janeiro: Campus, 1986.

____. **Vantagem competitiva**. 16. ed. Rio de Janeiro: Campus, 2000.

____. **Vantagem competitiva**: criando e sustentando um desempenho superior. 4. ed. Rio de Janeiro: Campus, 1992.

PÚBLIO, M. A. **Como planejar e executar uma campanha de propaganda**. São Paulo: Atlas, 2008.

QFD INSTITUTE. **What is QFD?** 2014. Disponível em: <http://www.qfdi.org/what_is_qfd/what_is_qfd.html>. Acesso em: 11 ago. 2015.

ROTONDARO, R. G. SFMEA: estudo do efeito e modo da falha em serviços – aplicando técnicas de prevenção na melhoria de serviços. **Produção**, São Paulo, v. 12, n. 2, p. 54-62, 2002.

SALOMI, G. G. E.; MIGUEL, P. A. C.; ABACKERLI, A. J. Servqual X Servperf: comparação entre instrumentos para avaliação da qualidade de serviços internos. **Gestão & Produção**, São Carlos, v. 12, n. 2, p. 279-293, maio-ago. 2005. Disponível em: <http://www.scielo.br/scielo.php?script=sci_arttext&pid=S0104-530X2005000200011&lng=en&nrm=iso>. Acesso em: 20 jan. 2016.

SCHEIN, E. H. **Psicologia organizacional**. Rio de Janeiro: Prentice Hall, 1986.

SELEME, R.; PAULA, A. de. **Projeto de produto**: planejamento, desenvolvimento e gestão. Curitiba: InterSaberes, 2013.

SILVA, J. A. T. da; SANTOS, R. F. dos; SANTOS, N. M. B. F. **Criando valor com serviços compartilhados**: aplicação do Balanced Scorecard. São Paulo: Saraiva, 2006.

SIQUEIRA, D. M. **Avaliação da qualidade em serviços**: uma proposta metodológica. 213 f. Tese (Doutorado em Engenharia de Produção) – Universidade Federal de Santa Catarina, Florianópolis, 2006.

SLACK, N. et al. **Gerenciamento de operações e de processos**: princípios e prática de impacto estratégico. Porto Alegre: Bookman, 2008.

STADLER, H. **Estratégias para a qualidade**: o momento humano e o momento tecnológico. Curitiba: Juruá, 2006.

STONER, A. F.; FREEMAN, R. E. **Administração**. 5. ed. Rio de Janeiro: LTC, 1999.

TÉBOUL, J. **A era dos serviços**: uma nova abordagem de gerenciamento. Rio de Janeiro: Qualitmark, 1999.

_____. **Gerenciando a dinâmica da qualidade**. Rio de Janeiro: Qualitmark, 1991.

USA – United States of America. Department of Defense. **Military Standart**: Procedures for Performing a Failure Mode, Effects and Criticality Analysis. Washington, 1980.

WHEELWRIGHT, S. C. **Strategy Management and Strategy Planning Approaches**. California: Interfaces, 1984.

WHITELEY, R. C. **A empresa totalmente voltada para o cliente**. Rio de Janeiro: Campus, 1999.

ZAMBERLAN, L.; BLUME, M.; MONEGAT, S. Mensuração da zona de tolerância em serviços e a importância dos atributos de qualidade. In: ENCONTRO NACIONAL DE ENGENHARIA DE PRODUÇÃO, 28., 2008, Rio de Janeiro. **Anais...** Rio de Janeiro: Abepro, 2008.

ZEITHAML, V.; BITNER, M. J. **Marketing de serviços**: a empresa com foco no cliente. 2. ed. Porto Alegre: Bookman, 2003.

____. **Servicer Marketing**. New York: McGraw-Hill, 2000.

____. The Nature and Determinants of Customer Expectation of Service. **Journal of the Academy of Marketing Science**, Cambridge, v. 21, n. 1, p. 1-12, winter 1993.

ZEITHAML, V.; PARASURAMAN, A.; BERRY, L. Communication and Control Processes in the Delivery of Service Quality. **Journal of Marketing**, American Marketing Association, v. 52, p. 35-48, Apr. 1988.

____. **Delivering Service Quality**: Balancing Customers Perceptions and Expectations. New York: Free Press, 1990.

Apêndice

A Figura A, nas próximas páginas, apresenta um modelo para a realização de pesquisa em serviços, composta de sete passos que devem ser seguidos. Os assuntos abordados foram organizados de (A) a (F) na figura, identificados no esquema geral, e são tratados metodologicamente da forma a seguir descrita:

A. A primeira abordagem da pesquisa exploratória considera o planejamento estratégico das organizações fundamental para o fornecimento dos serviços. A necessidade de se estabelecer a cultura para serviços nas organizações determina os ganhos. Reconhece os elementos que impactam no processo de projeto e fornecimento dos serviços.

B. A segunda abordagem da pesquisa exploratória diz respeito ao consumidor e analisa as características de serviços para a pessoa jurídica e para pessoa física, que incluem os componentes psicológicos na aquisição dos serviços.

Figura A – Modelo para realização de pesquisa em serviços

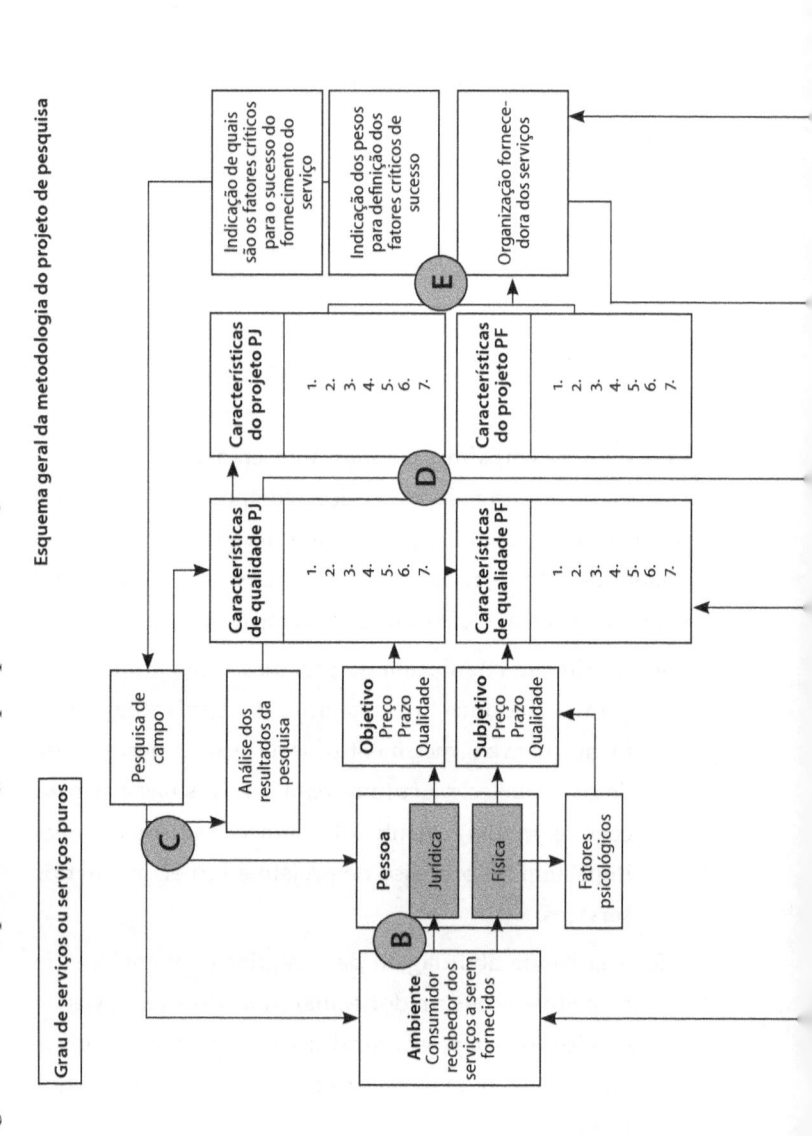

Esquema geral da metodologia do projeto de pesquisa

Diagrama (lado direito)

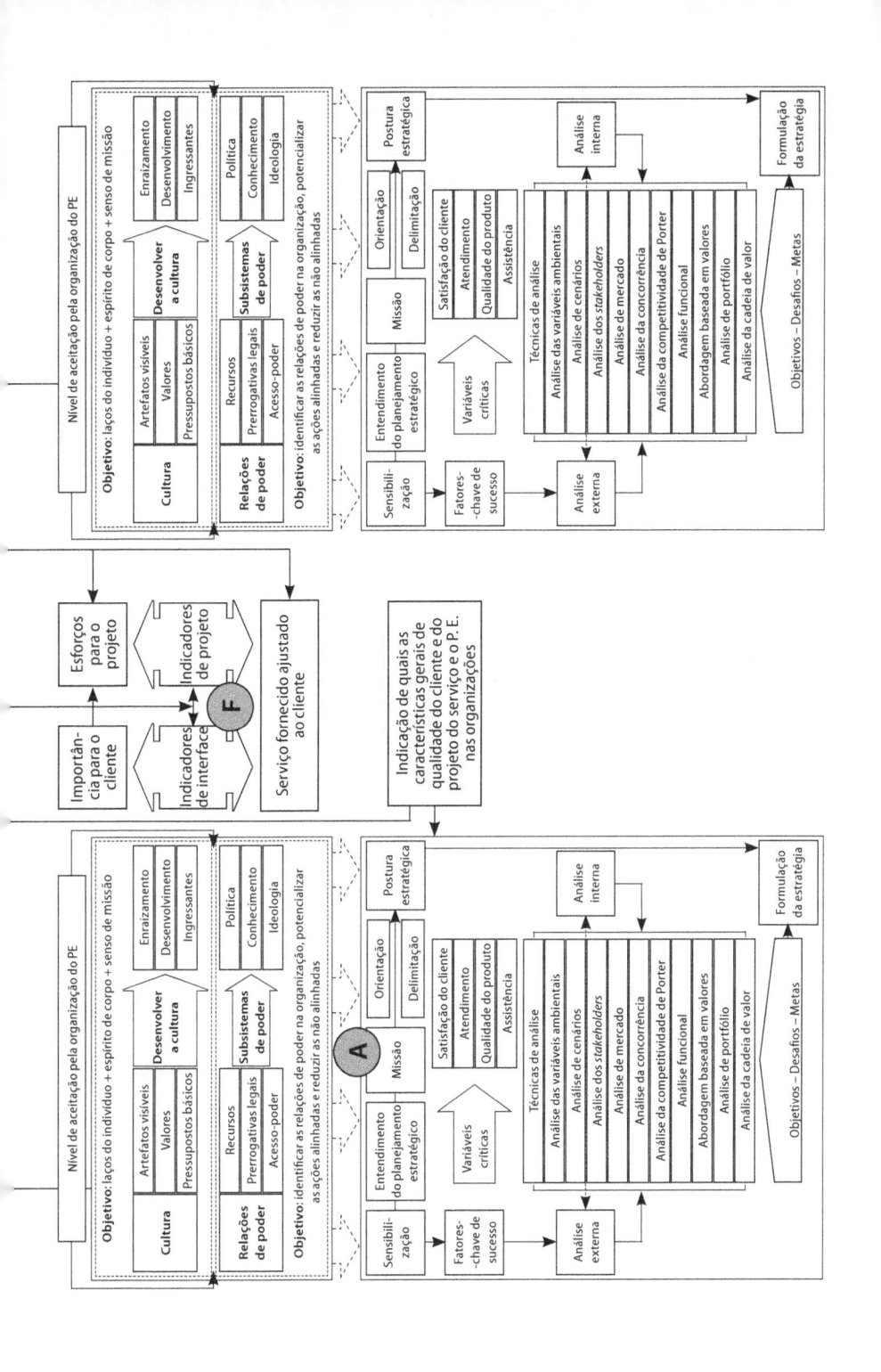

Nível de aceitação pela organização do PE

Objetivo: laços do indivíduo + espírito de corpo + senso de missão

Cultura	Artefatos visíveis	Enraizamento
	Valores	Desenvolvimento
	Pressupostos básicos	Ingressantes

Desenvolver a cultura

Relações de poder	Recursos	Política
	Prerrogativas legais	Conhecimento
	Acesso-poder	Ideologia

Subsistemas de poder

Objetivo: identificar as relações de poder na organização, potencializar as ações alinhadas e reduzir as não alinhadas

Sensibilização → Entendimento do planejamento estratégico → Missão (Orientação, Delimitação) → Postura estratégica → Formulação da estratégia

Variáveis críticas:
- Satisfação do cliente
- Atendimento
- Qualidade do produto
- Assistência

Fatores-chave de sucesso → Análise externa

Análise interna

Técnicas de análise
- Análise das variáveis ambientais
- Análise de cenários
- Análise dos *stakeholders*
- Análise de mercado
- Análise da concorrência
- Análise da competitividade de Porter
- Análise funcional
- Abordagem baseada em valores
- Análise de portfólio
- Análise da cadeia de valor

Objetivos – Desafios – Metas

Centro

Esforços para o projeto

Importância para o cliente

Indicadores de projeto
Indicadores de interface

F

Serviço fornecido ajustado ao cliente

Indicação de quais as características gerais de qualidade do cliente e do projeto do serviço e o P.E. nas organizações

Diagrama (lado esquerdo)

Nível de aceitação pela organização do PE

Objetivo: laços do indivíduo + espírito de corpo + senso de missão

Cultura	Artefatos visíveis	Enraizamento
	Valores	Desenvolvimento
	Pressupostos básicos	Ingressantes

Desenvolver a cultura

Relações de poder	Recursos	Política
	Prerrogativas legais	Conhecimento
	Acesso-poder	Ideologia

Subsistemas de poder

Objetivo: identificar as relações de poder na organização, potencializar as ações alinhadas e reduzir as não alinhadas

Sensibilização → Entendimento do planejamento estratégico → Missão (Orientação, Delimitação) → Postura estratégica → Formulação da estratégia

Variáveis críticas:
- Satisfação do cliente
- Atendimento
- Qualidade do produto
- Assistência

Fatores-chave de sucesso → Análise externa

Análise interna

A

Técnicas de análise
- Análise das variáveis ambientais
- Análise de cenários
- Análise dos *stakeholders*
- Análise de mercado
- Análise da concorrência
- Análise da competitividade de Porter
- Análise funcional
- Abordagem baseada em valores
- Análise de portfólio
- Análise da cadeia de valor

Objetivos – Desafios – Metas

C. A pesquisa descritiva é formulada para descrever as características da população e o estabelecimento de relações entre as variáveis apontadas na pesquisa. Foi realizada pesquisa descritiva para as pessoas físicas e pessoas jurídicas.

D. A terceira abordagem da pesquisa exploratória se refere às características de qualidade que causam impacto nas decisões da pessoa física e na pessoa jurídica e mostra quem tem efetiva importância nas decisões.

E. A quarta abordagem da pesquisa exploratória diz respeito às condições ambientais da organização de serviços, identificando em que condições e recursos são estabelecidos, caracterizando os esforços para o projeto e os critérios para a definição dos indicadores de projeto do ambiente de serviços.

F. Representa o resultado final da metodologia proposta, integrando os indicadores de interface e os indicadores de projeto para fornecer à organização elementos e parâmetros de medição de desempenho no fornecimento e na aceitação dos serviços. Os resultados da análise são aplicados nas decisões da definição dos indicadores de interface e de projeto.

Respostas

Capítulo 1

Questões para revisão

1. Os três grandes setores da economia são: agropecuária, indústria e serviços. Cada um deles representa, proporcional e respectivamente, 5,4%, 20,7% e 59,2%.

2. **Serviços distributivos**: incluem a distribuição física de bens (comércio varejista e atacadista), a classificação de pessoas e cargas (transporte) e a distribuição de informações (comunicações); **serviços sem fins lucrativos**: constituem serviços da Administração Pública e outras organizações, como sindicatos, templos religiosos, instituições assistenciais, clubes; **serviços às empresas**: constituem os serviços intermediários para os demais setores, nos quais se incluem as atividades financeiras, de assessoria legal, contábil, de informática, entre outras, além da corretagem de imóveis; **serviços ao consumidor**: consistem de diversos serviços sociais e pessoais oferecidos ao indivíduo, na maior parte para ressaltar

a qualidade de vida, como os serviços de saúde, ensino, restaurantes, lazer, entre outros pessoais e familiares.
3. 1. Multiplicidade de itens – que se pode traduzir para serviços em multiplicidade de serviços; 2. Processo evolutivo – caracterizando que a percepção e a evolução da qualidade se desenvolvem com o tempo.
4. 3, 5, 2, 1, 4.
5. 5, 4, 2, 3, 1.

Capítulo 2

Questões para revisão

1. De acordo com Carlzon (2005, p. 67), "um momento da verdade é precisamente aquele instante em que o cliente entra em contato com qualquer setor do seu negócio e, com base nesse contato, forma uma opinião sobre a qualidade do serviço e, possivelmente a qualidade do produto".
2. O ciclo de serviço corresponde a todos os serviços que serão prestados ao cliente. É uma sequência de momentos da verdade que mapeiam os serviços ao cliente. Seus elementos mais relevantes são: o cliente, o momento da verdade, o fluxo da prestação de serviços e a interface.
3. O primeiro representa o resultado, aquilo que o cliente espera da prestação do serviço, do serviço ou da solução. Além do resultado principal, podem ser fornecidos serviços acessórios, compondo o pacote de serviços. O segundo, a interação com o processo, traduzida pelas facilidades oriundas da utilização do sistema em busca da obtenção do resultado. Pode ser exemplificado pelo tempo de atendimento, pela formação ou espera em filas e pelo cumprimento dos ciclos de serviço. O terceiro critério é a interação com os funcionários: como o cliente é recebido e tratado. O quarto é representado

pela credibilidade e pela confiabilidade do atendimento, traduzido pela entrega da expectativa do cliente. O quinto critério é o preço que o cliente está disposto a pagar pela percepção do resultado fornecido.
4. 3, 4, 5, 1, 2.
5. 1, 2, 3, 4, 5.

Capítulo 3

Questões para revisão

1.
a. Meio ambiente – fornece a análise das oportunidades e ameaças enfrentadas pela organização.
b. Resultado – tem como origem os objetivos e as estratégias elaboradas.
c. Organização – ocorre com a análise dos pontos fortes e frágeis na identificação de potencialidades.
2. De acordo com Stoner e Freeman (1999, p. 165), cultura organizacional é "o conjunto de conhecimentos importantes, como: normas, valores, atitudes e crenças, compartilhadas pelos membros da organização".
É importante porque permite que a organização tenha sinergia para considerar os elementos básicos do planejamento estratégico.
3. Um dos elementos é a **cultura**, que compreende os artefatos visíveis, valores e pressupostos básicos que contêm a finalidade e os critérios projetados da cultura. Outro elemento é o **estudo das relações de poder**, que compreende a posse dos recursos, as prerrogativas legais (autoridade) e o acesso ao poder (ser bem relacionado com os superiores). Os elementos têm a finalidade de identificar as relações de poder na organização e criar laços dos funcionários com os objetivos organizacionais.
4. 2, 1, 4, 3.
5. 4, 3, 1, 2.

Capítulo 4

Questões para revisão

1. A primeira etapa de concepção do serviço inicia-se com pesquisas sobre as necessidades e as expectativas dos clientes, que poderão ser obtidas por meio da aplicação do questionário ServQual, e do mercado para a criação ou melhoria de um serviço. A segunda etapa do processo identifica a definição dos principais processos e suas respectivas atividades necessárias para a realização, entrega ou manutenção de um serviço. A terceira etapa do modelo é o projeto das instalações do serviço. Nessa etapa, é realizada a definição das instalações físicas (*layout*) onde o serviço será entregue e dos atributos físicos importantes na percepção do cliente a respeito da qualidade do serviço, como localização, decoração etc., bem como a definição da sua capacidade produtiva. Na quarta etapa do modelo são definidos os processos de verificação e validação, os quais vão garantir que o serviço projetado realmente atenda ao que foi identificado como necessidade.

2. O *Quality Function Deployment* (QFD) foi desenvolvido para identificar e permitir a interface pessoal do cliente com a organização, visando a um fornecimento moderno e rentável. As dimensões são: desdobramento da qualidade, desdobramento da tecnologia, desdobramento dos custo e desdobramento da confiabilidade.

3. Um processo de filas consiste em chegadas de usuários e um local de prestação de serviços onde há um conjunto de usuários e um conjunto de servidores que processam os serviços dentro de uma ordem, compondo um sistema de filas. Qual é o custo para o cliente do tempo de espera em uma fila? Se considerarmos que o cliente poderá relacionar esse tempo com qualquer outra atividade

que possa estar desempenhando, podemos assumir que o tempo de espera tem um custo muito alto e deve ser adequadamente trabalhado para ser o mínimo possível.
4. V, V, V, F, F.
5. V, F, V, V, V.

Capítulo 5

Questões para revisão

1. Para os serviços, originalmente do inglês: *product elements, place and time, process, productivity and quality, people, promotion and education, physical evidence, price and other costs of service*. Em português: elementos do produto, lugar e tempo, processo, produtividade e qualidade, pessoas, promoção e educação, evidência física e preços e outros custos.
2. Um mapa de zonas de tolerância fornece um modelo de apresentação para os resultados obtidos por meio das seis dimensões de qualidade. São representações gráficas dos pesos representativos de cada uma das seis dimensões da qualidade e, de forma geral, traduzem a importância que o consumidor dá a cada uma delas.
3. São duas: resultado de interação e intensidade de interação. Devem ser utilizadas para que os serviços a serem posicionados em uma matriz identifiquem com clareza o cliente e tenham uma proposta de valor.
4. V, V, V, V, V.
5. V, F, V, F, V.

Capítulo 6

Questões para revisão

1. O termo *trabalho emocional* foi idealizado por Arlie Hochschild em seu livro *The Management Heart* e surgiu da constatação de que existe diferença entre o que o

funcionário de alto contato sente internamente e o que deve apresentar diante do cliente. Do funcionário de linha de frente são exigidas características como cordialidade, sinceridade, responsividade às necessidades dos clientes e suas emoções

2. As estratégias são quatro: contratar as pessoas certas, desenvolver as pessoas para que executem serviços de qualidade, fornecer os sistemas de apoio necessários e reter as melhores pessoas.
3. Conscientização, missões conjuntas, segurança interior, legitimação, responsabilidade pelos resultados, enterre o velho, abrace o novo caminho com espírito de aventura, espírito aberto, sinergia e propósito transcendental.
4. 4, 3, 1, 2.
5. V, V, V, F, F.

Sobre o autor

Robson Seleme é graduado em Engenharia Civil pela Universidade de Mogi das Cruzes (UMC-SP) e em Engenharia de Segurança no Trabalho pela Pontifícia Universidade Católica do Paraná (PUCPR). Tem MBA Internacional em Finanças pelo Instituto Superior de Pós-Graduação (ISPG), é mestre em Engenharia de Produção na área de gestão da qualidade e produtividade pela Universidade Federal de Santa Catarina (UFSC) e é doutor em Engenharia de Produção na área de inteligência organizacional por essa mesma instituição.

Exerceu a função de consultor de empresas na área de planejamento e controle de produção de indústrias e iniciativas públicas. Foi responsável técnico e gerente comercial na execução de mais de quarenta projetos. Atualmente, é professor de mestrado, especialização e graduação em Engenharia de Produção da Universidade Federal do Paraná (UFPR) e em especializações na PUCPR. Atua nas áreas de administração e engenharia, com ênfase em consultoria de gestão, implantação de sistemas de informação gerencial e inteligência organizacional, principalmente nos seguintes temas: sistemas de gestão, sistemas financeiros, sistemas de produção, sistemas de planejamento e projetos, transporte, análise logística de bens e serviços e qualidade.

Os papéis utilizados neste livro, certificados por instituições ambientais competentes, são recicláveis, provenientes de fontes renováveis e, portanto, um meio **respons**ável e natural de informação e conhecimento.

Impressão: Reproset
Julho/2023